山水与观音

补怛洛迦山图像之变

蒋家华 著

宗教文化出版社

图书在版编目（CIP）数据

山水与观音：补怛洛迦山图像之变 / 蒋家华著. -- 北京：宗教文化出版社，2023.12

ISBN 978-7-5188-1502-9

Ⅰ.①山… Ⅱ.①蒋… Ⅲ.①普陀山—佛教—宗教文化 Ⅳ.①B949.2

中国国家版本馆 CIP 数据核字 (2024) 第 004303 号

山水与观音

补怛洛迦山图像之变

蒋家华 著

出版发行： 宗教文化出版社

地　　址： 北京市西城区后海北沿 44 号　（100009）

电　　话： 64095215（发行部）　13699284123（编辑部）

责任编辑： 赛　勤

版式设计： 武俊东

印　　刷： 河北信瑞彩印刷有限公司

版本记录： 787 毫米 ×1092 毫米　16 开　20.25 印张　270 千字

2024 年 1 月第 1 版　2024 年 1 月第 1 次印刷

书　　号： ISBN　978-7-5188-1502-9

定　　价： 180.00 元

蒋家华，四川成都人。哲学博士，深圳职业技术大学教授、硕士研究生导师，美国华盛本大学艺术系访问学者。深圳市社科基金评审专家，艺术史学者、中国美术家协会会员，青年画家。2004、2014年分别毕业于四川美术学院、四川大学道教与宗教文化研究所。出版代表作《中国佛教瑞像崇拜研究：古代造像艺术的宗教性阐释》（齐鲁书社，2016）《福建历代高僧评传：罗汉桂琛禅师》（厦门大学出版社，2017）《中国佛教美术的世俗化：基于造像、仪轨与人物的考察》（宁波出版社，2019）《画由心生》（湖南美术出版社，2017）等专著4部，在《宗教学研究》《云南社会科学》《文艺研究》等刊物发表学术论文30余篇。主持教育部项目2项，主持广东省人文社科规划项目2项。在美国堪萨斯州、中国深圳等地多次举办个人画展。

序　一

段玉明

1945年，从敦煌回到成都的张大千举办了一个敦煌临摹画展，其中一幅《水月观音图》（参见附图）被社会贤达集资买走，捐赠于四川新都宝光寺收藏，至今仍是“镇寺之宝”。此图临摹自安西榆林窟，观音悠游依坐于山岩之间，头戴精丽法冠，身披天衣璎珞，露臂跣足，左手抚膝，右手作吉祥指于胸前，脸部微扬，凝视半空；身后圆光如月，周遭浮动青、红、白三色云彩，云际山石错落有致，修竹数枝劲健清刚，左边石上立一白色净瓶，瓶中杨枝婉折垂头。整幅画作用色浓烈光艳，构图繁简适当，人物润泽丰腴，是张大千水月观音系列中难得的一幅杰作。

撇开张大千个人的高超画技，此幅《水月观音图》的基本样态不是张氏的创作，乃至不是榆林窟画工的创作，而是传统水月观音图像范式的复写。按张彦远《历代名画记》称，这是唐代画家周昉创造出来的一种观音图像范式，“全法衣冠，不近闾里；衣裳劲简，彩色柔丽；菩萨端严，颇极风姿”。此一新创的观音图像范式，观音取如意自在之像，或抱膝、或如意、或半跏趺坐，山石、溪水、圆光、紫竹等等同时成为此一范式的构图要素。因其娴适恬静、如意自在，并且符合佛经的相关描述。水月观音范式被创造出来后，一直是佛教艺术创作者喜爱的题材，遍见于绢本、纸本、摩崖、铸塑、工艺等等形式之中。

仔细根究，此一图像范式卷入了观音与山水两重图像要素。观音图像源自印度，本是佛教发展至大乘之后的发明。传入中国以后，观音形象由男变女、由简变繁，衍化出来几十种图像范式，在中国佛教艺术史上影响极大。相关研究论著很多，此不烦言。而将观音形象由肃穆变为娴静、构图由刻板变为活泼、色彩由凝重变为柔丽，则是水月观音图像范式的一大创制，此中已有佛教图像中国化的漫长转变。印度佛教没有圣山崇拜的传统，灵鹫山也仅仅因为是释迦牟尼曾经的说法之处而受朝拜。佛教宇宙观中的须弥山虽与中国神话中的昆仑山有诸多相似，也绝对不是水月观音图像范式中的山水来源。山水图像源自中国，从舆图山水到画像砖石，再从洛神赋图到宋元山水，内有一条清晰的山水图像演进脉络。到周昉将此两重图像要素完美地糅合成为水月观音范式时，其中包含了很多学术性的问题：观音形象是否可以如此风姿绰约、自在不拘？观音信仰的进展是否能够接受如此的风姿绰约、自在不拘？中国传统的山水图像怎样融入外来的观音主题？观音图像又是否真的需要与山水搭配？观音与山水之间的构图形式何以必有成规？水月观音与普陀山观音道场是一种怎样的艺术连接？如此等等，都是佛教艺术史学者应该直面的问题。否则，像时下的情形一样，我们会将类似异质要素的结合视为当然，视为水到渠成的自然结果。遗憾的是，佛教艺术史学界没有就此真正投入热情，研究方法仍然固守于传统的图像辨析、考古著录与美学分析，最终掩盖了中、印佛教艺术交流的底层基色。蒋家华博士的这本《山水与观音：补怛洛迦山图像之变》正是想从此类视角切入，探究山水与观音两种异质图像元素是怎样被糅合起来的，无论最终的结论是否能够得到学界共识，其求填补中国佛教艺术研究阙如的初衷都应给予高度肯定。如果将山水与观音的糅合仅仅视为一例个案，类似的情形遍见于中国佛教艺术之中（如异于印度的褒衣博带式佛像、连环图似的经变壁画、形式多样的佛教建筑、恢宏堂皇的水陆画像等），蒋博士的努力则更应得到表彰，因其事实上是在引领了一个新的研究方向，远较传统的图像辨析、考古著录与美学分析更有前景的方向，无疑此书是在一个新的研究理路方面做出了一个独特的尝试。

无可否认，这本《山水与观音：补怛洛迦山图像之变》所涉及的很多方面需要引起学人的重视。本书的一些分析讨论也给人耳目一新的感觉，给予学术启发的地方亦多，如将舆图山水样式、神圣山水图式、文人山水图式统统纳入考察范围——以见山水观音之山水的多重影响，如用文献依据与图像呈现交相证说，如从空间、偶像、物质三重维度观照山水观音图像的演变，以及书中在在见之的独到的文献与图像分析，都能让人耳目一新、别有思绪。因而，此书虽有个别尚需深耕之处，但其学术价值自不薄菲，相信其出版以后，能够给中国佛教艺术史学界带来一些清新的认识。

2020年8月6日于成都酸心斋

附图：水月观音 张大千临榆林窟二窟西壁北侧的西夏壁画 新都宝光寺藏 1943 年

序　二

蔡丽华

上世纪80、90年代，我生活在成都龙泉山脉一个叫锅圈弯的小村。

这里四面环山，有一条蜿蜒的山路穿过乡村市集、跨过流淌的小河通向村里。形似锅圈的环状山林隔离出一个静谧的世界，犹如陶渊明笔下的桃花源。距村东南六七里有座石城山，山上有座庙名曰石城寺①，记忆中香火旺盛，里面供奉有观音。小村山林茂密，泉水淙淙，四季鲜花轮流绽放。山林之间，农田茵茵。自小每入山林，祖辈叮嘱不可伤树踏虫，以免受到树神、树精与虫怪侵害。正如本书中引东晋葛洪《抱朴子》所云："山无大小，皆有神灵……入山而无术，必有患害。"因此，凡周遭事物"山、树、虫、鱼虾、蝼蚁"，村人以神灵精怪视之，皆报以敬畏。每当傍晚，虫鸣蛙啼，仰望夜空，满天繁星，想象其中一颗星必然与自己相连；

---

① 石城寺，位于成都市青白区人和乡（现福洪镇）险峰村石城山上。据清嘉庆《金堂县县志》载："小石城山在治南八十里，山极陡峭扳跻孔艰。山半有宝珠庵……石城寺在治南八十里，唐宋迹也。大历（766-779）中建，康熙中重建……石城山原为军事山寨，山路陡峻，多绝岩峭壁，自晋至清，历代皆有兵将驻守，是重要的军事防线。昔日有诗咏之'托足深山里，疏怀与俗违。秋高仙鹤唳，风定老僧归。楼近青天月，霜寒旅客衣，晓随云路去，清梦总依依。'"由此可见，石城寺距今已有1200多年的历史。

每逢七夕，遥望美丽的银河，想象牛郎和织女在鹊桥相会；每至中秋团圆夜，则想象嫦娥怀抱玉兔在广寒宫的清寂；每岁除夕，则在鞭炮声中布贴春联与年画，感受岁月的新旧更替。身处在这样的自然环境，自然会思考人与自然、宇宙的关系，从而获得形而上的超越——个体生命与遥远的天际相连，与自然万物相融，彼此和谐共生。

以上林林总总，锅圈弯起伏的山脉，蜿蜒的小路，流淌的小河，佛寺、市集、农舍、村夫……俯仰察之，不正是本书中形构的舆图山水画卷么！

初中毕业后，我离开了锅圈弯小村，到都市读书与工作。都市生活以远离自然为表征。个体生命从和谐万物中剥离出来，自然山水从以物化为中心的功利哲学中隐退。折叠化的都市生活使得人的心灵逐渐成为孤舟，个体生命价值消弭在茫茫宇宙之中。都市中齐整的“空间”“时间”与“物质”碎片，这已经远远背离了先祖“究天人之际”“万物和而为一”的初衷。现今每每回家，驱车驶离繁华都市，行奔于高速公路，渐渐接近故乡，心情随之充满欣喜。穿过热闹的集市，汽车缓缓行驶在如母亲脐带般的山路上，犹如巡礼童年心中的舆图山水画卷。然而近乡情怯，这种充满“仪式感”的归途不正是向生命孕育的起点进行庄严朝圣么！

从童年山村到现代文明都市，再返回自然山水家园，如此循环往复……蒋博士《山水与观音——补怛洛迦山图像之变》书中带给我们的人文价值不正是启示读者重温往昔的山水精神家园么！

是为序！

2023年4月30日于成都锅圈弯

自 序

蒋家华

“山水”与“观音”从某种程度上说是中国人文化意识中两个内化的异质精神符号。前者源于本土，后者源于印度。基于中国文化的包容性与兼收性，“山水”与“观音”两个精神符号最终融合在一起。本书中提出文本和图像两个传统并行不悖的观念，意味着“山水”与“观音”的融合历史存在一个悠久的图像传统。因此，“山水”与“观音”图像的演变史亦是“补怛洛迦山”图像的演变史。

本书的内容属于“图像史”的研究范畴，文献引用上至西周文献（青铜器“遂公盨”铭文），下至当代年画图像，时间跨度近三千年。从这个角度来说，书中讨论的山水与观音补怛洛迦山图像史研究属于通史性质。然而，本书中没有作明确的图像史年代划分，仅存在“唐宋之际”图像之变的笼统时间标记。由于图像文物本身残缺易毁，不像文本史传统具有清晰的完整年代脉络，这也意味着“图像史”研究有着自身的局限性。以上内容本书中均作了具体交待。

笔者将唐宋之前的山水观音界定为舆图山水观音，尊主观音往往居于图像中心。舆图山水观音的图像源头来自《禹贡图》《山海经古图》，图证样式来自敦煌《观音经变》《五台山图》[①]以及成都万佛寺《普门品变》等。例如在巨视化舆图《五台山图》中，主尊文殊居于图像中心，周围环绕菩萨、信众、寺院、佛塔、山河，呈现出一道祥和的曼荼罗样式。在本土文献来源方面则有《夏书·禹贡》《山海经》，以及众多巨视观方面的诗文歌赋等，书中阐述得很清楚。因此，唐宋之前的舆图山水观音在图文互证方面实现了贯通。需要强调的是，如若说上古时期《禹贡图》《山海经古图》中的灵异性舆图是为了指导民众"入山有术"以规避"魑魅魍魉"的患害，那么中古时期《普门品变》《观音经变》神圣性舆图则是旨在护佑众生避免世俗生活中"魑魅魍魉"的侵害。前后二者舆图的宗教性辟邪功能本质上是一致的：前者呈现的是"川泽山林"狩猎式灵异舆图，后者呈现的是"陆行舟旅"农耕式神圣舆图。所不同的是，农耕式神圣舆图中的观音扮演了救世主的角色。

笔者将唐宋之后的山水观音界定为文人山水观音。之所以将其界定为文人山水观音，主要原因在于这一时期文人画家（包括职业画家）开始介入观音图像的创作。[②]需要指出的是，文人画家笔下的观音开始走下神坛，不再神秘，不再高不可仰俯看芸芸众生，而是逐渐具有浓厚的人本主义气质，以美人化形象示人，呈现出世俗化的特色。特别是版刻年画观音得以走进千家万户，成为民俗信仰文化的一部分。

如果说唐宋之前的"舆图山水观音图像"只可远观和膜拜——朝谒供养，那么唐宋之后的文人山水观音图像则可近观且把玩——审美收藏。前者为不可接近的偶像神祇，后者为可以亲近的美人化

---

① 此处所例举的敦煌壁画《五台山图》虽然其中的尊主不是观音而是文殊菩萨，但作为典型的舆图山水图像与舆图山水观音图像具有类似性质。

② 在本书中文人山水观音主要以水月观音与南海观音为典型呈现。

图像。这种一远一近的视角转换，完成了观音从天界到人世间的图像转变。这种图像性质的转变正是本书中提到的空间之变、偶像之变与物质之变。这三个“之变”同时也是补怛洛迦山图像之变的根本。因此，这种基于唐宋之变的图像之变，本质上是神圣与世俗之变。

此外，本书中还涉及到须弥山如何介入中土山水的议题。须弥山与山水作为两个异质文化意象和图像符号，二者的融合意味着外来文化的本土化问题。须弥山本为古印度婆罗门教宇宙中心哲学概念，后被佛教所吸收，成为三千大千世界的结构组成，完成了须弥山周遍宇宙世界的泛化。继而须弥山逐渐演变成佛塔的象征符号，阿育王造八万四千佛塔就是须弥山遍周世界（三千大千世界）的哲学实践，从而实现了须弥山泛化哲学观念的实体化与图像化。与此同时，须弥山宇宙中心的概念还成为密教曼荼罗坛场图像的构成样式。早期窣堵坡（佛塔）本身就是佛陀的象征，佛像结跏趺坐姿势亦是对须弥山化宇宙佛塔的模拟，这意味着须弥山、佛塔、曼荼罗、佛像四个元素之间建立起了对等且可替换的图像意义关系。随着早期观音（佛像）、佛塔进入中土山水图像世界，山、水、观音、佛塔之间建立起了以观音为中心，山、水、佛塔（佛寺）环绕的曼荼罗坛场宇宙图像样式，这就是前面提到的舆图山水观音图像范式，至此完成了古印度须弥山与中土山水异质图像的融合。需要指出的是，灵异山水文化早在先秦时期就已形成，观音在南北朝时期成为了灵异山水中的“神仙”，这是舆图山水观音图像得以成立的基本逻辑前提。同时，中国的昆仑山崇拜、圣山崇拜，不也是须弥山宇宙中心哲学观念的另一种巧合或异化表现形式么。

总之，本书关于“山水与观音——补怛洛迦山图像之变”涉及的议题本质上是印度文化融入中国文化并实现本土化与世俗化的议题。需要指出的是，观音作为佛教中拯救苦难之神，而山水则作为古代文人逃离官场倾轧与功利都市的心灵庇护所，山水与观音之间实际上建立了意义共相。笔者正是通过“山水与观音”这一共相以及图像异质融合双重观察视角，提出了本书拟待解决的学术课题。

2023 年 4 月 29 日于深圳鹤洲村寓所

导读

本书是从山水与观音的互动关系来考察补怛洛迦山图像的演变史。全篇论述一共分为五个部分：

“绪言”。绪言讲述本书的写作缘起与动机，交代研究的对象与范围，以及目前相关研究的主要成果，并作简要的学术文献综述。然后讲述本书的沿用资料、研究角度与方法、写作结构以及写作目标与创见等等。

第一章“舆图山水”。本章的核心是对山水图像的溯源，包括三个方面的内容：其一，考溯山水图像之源。对山水图像的溯源涉及到上古时期的《禹鼎图》，以及战国两汉时期的《山海经古图》。《禹鼎图》与《山海经古图》具有舆图山水的形制。其次，讨论佛教舆图山水。这方面内容包括前佛教绘画山水图像、须弥山水图像，以及敦煌舆图山水图像等等。如果说《禹鼎图》与《山海经古图》具有中国山水图像的开源性质，那么佛教中的舆图山水则带有佛教山水图像溯源的文化考量（印度没有山水文化的传统）。最后，讨论《普门品变》中的舆图山水。这方面的内容将以具体的典型案例来进行讨论，主要包括成都万佛寺《普门品变》图像与敦煌壁画《观音经变》图像。在具体研究过程中笔者发现，魏晋时期随着观音信仰的传入，相应的观音图像亦开始进行制作。在这些观音图像中，部分是以舆图山水的样式展开设计的。因此，观音图像从一开始便与山水样式结下不解之缘。通过以上的研究得出结论，山水与观音相糅合的图像最初是以舆图山水的形制开始建构的。

第二章“图像之变”。本章内容分为三个方面。其一，讨论文人山水的传统。这部分内容涉及桃花源图像传统、洛神图像传统、园林山水图像传统等等。在具体研究中，还将以专题的形式来考察山水观音图像与太湖石意象之间的关系。其二，讨论与山水观音图像相关的文本，包括佛教经典文本、俗文学文本、山志文本等。其三，讨论补怛洛迦山图像的嬗变。这一部分作为本书的核心内容，包括善财童子第二十八参图像、水月观音图像、南海观音图像等。在本章的研究中，笔者把“善财童子第二十八参”变相视作补怛洛迦山观音“标准图像”（该图像样式是严格依据经文内容进行的变相）的样式来展开讨论。笔者将依据经文和标准变相来逐一阐述补怛洛迦山观音净土的符号内涵及其象征。这些图像符号涉及古印度观音净土的地貌、观音及其眷属、善财童子、罗刹、石宫、林泉、海水等等。这些符号化人物、建筑、林泉、岩石等视觉元素，同时也是中国山水图像中的典型视觉符号。接下来讨论水月观音。关于水月观音的研究，笔者对其造像仪轨的相关文本进行了细致梳理，发现水月观音的图像传统是源自于公元前后犍陀罗时期佛传图《树下观耕》中的太子思惟造像样式，以及2–3世纪中印度莲花手观音造像样式，并结合了6–7世纪如意轮观音造像样式等，这些造像样式成为唐代周昉“水月体”观音图像创制的视觉灵感来源。因此，通过考察水月观音图像的造像来源，笔者发现水月观音主要是依据密教经典中如意轮观音造像仪轨制作的。关于南海观音图像的造像来源，笔者坚定地认为是从“标准变相”的图像样式一路演变而来。南海观音信仰的形成是中国观音信仰的一个里程碑，同时促成了中国普陀洛迦山观音道场的形成。因此，笔者在书中详细论述了从古印度补怛洛迦山观音道场到中国普陀洛迦山观音道场形成的逻辑，甚至南海观音普陀洛迦山道场对东亚朝鲜半岛及日本也产生了重要影响。

第三章“折叠偶像”。本章包括三个方面的内容：第一，讨论佛经插图。这节涉及到经折装佛经、早期佛经版画插图，以及观音版画图像等等，这些图像均以折叠的形式（经折装）进行呈现。第二，讨论民间观音木版年画。这节涉及到岁时年画、观音年画、招财童子图像等等。第三，讨论观音图像的生产。这节内容以个案的形式讨论虬川黄氏刻工、赞助人，以及图像的功用与流通等内容。通过民众对观音图像消费的讨论，厘清了明清时期以来社会商品经济高度活跃的事实。这些大量复制性的木版观音图像的流通，打破了文人私密化的、精致的个性化图像垄断，使得民间社会庶民百姓获取到对观音图像的廉价消费权。同时，由于民间木版年画的盛行，对观音图像的传播进入千家万户创造了技术和媒介的双重便利条件。庶民百姓通过以家庭为中心消费这些低廉的岁时观音神祇年画，生动地呈现了观音图像的世俗化事实。同时，这也是观音崇拜世俗化的典型表现。

“余论”。这是全书的最后部分，带有总结性质，将从三个方面展开讨论与总结：首先，重点检视山水观音图像之变。笔者将从全局的角度来讨论山水观音图像的“空间之变”“偶像之变”与“物质之变”。这三个方面的变化要素也是全书写作的重点。其次，讨论“雅与俗”的内容。通过这些内容来提点书中涉及的文人山水观音图像的个性化创作与大量复制的事实，以及画家与工匠的分野、文人缙绅与庶民百姓图像消费的区隔化现象等等。最后一节“尾声”，讨论的内容涉及山水与观音的互动关系。通过考察观音道场从古印度补怛洛迦山化现到中国普陀洛迦山、布达拉山，再到东亚朝鲜半岛、日本等地的圣景，从而得出漂移的补怛洛迦山动态传布的观点。

目　录

序　一…………………………………………………………………… 段玉明 1
序　二…………………………………………………………………… 蔡丽华 5
自　序…………………………………………………………………………… 7
导　读…………………………………………………………………………… 11
绪　言…………………………………………………………………………… 1
一、引首 ……………………………………………………………………… 3
二、研究对象与范围 ………………………………………………………… 7
三、目前研究的主要成果 ……………………………………………………10
四、本书的研究资料 …………………………………………………………11
五、本书的研究角度与方法 …………………………………………………14
六、本书的结构 ………………………………………………………………15
七、本书的写作目标与创见 …………………………………………………16

第一章　舆图山水…………………………………………………………… 19

一、山水之源 …………………………………………………………………23
二、佛教舆图山水 ……………………………………………………………43
三、《普门品变》舆图山水 ……………………………………………………70

第二章 图像之变…… 89

一、文人山水的传统 …… 93

二、观音图像的相关文本 …… 124

三、补怛洛迦山图像的嬗变 …… 144

第三章 折叠偶像…… 187

一、佛经插图 …… 191

二、民间观音年画 …… 215

三、观音图像生产 …… 227

余 论…… 239

一、山水观音图像之变 …… 242

二、雅与俗 …… 251

三、尾声 …… 264

参考文献…… 270

图片索引…… 287

表格索引…… 294

后 记…… 295

绪言

一、引首

公元 1368 年，元代著名文人画家倪瓒（1301–1374）在卫九鼎画作《洛神图》（图 x–1–1）上题跋：

凌波微步袜生尘，谁见当时窈窕身。能赋已输曹子建，善图惟数卫山人。[①]

石守谦曾经研究过这幅画作并其跋文，他认为卫九鼎、《洛神图》、倪瓒三者一起出现，意味着某个“雅集”的举行。[②] 在笔者看来，关于这幅画作的图像学意义远不止于此，其衍化出来的意涵非常丰富。首先，该图像的产生来自于一个关于《洛神赋》的图像传统。图像的源头最早可以追溯到东晋顾恺之（348–409）的画作《洛神赋图》。在顾恺之随后的一千多年中，历代个别画家以《洛神赋图》作为粉本，临制或创作了新的“洛神图”。其二，“洛神图”中所依凭的洛水以及隐去的山石，可以追溯到魏晋以来悠久的山水画传统。其三，由于顾恺之《洛神赋图》绘制所依据的文本来自于魏

---

① 卫九鼎，生卒年不详，活动于元代后期，字明铉，天台（今浙江天台）人，擅界画，师王振鹏。有作品《洛神图》（立轴纸本，中国台北“故宫博物院”藏）传世。引文中的诗句即是《洛神图》的题跋，为元四大家之一的倪瓒所作。

② 石守谦著：《从风格到画意：反思中国美术史》，北京：生活·读书·新知三联书店，2015 年，第 76–77 页。

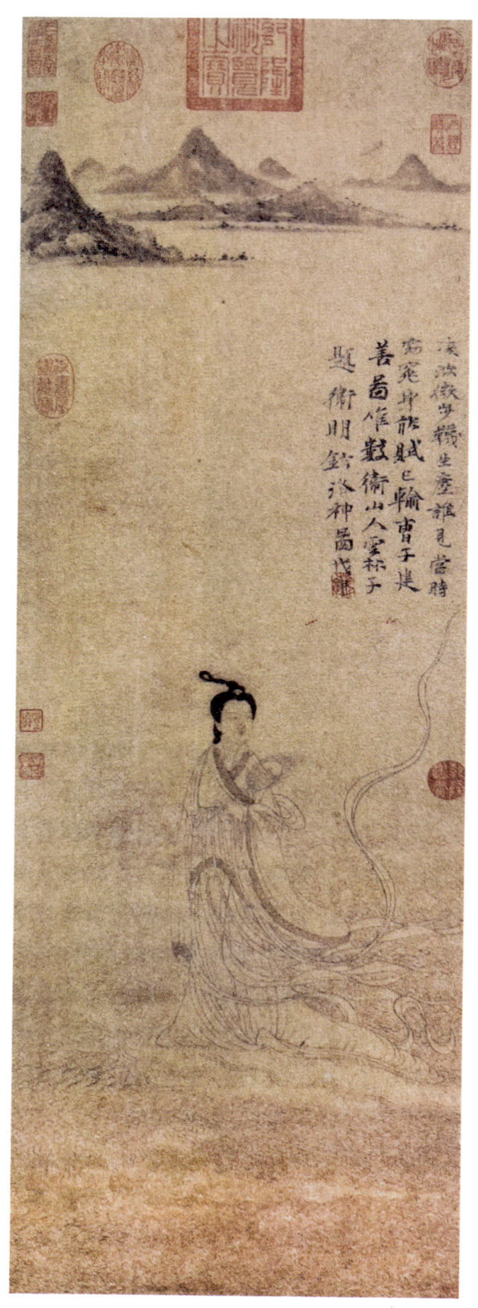

图 x-1-1: 元 卫九鼎 洛神图 图轴 90.8x31.8 厘米 台北“故宫博物院”藏

晋曹植（192－232）创作的《洛神赋》，同时《洛神赋》自身也形成了延续不断的文本传统。其四，在倪瓒所题写的跋文中，称画家卫九鼎为“山人”，山人是当时隐士的别称，因此卫九鼎《洛神图》跋文含涉了中国悠久的隐士传统。其五，图像中的主角“洛神”以其窈窕身姿的图像样式，形成了明清以来的美人画传统范式，为世俗社会所青睐……因此，《洛神赋图》集美人图像、山水、文本、隐士等多个元素符号为一体，成为卫九鼎《洛神图》牵涉的传统主题。宋元以来，文人画山水观音图像的产生与滥觞大多与这些主题相关。特别是晚明以来的一些文人山水观音绘画依循着“既定”的洛神传统图式，把观音图像进行美人化，并以文人山水图像作为主尊观音的背景进行创作。因此，历代画家除了依据相关佛教经文制作的宗教性观音图像外，还有很多世俗化带观赏性、具有收藏价值的观音形象，以及以各种观音化身的形象出现在文人画的山水图像中（图 x－1－2），笔者称这类图像为“文人画山水观音图像”。

图 x-1-2： 白描大士
宋（传） 佚名 台北“故宫博物院”藏

在上图宋人《白描大士》（图 x－1－2）图像中，观音以都市美人的形象

图 x-1-3： 莲池应化
明 陈洪绶 台北“故宫博物院”藏

游戏坐于卧榻之上，背靠硕大屏风，屏风上书写着经文。人物形象中唯一能辨识观音菩萨身份的是隐约而清淡的头光。从图像风格看，画中形象是中国古代传统仕女的美人形象。此外，在左图陈洪绶（1598–1652）所创作的《莲池应化》图中（图 x-1-3），红衣观音以化身形象出现，作为三大士之一，他立于枯瘦且布满孔洞的太湖石前，以罗汉或传统文人隐士的形象出现。从图像的样式考察，三大士的集合图像类似前文所提及的文士正在进行的某种雅集。

根据以上的图像证据，笔者不禁思考，山水观音图式的传统是什么？又是怎样演绎的？作为衬托主尊观音图像的山水背景的功能是什么？山水与观音图像之间存在着怎样的意义关联？文人与庶民百姓所崇拜的观音图像是否存在着本质上的差别？作为从古印度传来的补怛洛迦山观音图像在中国经历了怎样的嬗变？这些图像又是如何与经典发生关系……对以上问题的回应，正是笔者写作的基本出发点。在本书中，笔者打算另辟蹊径，将对山水观音图像的研究与中国古代舆图山水传统、宋元以降的文人山水图像传统、古代版画图像传统等因素结合起来，并考察每一个传统与山水观音图像样式再造之间的深刻关联。

此外，观音信仰在传入中国之后的一千多年间，逐渐以寺院、家庭，以及个人私密化的文人书房等为单位的信仰空间在中国普及开来。特别是明清时期，在多样化信仰群体中，社会权贵、缙绅、豪富与庶民百姓等不同社会阶层对观音信仰的表达呈现出不同表征。这些差异化的表征主要是通过对观音图像的消费表现出来的，而这些差异化的消费表征涉及到复杂的社会背景。具体表现在，宋元以降由于理学的发展、商品经济的发达，社会上充斥着浓厚的“雅俗之辩”“功利之辩”等社会思潮，社会从上至下对印刷品图像的消费呈爆发性增长，印刷图像的流通成为社会图像消费的滥觞。此一时期文人缙绅阶层基于自身社会优越身份被稀释的忧虑，因而呈现出私人化、个性化与奢侈化的图像消费现象，并试图通过“区隔化”的图像消费来维持他们的阶层身份。[①] 因此，厘清以上诸多问题，也成为笔者本书写作的另一个重要出发点。

二、研究对象与范围

本书将以山水图像与观音图像的互动关系为研究中心，一方面将从《华严经·入法界品》善财童子第二十八参补怛洛迦山观音的“标准图像”出发，基于古代舆图、宋元以降的文人画、古代版画的图像角度来系统考察补怛洛迦山圣地山水观音图像的历史嬗变。在具体研究中，笔者将同时结合《普门品》（《观音经》等）中观音三十三化身与“救难”思想的相关图像内容展开讨论。

同时，观音作为图像的主尊形象，经历了从古印度男性菩萨装图像样式到中国菩萨女性化图像样式的转变，这已成为研究观音的学者们共有的判识。宋元以降，观音的女性形象大量出现在美人化的文人山水画题材图像当中，

① 参见拙文《明清社会图像消费的区隔化——以绵竹木版年画为例》，载《美术大观》2019年第12期，第135-137页。

究其个中原因涉及到诸多复杂的社会因素。因此，在具体研究过程中，笔者就不仅仅只关注观音图像的宗教内涵，而是将侧重点放在观音与山水图像在历史演变过程中的复杂互动关系上。这些复杂的互动关系主要涉及以下三个方面的图像转变：其一，山水图像观念的演变推动观音图像角色的转变；其二，信众身份的改变推动山水观音图像物质形式的转变；其三，图像制作技术的改变推动信仰传播方式的转变。以上三个方面的转变正是本书对“山水与观音——补怛洛迦山图像之变”这一题旨的正面回应。

本书的研究还涉及到图像学中文本与图像之间的关系问题。借用书画研究中“书画同源”[①]观念为本书的研究提供相关便利。当下考古学的大量成果，特别是商周时期的兽骨、青铜礼器上的古文字，为“书画同源”理论奠定了坚实的物质基础。当下宗教美术的研究对考古图像的依赖成为不可回避的事实。因此，在本书中笔者坚定地认为，对“山水与观音——补怛洛迦山图像之变”的题旨研究必然存在一个并行的双向传统：文本传统与图像传统。如果说文本面向的是古代文化精英阶层，图像则是面向古代庶民阶层进行的“俗讲”。从这个角度来看，文本对精英的重要性则等同于图像对庶民的不可或缺。例如，明代文物鉴赏手册《长物》的作者文震亨依然拒绝在书中加入任何图像，以捍卫作者与读者之间建立双向的阅读品味与精英身份。相对图像的传承而言，文本在技术与媒材上具有不可替代的优越性，而图像的复杂性与易毁性则造成图像传统不可挽回的断裂。由于图像传统的断裂（如遗失的《禹鼎图》《山海经古图》等图像文献），前后缺乏承上启下的意义接续，从而造成图像解读上的困难。因此，当下的图像研究不可避免地对其并行的文本传统形成依赖。故而文本与图像的双向解读成为当下宗教美术研究的基本技术路径。正是文本传统的相对承续（完整）性，为“复原”或“弥合”断裂的图像传

① 此处借用“书画同源”的概念，并非传统意义上书法与绘画的同源关系，而是指文本叙事与图像叙事的同源平行关系。

统提供了可能。在对山水与观音图像传统的研究过程中，笔者正是借助了“优越”的文本传统弥补了图像传统断裂造成的缺憾。

事实上，基于经典文本而言，对庶民百姓“俗讲”的方式除了图像一途，还体现在以民间文学形式演绎的宝卷、戏文、口头传说以及民间故事等等。这种针对民间“听众”“观众”的俚俗而生动活泼的文本成为另一种下沉的俗讲传统，并与上行的经典文本传统并行施用。同时，依据下沉的俗讲文本制作的图像成为经典文本“变相”图像的民俗化回应。有趣的是，观音俗讲文本“变相”与观音经典文本“变相”二者实现了双向融合，并成为宋元以来山水观音补怛洛迦山图像演变的一道独特景观。深究其背后的演变机制，一方面，两宋以来佛教义学的衰落，元明以降佛教经忏的流行与世俗化、去偶像化等社会背景造成了这种双向融合；另一方面，随着隋唐科举制度的实施，庶族地主势力的兴起，打破了魏晋南北朝时期贵族垄断政治的传统，使得社会阶层的上下流动成为可能。社会阶层的双向升降与流动，也反映到山水观音图像“经典变相”与“俗讲变相”的双向融合中来。本书的研究直观地呈现了上述事实。

需要强调的是，本书研究中运用到的图像材料界定在“壁画”“卷轴画”“经折版画”等二维平面图像媒材范围之内，除需必要佐证外，基本不涉及雕塑方面的图像题材。

综上所述，本书清晰地划定了研究范围：以壁画、卷轴画、经折版画等媒介图像为材料，以经典、俗讲文本为依托，对“山水与观音——补怛洛迦山图像之变”这一主题进行图像学的深入阐释。在具体阐释过程中，技术路径上是以“善财童子第二十八参”作为“标准变相”考察补怛洛迦山图像的嬗变，其中涉及到水月观音、南海观音等图像的流源与演变。同时，笔者还将依据舆图经变图像、文人山水绘画、经折版画图像等媒介，试图勾画出山水观音信仰的图像史与不同信众角色面对观音图像的态度，同时兼及讨论明清社会不同阶层山水观音图像消费的区隔化现象。

三、目前研究的主要成果

关于观音文化的研究，目前在学术界已经形成一个学统，甚至成为了一门显学，其学术成果可谓汗牛充栋。诚然，凡涉及观音图像的论文与著作自然也包括在这些成果之内。如果再缩小范围，基于山水图像与补怛洛迦山观音图像相结合的研究成果，则显得凤毛麟角。当下观音文化的研究成果主要体现在以下四个方面：其一，纯粹的文献学研究。这部分研究主要涉及观音经典信仰研究、敦煌观音文献研究、观音俗文学、观音信仰地理学研究等等。观音经典信仰的研究主要成果诸如李利安的系列论文《中国观音文化基本结构解析》①《印度观音信仰的最初形态》②《论古代印度的补怛洛迦山信仰》③等等。敦煌文献研究方面的成果如王惠民《敦煌写本〈水月观音经〉研究》④。此外，在观音道场研究方面的代表性成果如王连胜《普陀山观音道场之形成与观音文化东传》⑤值得关注。其二，考古图像学方面的研究。主要依托于敦煌壁画，以及全国各地的石窟造像、出土文物以及海内外博物馆藏品等作为对象进行考察。这部分的重要成果如李玉珉《慈航普渡话观音》⑥、郑怡楠《俄藏黑城出土西夏水月观音图像研究》⑦、马莉《黑水城 X·2438 号唐卡水月观音图研究》⑧等等。其三，文献、考古、图像学综合性研究。这方

① 李利安：《中国观音文化基本结构解析》，载《哲学研究》2000 年第 4 期。

② 李利安：《印度观音信仰的最初形态》，载《世界宗教研究》2006 年第 3 期。

③ 李利安：《论古代印度的补怛洛迦山信仰》，载《人文杂志》2019 年第 9 期。

④ 王惠民：《敦煌写本〈水月观音经〉研究》，载《敦煌研究》1992 年第 3 期。

⑤ 王连胜：《普陀山观音道场之形成与观音文化东传》，载《浙江海洋学院学报》（人文科学版）2004 年第 3 期。

⑥ 李玉珉著：《佛陀形影》，台北“故宫博物院”，2014 年，第 83–107 页。

⑦ 郑怡楠：《俄藏黑水城出土西夏水月观音图像研究》，载《敦煌学辑刊》2011 年第 2 期。

⑧ 马莉：《黑水城 X·2438 号唐卡水月观音图研究》，载《新疆艺术学院学报》2015 年第 3 期。

面的代表性成果如于君方《现身南海度化善财、龙女：南海观音》[①]《观音——菩萨中国化的演变》[②] 等等。其四，主要依托于中国卷轴观音绘画的图像学研究。如李静《文人画家笔下的观音像》[③]、张世吉《从徐渭“观音图”看晚明文人画宗教主题的个性化表现》[④] 等等。此外，还有一些涉及“水月观音”“如意轮观音”“千手观音”“南海观音”“送子观音”的专题研究文献等，笔者不再罗列。以上所举的研究文献，是目前观音研究的部分代表性成果，事实上这些罗列只是观音研究成果中的沧海一粟。

在目前的成果中，几乎还没有学者从山水图像与观音图像相结合的角度对补怛洛迦山道场图像进行整合研究。本书从《华严经·入法界品》中善财童子第二十八参补怛洛迦山“标准变相”图像为出发点，以传统壁画、文人画、版画（经折）等图像为媒介，对“山水与观音——补怛洛迦山图像之变”作出多角度的观察与研究，以期探索山水与观音图像演变过程中的互动关系，由此成为笔者力图达成的学术目标。

四、本书的研究资料

该书在本质上是属于宗教图像艺术史范畴的写作。因此，研究资料来源主要涉及以下几个方面：

1. 图像资料

包括笔者 2016 年在美国游学期间收集拍摄的各大博物馆[⑤] 藏品相关资

① ［美］于君方著，释自衎译：《现身南海度化善财、龙女：南海观音》，载《香光庄严》2000 年第总 61 期。

② ［美］于君方著，陈怀宇等译：《观音——菩萨中国化的演变》，北京：商务印书馆，2012 年。

③ 李静：《文人画家笔下的观音像》，苏州大学硕士论文，2013 年。

④ 张世吉：《从徐渭“观音图”看晚明文人画宗教主题的个性化表现》，载《书画世界》2019 年第 11 期。

⑤ 这些博物馆包括：堪萨斯城纳尔逊美术博物馆、波士顿美术博物馆、哈佛大学博物馆、大都会艺术博物馆、旧金山亚洲艺术博物馆等。

料；《中国敦煌壁画全集》[①]《中国美术分类全集·中国版画全集》第 1 卷《佛教版画》[②]《中国佛教版画全集补编》（全 26 册）[③]《中国古代佛教版画集》[④]等相关图像资料；《慈容五十三现》（外一种）[⑤]《善财童子五十三参图》[⑥]清初《顾绣五十三参图册》[⑦]《中国古代书画图目》[⑧]等相关图像资料；以及出版著作中刊载的相关图像资料等等。

2. 文献资料

藏内文献资料：如《华严经》《法华经》《楞严经》等等；古籍资料：如《淮南子译注》[⑨]《历代名画记》[⑩]《长物志》[⑪]《遵生八笺》[⑫]《新增格古治要》[⑬]《园冶》[⑭]《客座赘语》[⑮]《六朝画家史料》[⑯]《隋唐画家史料》[⑰]等等。

3. 理论性工具资料

这部分理论文献为本书的阐释提供了方法论的参考。如杨庆堃《中国社

---

① 段文杰主编：《中国敦煌壁画全集》，天津：天津人民美术出版社，2010 年。

② 中国美术全集编辑委员会编：《中国美术分类全集·中国版画全集》第 1 卷《佛教版画》，北京：紫禁城出版社，2008 年。

③ 翁连溪、李洪波主编：《中国佛教版画全集补编》（全 26 册），北京：紫禁城出版社，2017 年。

④ 周心慧编：《中国古代佛教版画集》（全三册），北京：学苑出版，1998 年。

⑤ （明）丁云鹏绘：《慈容五十三现》，杭州：浙江人民美术出版社，2016 年。

⑥ 山西崇善寺、北京佛教文化研究所编：《释迦世尊应化事迹·善财童子五十三参图》，内部资料，2006 年。

⑦ （清）赵墉：《顾绣五十三参图册》，北京故宫博物院藏品。

⑧ 中国古代书画鉴定组：《中国古代书画图目》，北京：文物出版社，1997 年。

⑨ （西汉）刘安撰、赵宗乙译注：《淮南子译注》（上、下），哈尔滨：黑龙江人民出版社，2002 年。

⑩ （唐）张彦远著，俞剑华注释：《历代名画记》，上海：上海美术出版社，1964 年。

⑪ （明）文震亨著，陈植校注：《长物志校注》，南京：江苏科学技术出版社，1984 年。

⑫ （明）高濂著：《遵生八笺》，成都：巴蜀书社，1992 年。

⑬ （明）曹昭撰：《新增格古要论》（上、下），北京：中国书店，1987 年。

⑭ （明）计成撰：《园冶》，南京：江苏广陵书社，2015 年。

⑮ （明）顾起元著，孔一校点：《客座赘语》，上海：上海古籍出版社，2012 年。

⑯ 陈传席编：《六朝画家史料》，北京：文物出版社，1990 年。

⑰ 陈高华编：《隋唐画家史料》，北京：文物出版社，1987 年。

会中的宗教：宗教的现代社会功能及其历史因素之研究》[①]，该书的理论为本书分析民间观音信仰提供了相关路径。米歇尔·福柯《词与物：人文科学考古学》[②]，该书的理论为本书提供了研究“赞助人”“图像生产者”（画家、工匠）、“图像”与“观众”之间互动关系的观察视角。高居翰《图说中国绘画史》[③]则为本书提供了图像风格学方面的重要技术路径等等。

另外，本书的参考资料还包括海外译著与国内（包括台湾、香港地区）相关著作、论文等，特别是海外译著资料为本书的撰写提供了全新的视角。这些文献诸如英国学者柯格律《明代的图像与视觉性》[④]《长物：早期现代中国的物质文化与社会状况》[⑤]《蕴秀之域：中国明代园林文化》[⑥]；我国台湾学者石守谦《移动的桃花源：东亚世界中的山水画》[⑦]《从风格到画意：反思中国美术史》[⑧]《风格与世变：中国绘画十论》[⑨]；吴欣主编《山水之境：中国文化中的风景园林》[⑩]等。以上学术贡献对本书的研究富有启发意义，引导笔者向纵深探索这意味深长的“山水与观音——补怛洛迦山图像之变”研究之艰辛路途。

---

① ［美］杨庆堃著，范丽珠等译：《中国社会中的宗教：宗教的现代社会功能及其历史因素之研究》，上海：上海人民出版社，2006年。

② ［法］米歇尔·福柯著，莫伟民译：《词与物：人文科学考古学》，上海：生活·读书·新知三联书店，2002年。

③ ［美］高居翰著，李渝译：《图说中国绘画史》，上海：生活·读书·新知三联书店，2014年。

④ ［英］柯格律著，黄晓娟译：《明代的图像与视觉性》，北京：北京大学出版社，2016年。

⑤ ［英］柯格律著，高昕丹等译：《长物：早期现代中国的物质文化与社会状况》，上海：生活·读书·新知三联书店，2019年。

⑥ ［英］柯格律著，孔涛译：《蕴秀之域：中国明代园林文化》，郑州：河南大学出版社，2019年。

⑦ 石守谦著：《移动的桃花源：东亚世界中的山水画》，上海：生活·读书·新知三联书店，2015年。

⑧ 石守谦著：《从风格到画意：反思中国美术史》，上海：生活·读书·新知三联书店，2015年。

⑨ 石守谦著：《风格与世变：中国绘画十论》，北京：北京大学出版社，2018年。

⑩ ［美］吴欣主编：《山水之境：中国文化中的风景园林》，上海：生活·读书·新知三联书店，2015年。

五、本书的研究角度与方法

1. 研究角度

本书的研究技术路线是以“山水与观音——补怛洛迦山图像之变”题旨为中心，对《华严经·入法界品》“善财童子第二十八参补怛洛迦山标准变相”（简称“标准变相”）的演变作出深入考察。从“标准变相”到“水月观音”“南海观音”图像的一系列演变，在具体研究中牵涉到魏晋南北朝、隋唐时期“舆图山水观音”的议题。由“舆图山水观音”图像样式逐渐发展到宋元以来文人画山水观音样式，反映了文人缙绅阶层对观音信仰的基本态度。基于以上这一独特的研究视角，笔者得以把佛教美术与传统书画艺术理论结合起来进行考察。因此，“山水”“观音”“补怛洛迦山”“文人画”①成为本书研究的核心关键词。这四个词汇隐含了中国传统文化中涵摄的神圣与世俗、净土与仙界、隐士与文人、山水与园林等概念符号。按福柯的话说，“我所关心的是去观察一个文化借以能体验物之邻近的方式，它借以能确立起物与物之间相似关系的图表以及物借以必须被考察的秩序的方式。”②也就是说，诸多图像符号与观音图像之间的关系依凭文化的相似性建立起符号之间的秩序，并能得以进行阐释，这正是本书能够确立这一独特研究视角的原因。

2. 研究方法

图像学③方法。对图像学研究方法的沿用主要体现在以下两个方面：一方面，对于本书中涉及的中国绘画将以西方学者高居翰等为代表的图像风格

---

① 在本书的内容提要中没有把这一关键词罗列进去，主要原因是“文人画”已经放在“图像之变”中讨论了。

② [法]米歇尔·福柯著，莫伟民译：《词与物：人文科学考古学》，上海：生活·读书·新知三联书店，2002年，第13页。

③ 关于图像学的解释，参见[美]米歇尔著，陈永国译：《图像学：视觉艺术的意义与解释》，北京：北京大学出版社，2012年。

学方法进行研究。按李渝的说法，此方法是“一套独特的视觉语言，展现了创作者的整体存在”[1]；另一方面，图像与文字一样，具备“史”的功能，图像史的难度在于对图像的解读和阐释，依据图像传统对其作客观的还原更是难上加难。因此，对图像的解读与阐释就成为图像学的首要任务。在本书中，笔者将主要以图像资料为依据，展开相关研究。

宗教学方法。补怛洛迦山观音图像本质上是宗教崇拜的产物，因此，对于宗教物化的山水观音图像必然需要采用宗教现象学的基本逻辑推演进行解释。宗教现象学的核心理念涉及神圣与世俗，净土与秽土等对待概念，对于阐释山水与观音补怛洛迦山图像具有不可替代的意义。

此外，当下宗教美术学术研究视野的国际化倾向，使得国际间的理论沟通、学术观点的碰撞与共享成为现实，此种态势改变了过去单纯依赖考古学研究路径的模式。因此，当下的宗教美术研究已经把人类学、社会学、民俗学、图像风格学等学科研究方法统合起来，丰富了观察对象的内涵，笔者的研究即受益于此。

六、本书的结构

题旨：山水与观音——补怛洛迦山图像之变。

关键词：山水、观音、补怛洛迦山、图像之变。

全书分为五个部分：

第一部分——绪言：缘起；

第二部分——舆图山水：山水之源、佛教山水舆图、《普门品变》舆图山水；

第三部分——图像之变：文人山水传统、仪轨文本、补怛洛迦山图像之变；

第四部分——折叠偶像：佛经插图、观音木版年画、观音图像生产；

第五部分——余论：图像之变、雅与俗、尾声。

---

① ［美］高居翰著，李渝译：《图说中国绘画史》，上海：生活·读书·新知三联书店，2014年，第12页。

哲学逻辑：缘起（绪言）——空（舆图山水）——有（文人山水）——如（折叠偶像）——缘灭（尾声）。

视知觉逻辑：图——底　背景——人物　山水——观音。[①]

七、本书的写作目标与创见

本书的写作目标是以“山水与观音——补怛洛迦山图像之变”为中心进行深入讨论和研究。在具体过程中，笔者将对山水与观音的互动关系进行深入的研讨。同时，对善财童子第二十八参“标准变相”在唐宋以来的嬗变作出详尽考察与揭示。在此过程中，笔者还将以文人画山水观音图像为依托，着重论述文人缙绅阶层与庶民百姓对观音图像施用的不同态度及信仰动机，这是本书写作的另一个重点。

在笔者看来，本书的研究具有以下几点创见：

首先，笔者首次把山水与观音图像之间的共存与互动关系结合起来进行考察。正如巫鸿在《中国绘画中的女性空间》绪言中说道，“这些女性形象都不是孤立的‘人物’，而是与其他视觉元素——包括男性角色、山水与建筑环境、叙事情节和象征性结构等——共存和互动，共同构成整体的视觉表达。如果把女性人物作为单独的‘仕女’或‘美人’切割出来进行评介和欣赏的话，那么这些形象必定会失去原有的功能，而整体作品也会因此丧失其完整的意义。”[②]事实上，对于山水观音图像演变的研究，是绕不开山水背景或建筑环境视觉元素的。山水与观音异质图像的糅合共同建构了山水观音完整的视觉形象。如果把山水背景与观音图像的关系剥离开来进行考察，不仅丧失了文人观音信仰参与的社会背景，更是剥离了山水观音嬗变的空间、物质、偶像、

---

① 本书借用“图与底”的关系展开研究。图即观音（人物），底即山水（背景）。图与底的关系即观音与山水的关系，也是人物与背景的关系。图与底的融合成为一幅完整的图像，山水与观音的融合成为一幅完整的“补怛洛迦山图像”。山水与观音图像的演变引发“补怛洛迦山图像之变”。

② ［美］巫鸿著：《中国绘画中的女性空间》，上海：生活·读书·新知三联书店，2019年，第17页。

赞助人、信众角色演变的文化历史。

其次，笔者把善财童子第二十八参“标准变相”作为宋元以来观音图像样式嬗变的基础，无论是水月观音还是南海观音，都是对标准图像的不断演绎，由此形成了一个不断累积的山水观音图像传统。

最后，笔者把版画山水观音作为“折叠偶像”的图像样式进行考察，首次考察了因山水观音图像生产技术变革而深刻影响到观音信仰传播广度的事实。无疑，“折叠偶像”物质形式的呈现，对唐宋以来的山水观音图像的传播与观音信仰的世俗化研究，具有不可低估的意义。

第一章　舆图山水

本章的写作任务将主要从三个方面展开讨论：首先，讨论山水图像之源。将涉及《禹贡图》和《山海经古图》，以及灵异山水图像、舆图、仙山意像、东汉画像石等图像传统。其次，讨论佛教舆图山水传统。包括前佛教山水图像、印度须弥山宇宙山水图像、敦煌舆图山水图像等。最后，对《普门品变》舆图山水经变题材进行深入讨论，包括成都万佛寺《普门品变》图像、敦煌石窟《观音经变》图像等。

中国山水图像的源头最早可以追溯到《尚书·夏书》首篇《禹贡》中提到的《禹贡图》。根据《禹贡》记载，夏禹治水而疏浚九州，建立华夏而成为天下中心的地理观念。夏禹建立九州的地理划分，实际上是由水道分割而成的。据传夏禹用九州的贡金而铸造九鼎，并在九鼎上铸绘出川泽山林与魑魅魍魉精怪图像。这些上古“知识性”图像成为指导百姓生活的夏鼎图，就是所谓的《禹贡图》。笔者认为，《禹贡图》可以视作上古史上早期的山水图像。随着《禹贡》图像的进一步演绎，这些图像样式为战国末至汉初的《山海经古图》所承续。在笔者看来，无论是夏鼎《禹贡图》还是《山海经古图》，都与古代舆图的样式密切相关，它们在图像样式上界限模糊。在中古魏晋时期的壁画中，可以明显地看到早期舆图山水的样式因素。笔者可以推测，中国唐宋时期的巨视俯瞰青绿山水图像与早期的舆图亦具有天然的承续关系。直到宋元时期独立山水画科的建立，舆图山水样式才开始呈现出图像结构上的明显转变。

随着东汉佛教的传入，印度的须弥山图式与中国山水图像传统相结合，

图 1-0-1：九色鹿本生之一 敦煌第二五七窟 西壁 北魏（386-534）
（采自《中国敦煌壁画全集 1 敦煌北凉·北魏》第 143 页）

佛教山水绘画图像便以中国早期山水图像为背景展开了创作。因此，可以推定中国早期的佛教山水绘画艺术（主要是壁画）从一开始便接受了中原山水文化的影响从而逐渐走向本土化。明显的例子莫过于四世纪下半叶东晋十六国时期始凿的敦煌石窟，历经北凉、北魏、隋唐，迄于西夏、元等朝代的持续开凿，留下了数量可观的佛教山水图像。作为丝绸之路的要塞，敦煌的地理位置独特，中原与西域的僧团和商队在此地交汇，欧亚艺术与文明在此地交融。因此，敦煌艺术从一开始既有着中原儒家、道家的本土风貌，也混合了古印度、波斯帝国、古希腊犍陀罗等诸多艺术风格。在敦煌的一些故事画中，画工大多是以山水作背景来绘制的，这种表现形式是与中原山水图像的审美传统分不开的（如图 1-0-1）①。在古印度的绘画传统中，我们很少能见到

① 图片来源参见段文杰主编：《中国敦煌壁画全集 1·敦煌北凉·北魏》，天津：天津人民美术出版社，2006 年，第 143 页。

表现山水的图像，即使文本故事中需要描绘山水，也往往画成图案式象征性的山水背景。[①] 从北凉、北魏、隋唐时期的敦煌壁画考察，山水图像元素是作为中原文化重要的视觉元素存于其中的。甚至在这些早期壁画中，一些山水元素已经不再以人物背景的形式呈现，而是与人物分离成为构图主体，为唐宋以后中原的山水画成为一个独立画科奠定了基础。尽管北魏时期的南朝已经建立有相关的山水画理论[②]，实际上山水画在当时还没有成为一个独立画种。如北魏时期敦煌壁画中《九色鹿本生之一》（图 1-0-1）是较早以山水元素作为背景来表现的佛教山水经变个案。图中倾斜排列的连绵山脉，动物与仙人充布其间，成为山地、动物、仙人共享的“精怪”图像景观。图像上下以平行线为边界，上边缘是佛国世界，意味着神圣佛国与世俗山林空间的隔离。如果单看山地、动物（九色鹿）、仙人部分，可以发现画面结构安排是源自中原悠久的舆图传统样式。如前所述，这种舆图传统样式最早可以追溯到先秦时期的夏鼎舆图范式。进而可以认为，先秦时期的《禹贡图》《山海经古图》以及中古早期的舆图形制样式深远地影响了佛教山水图像的制作。

随着《法华经》《华严经》《净土经》等与观音相关的经典展开译介与传播，一些以观音为主尊的经变图像开始以山水为背景进行绘制，成为山水观音图像早期的神圣舆图传统。在这些舆图性山水观音经变图像中，《普门品变》《观音经变》无疑承担了重要角色，其中成都万佛寺《普门品变》与敦煌壁画《观音经变》为本书的研究提供了绝佳案例。

一、山水之源

自古以来，山水就是中国文化之境。从后汉到清代，山水文化的发展大

---

① 赵声良：《敦煌北凉·北魏壁画艺术风格》，参见段文杰主编：《中国敦煌壁画全集 1·敦煌北凉·北魏》，天津：天津人民美术出版社，2006 年，第 13 页。

② 如东晋末南朝宋初宗炳（375-443）就写下了关于绘画理论的名篇《画山水序》，参见陈传席编：《六朝画家史料》，北京：文物出版社，1990 年，第 173-175 页。

图 1-1-1a：西周 青铜 遂公盨 北京保利艺术博物馆藏（采自班图著《〈豳公盨〉铭文研究二题》）

图 1-1-1b：西周 青铜 遂公盨铭文拓片（采自班图著《〈豳公盨〉铭文研究二题》）

致可分为三个阶段：魏晋南北朝时期生成；唐宋之际逐渐成为文人的个性表达；元明清期间成为中华传统文化的象征之一。[①] 据此，我们还需要探索魏晋南北朝之前山水文化生成的原初形态。因此，先秦两汉乃至之前的山水观念将成为笔者在本节中努力探究的重要课题。

（一）《禹贡图》

从早期的禹鼎传说考察，中国很早就与山水图像结下不解之缘。《夏书》在第一篇《禹贡》中讲述了夏禹治水重塑九州之说，确定了以华夏为中心，以“五服”[②]“四海”为递减的“世界”地理空间体系。夏禹治水的史迹除了在上古文献《禹贡》中有所载录外，还铸载于一件西周时期的青铜器“遂公盨”铭文上（图 1-1-1a）。“遂公盨”拓片铭文（图 1-1-1b）兹录于下：

① ［美］吴欣主编：《山水之境：中国文化中的风景园林》，北京：生活·读书·新知三联书店，2015年，第 2 页。

② “五服”是《禹贡》中描述的甸、侯、绥、要、荒五个层次的纳贡体系。以虚化为一点的王城为中心，每服距离王城四面依次递增五百里，五服就是一个最外围为纵横各五千里的同方结构。参见李琪慧：《〈禹贡〉在理解“治水”与经学意义重塑》，载《原道》第 37 辑，第 43 页。

> 天命禹敷土，随山浚川，乃别方设征。降民鉴德，乃自作配飨。民成父母，生我王作臣，厥昧唯德。民好明德，扰才天下，用厥邵好益，美懿德，康亡不懋。孝友訏明，经济好祀无期。心好德，婚遘亦唯协。天用考，神复用祓禄，永库于宁。燹公曰：民唯克用兹德，亡诲。①

根据这件西周时期青铜铭文中“天命禹敷土，随山浚川”的记载，夏禹治水事迹似乎在西周人的传统观念中已成历史“事实”。虽然西周距夏禹时代已非常久远，但是西周青铜器“遂公盨”铭文对夏禹“随山浚川”的文字记载，相比于远远晚于它的后期相关文本，自然是更加令人信服，其史料价值不可低估。因此，笔者把西周青铜铭文中记录的夏禹治水事件视为可信。

接下来，笔者从夏禹治水重塑九州的重要观念来考察“川”“州”两个字源的含义。东汉许慎著，清冯桂芬撰《说文解字段注考证》（图 1-1-2）中（参见下图中的描红部分）对“川”“州”二字的溯源交待得很清楚。

下图《说文解字段注考证》中对“川”的解释为：“贯穿通流水也。《虞书》曰：浚く巜（快音）② 距川言湥（同深），く（同畎）巜之水会为川也。”

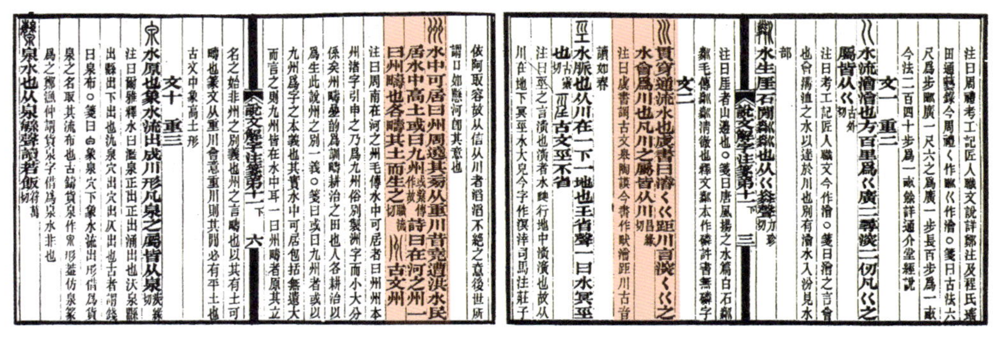
注曰周禮考工記匠人職文說詳鄭注及程氏瑤
田通藝錄今周禮く作畎巜作澮○箋曰古𤰝六
尺爲步畎廣一尺六之爲廣一步長百步爲一畝
今法二百四十步爲一畝餘詳通介堂經說
文一 重二
巜 水流澮澮也方百里爲巜廣二尋深二仞凡巜之屬皆从巜 古外切
注曰考工記匠人職文今作澮○箋曰澮之言會
也會溝澮之水以達於川也別有澮水入汾見水
部
粼 水生厓石閒粼粼也从巜粦聲 力珍切
說文解字注箋第十一下 三
注曰厓者山邊也○箋曰唐風揚之水篇白石粼
粼毛傳粼粼清徹也釋文粼本作磷許書無磷字
文二
川 貫穿通流水也虞書曰濬く巜距川言深く巜之水會爲川也凡川之屬皆从川 昌緣切
注曰虞書謂古文皋陶謨今書作畎澮距川古音
讀如春
巠 水脈也从川在一下一地也王省聲一曰水冥巠也 古靈切 古文巠不省
注曰巠之言濆也濆者水脈行地中濆濆也故从
川在地下冥巠水大皃今字作溟涬司馬注莊子
依阿取容故从信从川者滔滔不絕之意後世所
謂口如懸河即其意也
州 水中可居曰州周遶其旁从重川昔堯遭洪水民居水中高土或曰九州詩曰在河之州一曰州疇也各疇其土而生之 職流切 古文州
注曰周南在河之洲毛傳水中可居者曰洲州本
州渚字引申之乃爲九州俗別製洲字而小大分
係矣州疇疊韵爲訓疇耕治之田也人各耕治以
爲生此說州之別一義○箋曰或曰九州者或以
九州爲字之本義也其實水中可居包括無遺大
而言之則九州皆在水中耳一曰州疇者原其立
說文解字注箋第十一下 六
名之始非州之別義也州之言疇也以其有土可
疇也篆文从重川會意重川則其閒必有平土也
古文中象高土形
文十 重三
泉 水原也象水流出成川形凡泉之屬皆从泉 疾緣切
注曰爾雅釋水曰濫泉正出正出涌出也沃泉縣
出縣出下出也氿泉穴出穴出仄出也古者謂錢
曰泉布○箋曰白象泉穴下象水流出形借爲貨
泉之名取其流布也古錢貨泉作泉形蓋仿泉篆
爲之鄭注仲謂貨泉字借爲泉水非也
灥 三泉也从三泉闕 詳遵切

图 1-1-2：东汉许慎著 清冯桂芬撰《说文解字段注考证》

---

① 引自李零著：《我们的中国·茫茫禹迹》，北京：生活·读书·新知三联书店，2016 年。

② （东汉）许慎著，（清）冯桂芬撰：《说文解字段注考证》卷十一下，《续修四库全书·经部·小学类》，上海：上海古籍出版社，第 458 页上、459 页下：巜部，古外切 kuài，水流浍浍也。

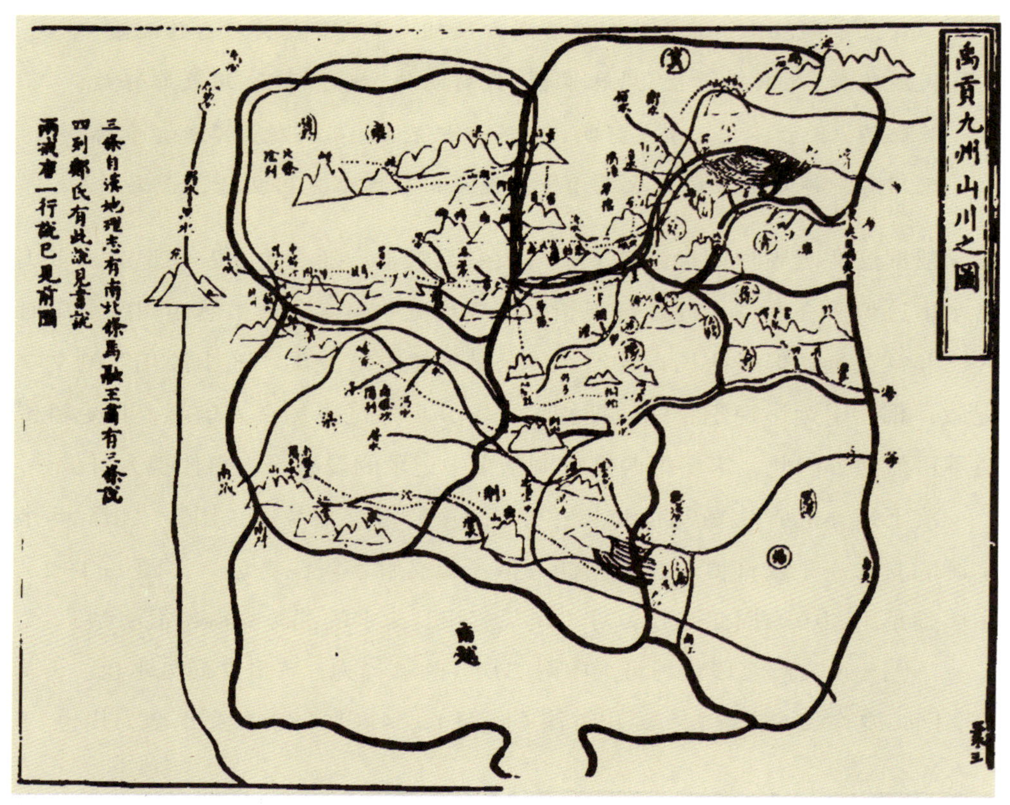

图 1-1-3：古舆图版画插图 禹贡九州山川之图
（采自宋代《帝王经世图谱》）

对“州”的解释为：“水中可居曰州，周绕其菊（旁音）从重川，昔尧遭洪水，民居水中高土或曰九州。《诗》曰：在河之洲。一曰州畴也，各畴其图而生之。”①从释文可知，按现在的理解，“川”为贯穿周绕“州”的河道，为疏浚畅通的江河。州为江河周绕的居住陆地。这些解释意味着九州的地理景观实际是以江河为分界线的九块陆地，这样的地理景观其本身就是一幅形象的山水舆图（图 1-1-3）。

① （东汉）许慎著，（清）冯桂芬撰：《说文解字段注考证》卷十一下，《续修四库全书·经部·小学类》，上海：上海古籍出版社，第 458 页上、459 页下。

在《禹贡九州山川之图》(图1–1–3)中,弯曲的加粗黑色线条为江河(川),包围着高出的陆地与高耸的山峦(州)。整个华夏大地被这些江河(川)分成"九州",并以此形构成为世界的中心。在《禹贡》文献中,夏禹据此还制定了九州的贡赋制度。夏禹以九州纳上的贡金铸造了九鼎,并在九鼎上铸绘了舆地图像,图中充满了山川精怪图像。据《左传·宣公三年》记载:

> 昔夏之方有德也,远方图物,贡金九牧,铸鼎象物,百物而为之备,使民知神、奸。故民入川泽山林,不逢不若。魑魅魍魉,莫能逢之,用能协于上下以承天休。杜预注云:禹之世,图画山川奇异之物而献之,使九州之牧贡金。①

上文《左传》中说到在夏禹时期铸有九鼎,并在鼎上铸绘百物。鼎上的"百物"图像绘有"川泽山林""魑魅魍魉"等形象。鼎上图绘的山川、精怪动物图像,其功能成为百姓辨识神、奸的知识性引导图示。通过这些图像知识,百姓进入川泽山林就可以避开那些"魑魅魍魉"的伤害而获得周全。正如东晋葛洪《抱朴子》云:"山无大小,皆有神灵……入山而无术,必有患害。"②由此可见,绘在夏禹九鼎之上的"百物"图像,正好可以成为葛洪《抱朴子》中所述百姓入山规避患害的指导性祛邪图像。同时也可以说明,中古早期民众对山(林)的敬畏观念已然形成。《左传·宣公三年》中所述虽为传说,但文化观念的形成却不容置疑。通过对出土的两汉时期出土文物的考察发现,"川泽山林""动物精怪""人物"等元素以平面化平铺形式围绕器物集合在一起,出现在一件博山炉装饰纹样上(如下图1–1–4)。

从这件东汉时期的"两足绿釉走兽博山炉"可以充分证明,其装饰设计承续了禹贡图的传统图像范式。我们可以看到这件博山炉上塑造了"川泽山

---

① (东周)左丘明撰:《左传·宣公三年》,长沙:岳麓书社,1998年,第121页。

② 王明著:《抱朴子内篇校释》(增订本)卷17,《新编诸子集成》(第一辑),北京:中华书局,1996年,第299页。

图 1-1-4：两足绿釉走兽博山炉 哈佛大学博物馆藏 东汉 笔者摄

林”与“动物精怪”（魑魅魍魉）结合的图像。图案可分为上下两个部分：博山炉顶部塑造出卷曲的海浪所簇拥的山体。可以想象，博山炉顶部“高耸”的山形，与炉内飘出的熏香烟雾营造出仙山云雾缭绕的氛围与仙界意象。下面主体炉身中段部分描绘的是川泽之间布满精怪的图像，其观念明显来自古老的《禹贡图》构成形式。因此，笔者认为，此件博山炉的设计理念来自两套符号系统：上面炉鼎山形部分寓意仙境，是神仙居住的神圣方域，属于两汉时期神仙图像传统；下面炉身部分的图案代表的是世俗界，是“人”“动物精怪”“川泽山林”所处的地域，隶属于《禹贡图》（舆图）传统。因此，这件博山炉的设计理念是在《禹贡图》传统的基础上增添了两汉时期的仙山视觉元素。根据文献记载，在上古时期的《禹贡图》中，起伏的川泽山林与动物精怪集合杂糅在一起，整个炉体呈现的景观正如汪悦进所描述的那样：

图 1-1-5a：青铜奁 公元前 1 世纪左右 华盛顿弗瑞尔美术馆藏
（采自吴欣主编《山水之境：中国文化中的风景园林》第 47 页）

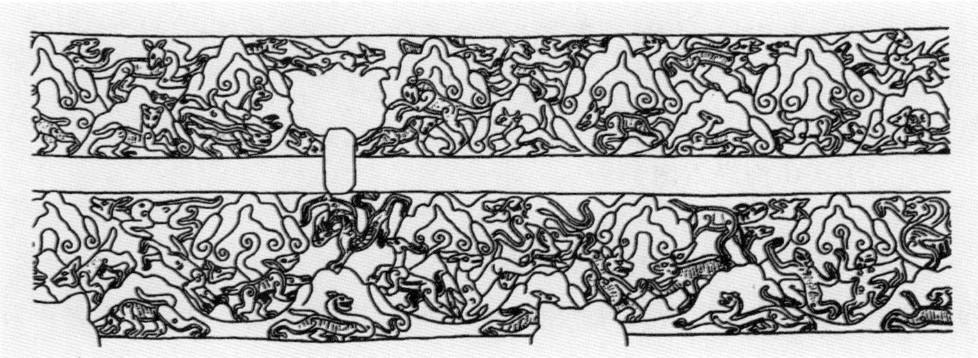

图 1-1-5b：青铜奁浮雕线描图案 公元前 1 世纪左右 华盛顿弗瑞尔美术馆藏
（采自吴欣主编《山水之境：中国文化中的风景园林》第 47 页）

> 在早期的实物中，我们几乎看不到鸟兽绝迹的蛮荒之地。大地上充满了仙灵、异兽、超自然的生物，因而展现出的地貌是一个神怪出没的场所。山形的轮廓跌宕起伏，鸟兽百怪被描绘在此频频产生的支离空间中……地态的范围常常表现为一幅全景俯瞰，它所指代的地域如此广袤，以至于这些图像犹如将包举了寰宇四海的广阔图景落拓在地图上。①

从汪悦进这段文字可以看出，早期的一些实物纹饰上表达的正是舆图山水性质的“百物”形象。这样的形象图式也反映在了另一件青铜奁的装饰纹样之上（图 1–1–5a）。

根据上图这件青铜奁装饰纹样的展开图（图 1–1–5b）可以看出，左右“无限”（循环）延伸的舆图空间中弯曲的山脉、人物精怪与各类异兽充布其间，呈现勃勃生机的景象，生动地反映了早期文献《夏书・禹贡》所记载“图画山川奇异之物”的内容。

在当前出土的众多先秦两汉时期的青铜文物中，有不少器物的装饰纹饰集中体现了舆图山水性质的《禹贡图》范式。其中最主要的辨识标准是左右延伸、平铺化的山川、精怪（畏兽）人物（仙人）集合化图案。这些山川、精怪人物图像可以视作中国山水图像的早期视觉来源。

（二）《山海经古图》

有学者通过对《禹贡》与《山海经》的对比研究得出结论，《禹贡图》的思想集中反映在成书于战国至汉初的经典《山海经》中。甚至有学者认为

---

① ［美］汪悦进：《灵异山水——从“东汉之图”到西域之变》，该文收录于［美］吴欣主编：《山水之境：中国文化中的风景园林》，上海：生活・读书・新知三联书店，2015 年，第 48–49 页。

《山海经古图》就是《禹鼎图》。[1] 在《山海经》中，记载了约四十个方国、五百五十座山、三百条水道、一百多个历史人物、四百多个精怪神兽。[2] 另外，清代学者郝懿行在《山海经笺疏叙》中云：

> 古之为书，有图有说，《周官》地图，各有掌故，是其证已。《后汉书·王景传》云："景赐《山海经》《河渠书》《禹贡图》。"是汉世《禹贡》尚有图也。郭注此经，而云："图亦作牛形"，又云："在畏兽画中"；陶征士读是经，诗亦云："流观《山海经》，是晋代此经尚有图也。《中兴书目》云：'《山海经图》十卷，本梁张僧繇画，咸平二年校理舒雅重绘为十卷……'是其图画已异郭、陶所见。今所见图复与繇、雅有异，良不足据。然郭所见图，即已非古，古图当有山川道里。今考郭所标出，但有畏兽仙人，而于山川脉络，即不能案图会意，是知郭亦未见古图也。今《禹贡》《山海图》遂绝迹，不复可得。"[3]

由上文郝懿行之论可知，《山海经古图》直接反映了《禹贡图》中的图像范式："有山川道里、有畏兽仙人，有山川脉络。"引文中同时交待了梁朝以佛教绘画闻名的张僧繇曾绘制《山海经图》十卷。无论如何，《山海经》中的"约四十个方国、五百五十座山、三百条水道、一百多个历史人物、四百多个精怪神兽"至少在张僧繇生活的时代已经以《禹贡图》相类似的图像范式描绘了下来，这种图像范式就是古代"舆图山水"（舆地图）的早期雏形。

---

① 尹荣方：《大禹治水祭仪真相——以〈山海经〉"日月出入之山"与〈禹贡〉"二十八山"为视角》，载《中原文化研究》2018年第1期，第50-59页。

② 马昌仪著：《古本山海经图说》，济南：山东画报出版社，2001年，第1页。

③ （清）郝懿行撰：《山海经笺疏叙》（嘉庆九年，1804），据丁锡根编著《中国历代小说序跋集》，北京：人民文学出版社，1996年，第21页。此条文献转引自马昌仪著《古本山海经图说》，济南：山东画报出版社，2001年，第2页，注②。

关于词汇“舆图”，此书无意对“舆图”或“舆地图”进行词源上的考证，笔者采用《周礼注疏》卷10中的说法为据：“汉萧何收秦图籍，以知天下陬塞广远。至后汉乃有司空郡国地图。舆者，车舆，其前牙曲。地形不可正方，故云舆地图也。”[①]也就是说，舆地图是指古代标记山川、河流的地图。笔者认为，舆地图的图像形式源头很大可能是来自《禹贡图》中的图像范式。清代学者毕沅明确指出《山海经》为古代的土地之图：“《山海经·五藏山经》三十四篇，古者土地之图，《周礼·大司徒》用以周知九州地域广轮之数，辨其山林川泽丘陵坟陵衍原隰之名物。《管子》：‘凡兵主者，必先审知地图之险。滥车之水，名山通谷经川陵陆丘阜之所在，苴草林木蒲苇之所茂，道里之远近，皆此经之类。’”[②]也就是说，《山海经古图》带有古地图（舆图）的性质。

目前学者发现最早的舆图是在马王堆3号墓出土的地理图，时间在公元前2世纪左右（图1-1-6）。虽然此图像漫漶不清，但通过仔细辨识仍可发现地图上的山川、河流、山脉标识，这是一幅名副其实的古代地形图。有学者指出，地形图作为陪葬物，其象征意义或许是为了指引并帮助墓主人死后找到通往仙境之路途。[③]笔者发现，马王堆3号墓出土的地理图还比较单一化，图中没有出现《禹贡图》中的精灵畏兽，也没有呈现形象化的山川特征，色彩亦比较单一。之所以如此，有学者认为，早期的舆图还遍布着动物与奇异生物，但是在汉代之后经历了一次“去魔幻”的过程，褪除了那些超自然的元素，为了弥补“去魔幻”剥蚀掉的灵异色彩，在中世纪人们的想象中，尤其是道教的想象中，向地图本身注满了图符的意义——因而山水本身就成为

① （东汉）郑玄著，贾公彦注：《周礼注疏》，上海：上海古籍出版社，2010年。

② （清）毕沅撰：《山海经新校正序》，据丁锡根编著《中国历代小说序跋集》，北京：人民文学出版社，1996年，第15页。此条文献转引自马昌仪著《古本山海经图说》，济南：山东画报出版社，2001年，第2页，注12。

③ ［美］汪悦进：《灵异山水——从“东汉之图”到西域之变》，收录于［美］吴欣主编：《山水之境：中国文化中的风景园林》，上海：生活·读书·新知三联书店，2015年，第68–69页（参见注87）。

图 1-1-6：马王堆 3 号墓出土的地理图　公元前 2 世纪
（采自吴欣主编《山水之境：中国文化中的风景园林》第 69 页）

了魔法的一种形式。① 笔者认为，作为陪葬物品，这幅地图突出了深色的河流与道路，而弱化或省略了精灵畏兽、仙人的图像，是为了暗示墓主死后能进入一个不受滋扰、犹如仙境的安乐、平和世界。

① ［美］吴欣主编：《山水之境：中国文化中的风景园林》，上海：生活·读书·新知三联书店，2015 年，第 74–75 页。

（三）舆图山水

随着历史的发展，后世的舆图逐渐有着山水画的符号特征，如图 1-1-7a，舆图中的山峦借用了中国唐宋时期青绿山水图像符号的范式。如果提取局部舆图山水符号单元，则很难分清这是舆图还是山水画，见图 1-1-7b。通过观察图 1-1-7a/b，笔者发现舆图与山水画已经实现了某种程度的融合交汇。我们可以假设，这种融汇折射了山水画的结构设计明显受到了早期舆图结构范式的影响。甚至有研究者认为，中国古代山水画与古舆图一脉相承，在很长一段时间内，两者之间的界限模糊。① 因此，我们有理由怀疑，在古代中国，

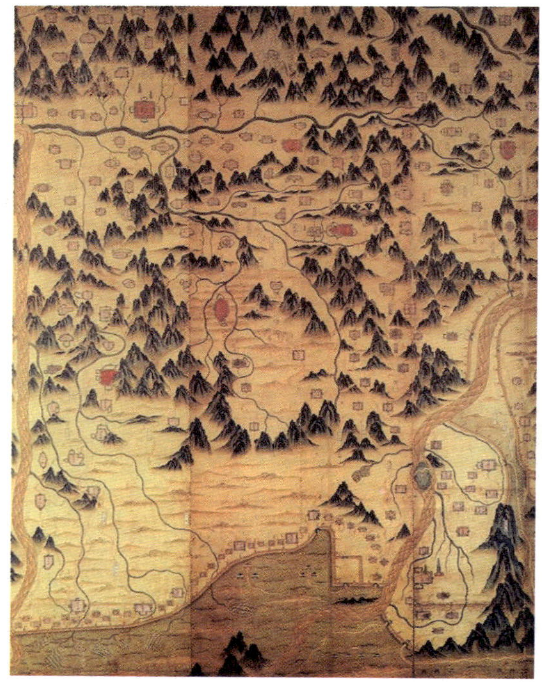

图 1-1-7a：明 陕西舆图（局部）
（采自曹婉如主编《中国古代地图集·明代》）

图 1-1-7b：明 陕西舆图（局部放大）
（采自曹婉如主编《中国古代地图集·明代》）

① 张艺嫣：《中国古代城市舆图的美学思想及其现代启示——以明代袁河流域地区舆图为例》，北京交通大学硕士论文，2018 年，第 23 页。

图 1-1-8：北宋　王希孟　千里江山图（局部）北京故宫博物院藏

是否对“图”和“画”进行过区分。中国的山水画在古代均称之为“图”，而非称“画”。直到 17 世纪文人画的勃兴，画家们才开始重视图与画之间的区别与关系。正如美国学者高居翰认为的那样：“古有图而无画。图者，肖其物貌其人写其事，画则不必。然用良毫珍墨施于故楮之上，其物则云山树危石冷泉板桥野屋，人可有可无。若命题写事则俗甚。”① 高居翰是从文人画的角度看待画与图的区别。余定国对 18 世纪初皇家赞助的大型题画诗汇编《御订历代题画诗类》一书的凡例考察认为，区分“地理图”和“山水”，前者是关于“某地之原理的图”，或即广义的地图，而后者是关于“山和水”的，即“山水画”。②

从高居翰和余定国的观点可知，在 17 世纪之前，中国的舆图和山水画实际上没有作出明显的区分，从另一个角度也可以认识到舆图和山水画实际上在古代早期有着同源关系。同时，我们从北宋画家王希孟（1096-？或 1119）青绿山水《千里江山图》中延绵起伏的山峦得以辨识其与舆图之间紧密的渊源（图 1-1-8）。

---

① ［美］高居翰，“Types of Artist-Patron Transactions in Chinese Painting” in *Artists and Patrons: Some Social and Economic Aspects of Chinese Painting*, ed. Chu-tsing Li(Lawrence, 1989), pp.7-20。

② ［美］余定国，“Traditional Chinese Cartography”，p.153。

王希孟在宋徽宗赵佶的指导下绘制的帝国青绿山水《千里江山图》，主要是以俯瞰全景式的构图把北宋千里江山尽收眼底，与古代《禹贡图》与舆地图中施用的全景式俯瞰构图范式原理是一致的。

王希孟《千里江山图》这类源自《禹贡图》、舆图的全景式俯瞰构图样式，发展出了中国山水画“巨视观”的结构范式。关于舆图山水画“巨视观”视角样式，相关的文本描述如西汉司马相如在《上林赋》中云：“荡荡乎八川分流，相背而异态。东西南北，驰骛往来。出乎椒丘之阙，行乎洲淤之浦。经乎桂林之中，过乎泱漭之壄。”① 引文中司马相如描述汉武帝皇家巨型园林上林苑水脉所传达出来的“巨视观”，形象地呈现了全景式的俯瞰构图范式。关于司马相如《上林赋》中描述的这种舆图化山水巨视观表达方式，有学者认为，“在上林苑中，因其范围广大，经司马相如之笔加以渲染，这是中国自古以来即有把山川之一切景观纳入眼底的愿望，也就是把大自然中的诸种现象纳入有限的范围，并成为后世园林观念的基础。”② 事实上，司马相如描述的汉武帝皇家巨型园林，隐含了浓缩宇宙的观念。这种“巨视观”山水描述的方法在唐代王之涣的山水诗《登鹳雀楼》中有所呈现：“白日依山尽，黄河入海流。欲穷千里目，更上一层楼。”③ 王之涣的这首诗视野“广阔”，从俯瞰夕阳落下西山，到黄河流入东海，体现了泱泱华夏山川地域尽收眼底的“巨视”观念。诚然，“巨视观”所表达的除了诗人宏大的想象力，笔者以为与古代俯瞰式的“辽阔”舆图、“巨视观”结构山水图像范式的影响不无关系。当观者在面对一张《大明一统舆图》（图 1-1-9）的时候，能够观看到：在辽阔的地域中，黄河、长江从西向东流入大海；陆地北接戎狄，下抵安南。整个大明江山一览眼底。舆图观者所获得的视觉体验与王之涣登

① （梁）萧统著：《文选》，北京：中华书局，1997 年。

② ［美］吴欣主编：《山水之境：中国文化中的风景园林》，上海：生活·读书·新知三联书店，2015 年，第 11 页。

③ （清）曹寅、彭定求等编：《御定全唐诗》（1706）。

图 1-1-9：大明一统舆图（采自曹婉如主编《中国古代地图集·明代》）

高“巨视”诗所传达的视觉经验是相似的。

（四）仙山意象

在《禹贡·序》中有言：“禹敷土，随山刊木，奠高山大川。”① 从文中可知，山是由敷土垒高而成。“山”在许慎《说文解字》中解释为：“山，宣也。宣气散，生万物，有石而高，象形（《艺文类聚》引《春秋》说题辞曰：山之为言宣也，含泽布气，调五神也。古钟鼎铭作，象形，小篆省）。”②

① 参见《尚书·禹贡》篇《序》。

② （东汉）许慎著，（清）冯桂芬撰：《说文解字段注考证》卷十一下，《续修四库全书·经部·小学类》，上海：上海古籍出版社，第 238 页下。

山充满“生气”，而“气”是道家早有的观念，且具有生发万物的功能。山还含泽布气，所以气在川泽山林中能滋养百物、生长魑魅魍魉就不奇怪了。另外，东汉葛洪提到的“山无大小，皆有神灵”观念，说明山还是神灵栖息之所。同时，通过前面的论述可知，在目前出土的一些文物图像中，仙人与精灵异兽充布画面。这意味着山一旦成为仙山，则往往有仙人居住其中。在前图绿釉博山炉（图 1-1-4）炉盖山形部分，笔者看作是神仙居住的仙山或仙境。仙山图像及其文化内涵是中国山水图像的重要隐喻元素。因此，在山水图像上如何区分普通山峦与仙山形态，成为识别舆图山水图像与文人山水图像的主要功能要素。

早在文献《山海经·海内经》中就有关于“不死之山”“不死之国”（《大荒南经》）、“不死之药”（《海内西经》）和“不死民”（《海外南经》）的记载，以及《大荒西经》载大荒之中“有灵山”之说，[①] 表明《山海经》中有着仙山（不死之山、灵山）与神仙的存在。由于《山海经》是战国至汉初的作品，意味着中国的神仙崇拜已经在此一时期形成，并在两汉时期形成态势。同时也有学者指出，两汉大规模地开疆扩土，以及汉王朝与周边地区日益频繁的交流，成为开辟丝绸之路的必要条件，依此必定深化了汉人对异地他乡的体察。汉人寄寓于仙境幻景与长生不老术的追寻，以及对东方的海上三神山与西方昆仑山的幻想，在主观上促进了对虚幻空间的认知。[②] 在目前关于昆仑山的图像资料中，存在两种图像范式。其一是灵芝形山峰造型（图 1-1-10）。在此图中，灵芝状的昆仑山象征不死之山（灵芝传说为不死之药），山上坐着西方长生不老之神西王母，环绕其周围的是生有羽翅的仙人与各种动物精怪。图中除了没有山峦河流，构图和图像内容与《禹贡图》中描述的舆图十分相似。在这幅汉像砖图中，西王母以正面偶像的构图形式居于画面

① 卿希泰主编：《中国道教史》第一卷，成都：四川人民出版社，1996 年，第 59 页。

② ［美］吴欣主编：《山水之境：中国文化中的风景园林》，上海：生活·读书·新知三联书店，2015 年，第 43 页。

正中，这种形构几乎与后来的《普门品变》中观音偶像神圣舆图布局设计相仿。由此说明中原工匠在造作敦煌《普门品变》图像时很可能还参考了汉像砖偶像式图像的结构样式。

另一种昆仑山图像范式呈现出“山”形的符号特征，如长沙马王堆 1 号墓漆棺上“山”状的昆仑仙山（图 1-1-11）。这种“山”状图像模式相较于灵芝状的昆仑山图式更为符号化和装饰化。仙山以对称的样式呈现，左右两边各有一只瑞兽和萦绕的华丽祥云（宣气），以隐喻仙山的存在。总之，图 1-1-10 与图 1-1-11 中的构图样式，均与《禹贡图》构成样式有着直接或间接的关联，呈现出舆图形构范式的表征。

图 1-1-10：山东出土东汉后期石刻中的灵芝状昆仑山

（采自［美］巫鸿著《礼仪中的美术》第 179 页）

图 1-1-11：长沙马王堆 1 号墓漆棺上“山”状的昆仑仙山
（采自［美］巫鸿著《礼仪中的美术》第 154 页）

此外，笔者还发现，两汉时期博山炉的器形设计实际上融合了两种图像模式，即把灵芝状的仙山与山形的仙山结合在同一件博山炉中（图 1-1-12）。这件博山炉造作华丽，器型似灵芝状，炉盖部分形似一座海上蓬莱仙岛，整座仙岛被包围在漩涡状的汪洋大海之中。如文献《列子》对蓬莱仙岛的描述：

> 其山高下周旋三万里，其顶平处九千里。山之中间相去七万里，以为邻居焉。其上台观皆金玉，其上禽兽皆纯缟，珠玕之树皆丛生，

图 1-1-12：博山炉　河北满城 1 号出土　西汉
（采自［美］巫鸿著《礼仪中的美术》彩页）

华实皆有滋味，食之皆不老不死。所居之人，皆仙圣之种，一日一夕飞相往来者，不可数焉。[①]

《列子》对蓬莱仙岛的论述视野也是采用典型的宇宙“巨视观”视角，与《庄子》在《逍遥游》中描述的宏观视角极为相似。同时，据《列子·汤问》篇记载，东海除了蓬莱仙岛，还有岱舆、圆峤、方壶、瀛洲四座仙山。《列子》是战国时期的文献著作，由此可知，仙山信仰在先秦时期已形成日久。在现存两汉时期的众多博山炉中，炉盖部分大多表现了仙山的形象。因此，才有学者认为，“博山炉”之器，器型似半高脚杯，上有盖，为当时金属器之仿品。有趣之处在于盖为山形，像仙山，上有云气、禽兽、仙人，有孔，焚香时，香烟自孔中上升，造成烟云在山间缭绕的景象。这是最有想象力的一种设计，传达了广为民间信仰的神仙传说。[②]博山炉的设计，真实地反映了两汉时期社会民众对仙山的向往，此种向往与民众对神仙崇拜的风气相关。

先秦两汉时期对山的认识，从充满生气、滋养百物、栖息精怪畏兽的“九州”地理景观，再到神仙居住的仙山（诸如蓬莱仙岛），蕴含了这一时期人们对神秘川泽山林的敬畏，从西汉时期出土的青铜器物博山炉装饰纹样与形器外观结构就可见一斑。

在本小节中，笔者通过对山水图像的溯源，牵涉到《禹贡》中的《禹贡图》（《禹鼎图》）传说。通过对文献的比较与研究，笔者推断出战国至汉初成书的《山海经古图》是直接承续自《禹贡图》而来。从《禹贡图》中呈现出的舆图雏形，到《山海经古图》中的舆图观念，形成了中国古代舆图的悠久传统，以致影响到唐宋青绿“巨视观”山水画的创作。笔者通过对《禹贡图》《山海经古图》舆图化巨视山水图像之间关系的观察，以及从文本和图像双重角度对中国山水图像的起源作出的基本认知，得出中国山水图像起源于早期舆

① （战国）列子等著，（晋）张湛注、陈明校：《列子》，上海：上海古籍出版社，2019年。

② 汉宝德：《物象与心境：中国的园林》，上海：生活·读书·新知三联书店，2014年，第36页。

图结构范式的结论。同时，山水图像还在两汉神仙崇拜、道家文化的浸淫下，丰富了新的文化内涵。

魏晋时期庄、玄思想合流，催生了一批崇尚自由、个性放旷的名士与哲学家。他们向往俯察宇宙犹如仙人站在高山之巅，既可仰望苍穹，又可俯瞰大地，则能瞬间把握整个世界。这种宇宙视角成为“巨视观”的哲学基础。正如魏晋名士嵇康（224 — 263 或 223 — 262）在诗文《赠秀才入军》中写道：“目送归鸿，手挥五弦。俯仰自得，游心太玄。”[①] 嵇康的心灵于弹指俯仰之间在宇宙中获得自由与超越。可以说，嵇康的宇宙“巨视”哲学观念与舆图山水的结构范式不谋而合。

最后需要补充的是，先秦两汉时期的民众观念认为水是会带来灾难的自然物像，从《禹贡》中舜、鲧（禹的父亲）、禹三代治水的艰难历程与相关传说文本可以获知，上古洪水所带来的灾难对中国的地理结构、水文走向以及因山川阻隔而形成的“九州”地表景观形成深远的文化心理影响。《庄子·秋水》中云：“禹之时十年九潦，而水弗为加益；汤之时八年七旱，而崖不为加损。”[②] 可见大禹之时水涝非常频繁。在《周易》六十四卦之坎卦中，坎为水、为难，灾害之意。坎卦的“灾难”意象很可能是与历史上频繁的水涝文化心理相关。

总之，笔者通过对舆图与山水图像之关系的考察，完成了山水之源的文化追溯，为下文讨论佛教进入中国、接受中原山水意象的影响奠定了基础。

二、佛教舆图山水

随着佛教传入中土，佛教绘画的创作也随之展开，其中佛教神圣舆图性山水的绘制成为其中一项重要内容。中土佛教舆图山水图像是印度佛教偶像

① （三国）嵇康：《赠秀才入军》。

② （战国）庄子等：《庄子·秋水》。

图像与中国舆图山水图像的融合样式。在讨论佛教舆图山水样式之前，需要预先了解两个方面的内容：其一，前佛教时期中国山水图像；其二，佛教须弥山宇宙山水图像。这两个方面的讨论，对于考察佛教舆图山水图像的形成具有溯源的意味。在下面的行文中，笔者将以敦煌壁画山水图像为样本，对佛教舆图山水图像展开深入讨论。

（一）前佛教山水图像

前佛教绘画山水图像，是指佛教山水绘画形成之前的山水图像。这一时期的图像主要以东汉画像石、画像砖，以及墓室绘画等为主要媒介形式。按照美国学者孟久丽（Julia K · Murray）对视觉表现的三个要素划分，这些图像将包括概念与变现内容、结构与形式。[①] 依笔者的理解，图像的概念是指与其相关的文本；结构即画面的构成模式（类似南朝《古画品录》“谢赫六法”中的经营位置）；形式即图像媒介。通过上一节中的论述，笔者认为中国山水图像最早来自《尚书 · 禹贡》中的《禹贡图》（《禹鼎图》），《禹贡图》中的山水图像涉及川泽山林、灵怪畏兽。按美国学者汪悦进的话说，《禹贡图》中的山水图像是隶属于“灵异山水”的范畴。[②] 按此说法，前佛教山水绘画中的灵异山水图像，其画面是充满生气而非死寂的物质化场景。笔者通过考察《禹贡图》与《山海经古图》之间的密切关系，认识到二者的图像结构属于早期俯瞰式、巨视观的舆图范式，并直接影响到中国早期山水画的构图样式。这种构图样式最早的思想来源是中国上古时期以华夏九州为中心的国家观念和宇宙观，这些观念深刻地影响了佛教山水绘画的创制。

---

① ［美］孟久丽著，何前译：《道德镜鉴：中国叙述性图画与儒家意识形态》，上海：生活 · 读书 · 新知三联书店，2014 年，第 26-42 页。

② ［美］吴欣主编：《山水之境：中国文化中的风景园林》，上海：生活 · 读书 · 新知三联书店，2015 年，第 42-101 页。

图 1-2-1：战国 宴乐渔猎攻战铜壶纹拓片 北京故宫博物院藏
（采自王伯敏著《中国绘画通史》第 34 页）

图 1-2-1a：采桑

图 1-2-1b：射猎

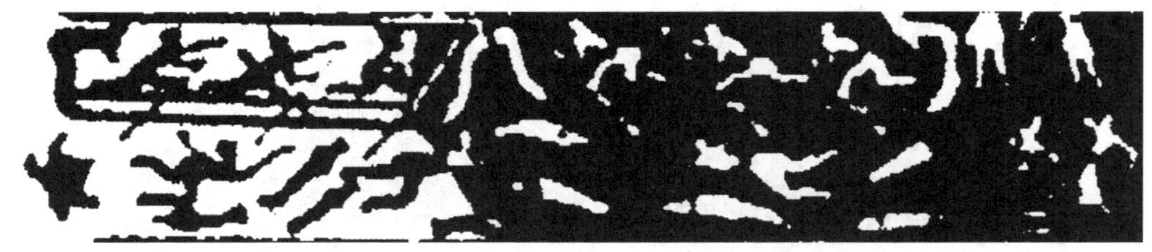

图 1-2-1c：舟车水战

由于先秦时期有关山水图像出土文物的匮乏，笔者仅以战国时期一件著名的“宴乐渔猎攻战铜壶纹拓片”（图 1-2-1）为例，来讨论图中的桑林、水泽、人物、动物、舟车等视觉元素。笔者认为这一铸绘桑林、水泽的图像可以视作早期的“山水”图像。根据渔猎攻战铜壶纹拓片的构图样式，可以看出此图与早期文献中记载的《禹贡图》构成相类似：铜壶纹画面的内容充布着人物、动物、舟车、林木、水泽等图像元素，形象生动。拓片图像从上到下分为四区，第一区分为上下两层，分别有采桑的妇女和狩猎的人物（图 1-2-1a）；第二区有射猎的场景，天空布满飞鸟（图 1-2-1b）；第三区是水战的场面（图 1-2-1c）；第四区为桃形装饰垂叶。总之，在此幅图像中，有着林木、水泽等山水图像的基本元素，可以视作早期山水图像。尽管不见山的形象，但是笔者以为桑树与水泽代表了广义性的山水元素。

从战国“宴乐渔猎攻战铜壶纹”拓片的图案内容可以看出，图像中的山水元素还没有独立出来。到了汉代，开始出现相对独立的山水图像元素。如西汉末新莽时期或稍晚的墓室壁画《坞壁图》中出现了《山与飞鸟》的图像，成为早期山水图像不可多见的个例（图 1-2-2）。由于坞壁图中的山水图像

图 1-2-2：汉 坞壁图（局部）山与飞鸟
（采自王伯敏著《中国绘画通史》第 84 页）

异于“传统”的舆图式结构，所以才有学者认为这件《山与飞鸟》墓室山水图像只是个别样式，在当时并没有流行成为一种风尚。① 据笔者观察，这件坞壁图中的山水图像采用了山脉前后叠加的构图样式，这是汉代画像石流行的图式，后来发展成另一种舆图山水样式。这种图像样式在成都万佛寺出土的南朝时期《普门品变》图像中得到集中体现。②

两汉时期的另外两件图像则具有明显的“传统”俯瞰舆图结构样式。一件为表现弋射的汉画像砖图像（图 1–2–3）；另一件是表现采莲场景的汉画像砖图像（图 1–2–4）。

图 1–2–3：弋射（摹本） 四川成都画像砖 汉
（采自王伯敏著《中国绘画通史》第 107 页）

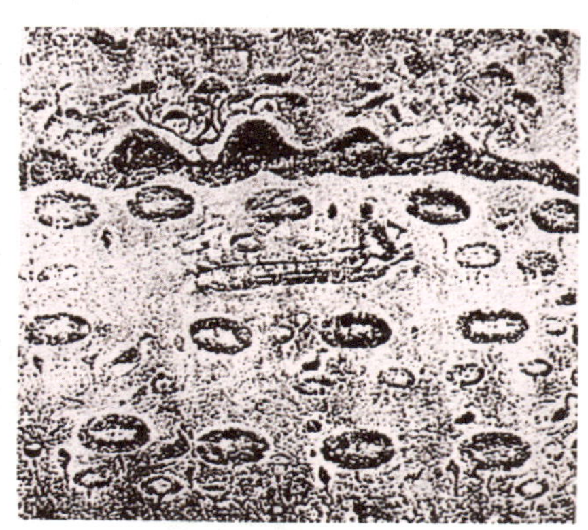

图 1–2–4：采莲 四川德阳画像砖 汉
（采自王伯敏著《中国绘画通史》第 108 页）

《弋射》图中有水、有树，具有山水图像的基本特质，画面兼具了俯仰视角，是汉画像砖平铺式构图的主流样式。《采莲》图则更具有“传统”的山水俯瞰舆图结构特征：山峦呈波浪化重复展开，视野宽阔，山峦的结构样式对早期敦煌壁画山水的结构图式产生了直接的影响（如图 1–0–1）。

此外，在两汉时期博山炉（图 1–1–4、图 1–1–5）的装饰纹样上，亦有丰富的山水图像符号，这些山水图像符号与长沙马王堆 1 号西汉墓三重棺

① 王伯敏著：《中国绘画通史》（上、下册），上海：生活·读书·新知三联书店，2018 年，第 83–84 页。

② 参见本章后文第三节中“成都万佛寺《普门品变》”内容的详细论述。

图 1-2-5：长沙马王堆 1 号西汉墓漆棺上的仙山图像
（采自［美］巫鸿著《礼仪中的美术》第 114 页）

前部（图 1-1-11）及侧面的仙山装饰图案（图 1-2-5），可认为是前佛教绘画中的山水图像。同时，这些极度成熟的装饰化仙山图像，得以成为两晋时期佛教山水图像成立的视觉资源。

以上所举之例无论是先秦山水图像还是两汉时期画像砖、墓室山水图像，都只是带有山水元素的图像而已，还算不上是独立的山水图画。这些山水图像元素大多呈现为色彩单一化、图像符号化、平铺装饰化等特征。直到佛教山水画的出现，这些山水图像元素才从两汉装饰图案中分离出来，成为佛教绘画中的背景装饰元素，这种现象正是本书重点讨论的主题。

（二）须弥山水图像

佛教在公元前后传入中土，经过三至四个世纪的发展，一些教义已经深入人心，佛教图像的绘制也随之展开。稍具规模的早期佛教壁画在十六国（304-439）晚期的敦煌地区开始进行绘制。正如前文所述，在佛教绘画开展之前，中国的山水图像尚处在萌芽时期，并依附于先秦两汉时期的青铜器纹饰、汉代画像砖与墓室壁画等媒介之中。从表现风格考察，这些先秦两汉图像大多采用古拙、平面装饰化为特征的图像样式。佛教壁画在十六国时期敦煌的发展，给中国的山水画带来了真正的西方（域）元素，使之呈现出了革新面貌。这种革新面貌主要体现在三个方面：其一，融入西域立体写实风格，画面开始出现带有晕染、渐变化的立体画风；其二，青绿色彩的应用，丰富了过去较为单一而固定的色彩风格；其三，在传统俯瞰舆图式为主的画面结构上，加入了具有幻像景深透视化的西域形式（典型的西域样式）。另外，佛教山水绘画的成立与发展还有一个重要因素，即佛经中存在大量有关山水题材的描述文本。这些文本，可以直接变相转译成为山水图像，佛经中众多本生故事情节亦为佛教山水图像的创制提供了形象来源。尽管古印度没有形成自身的山水绘画传统，但大量汉译佛经故事中的山水文本为中土经变山水图像的绘制提供了丰富的素材。

一方面，本书无意过多作关于敦煌山水图像风格、技法方面的分析，而是需要认识古印度甚或佛教自身的山水观念①。对古印度佛教山水的认识，需要厘清佛教中关于须弥山、佛塔、曼荼罗与佛像等图像符号对宇宙结构的形喻。这些图像符号隐含了以须弥山为世界中心的古印度宇宙世界观，同时也是密宗曼荼罗图像形塑的宇宙样式。因此，在下面的论述中，笔者将通过对须弥山、佛塔、曼荼罗等图像符号来考察佛教中的山水观念。另一方面，笔者将以早、中、晚期敦煌壁画中的佛教舆图山水图像为案例来论证佛教须弥山观念与中国山水观念相融合的过程中体现的山水宇宙观。与此同时，笔者还将通过佛塔、俯瞰式舆图山水、幻境透视图像样式，来考察中土佛教舆图山水图像。在具体研究过程中，笔者发现佛教须弥山、曼荼罗图像符号还与中国两汉以来的仙山图像、叙事化图像等构成样式相互影响，建立起了以须弥山为中心的中国式娑婆世界与佛教净土世界融合的图像样式。以须弥山为中心的娑婆世界与佛国净土的图像样式本质上也是对佛教曼荼罗宇宙模型的形塑。只有认识到了这一点，才能深刻领悟佛教世界中的山水观。

---

① 佛教中关于水的观念，迥异于中国道家自然的哲学观念，也异于中国文人山水画中水的美学观念。佛教山水概念中的水更多是指大海水，洪水（《法华经》），当然也包括林泉之水（《华严经·入法界品》）。如《法华经·普门品》通过大海水或洪水灾难，来表现娑婆世界众生所遭遇的灾难，展现旅途的艰辛与无常，并通过观音的救度职能来传播菩萨的慈悲思想。

1. 须弥山

据丁福保《佛学大辞典》对“须弥”词条的解释：“山名，一小世界之中心也……凡器世界之最下为风轮，其上为水轮，其上为金轮即地轮，其上有九山八海……其中心之山，即为须弥山……”①从须弥山的名释可以看出，古印度神话与佛教中的须弥山只是一个小宇宙的模型——即一个小千世界，是三千大千世界的一部分，且与其它各小千世界的宇宙样式是同构的。须弥山中的山水只是哲学概念化的山水（水轮），而不是现实生活中的山水，更不是中国道家观念中的自然山水。另据佛经记载，须弥山底部金轮外海之咸水海上的南赡部洲（四大洲之一）为人类所居住。须弥半山有宫殿，为统领人道鬼道的四天王所居。须弥山顶为忉利天，亦有忉利天宫。须弥山宇宙图像结构可以比附山水图像（包括园林建筑）中的各种图像元素：山、水、楼阁（天宫）、人物、山林等。因此，根据佛教须弥山宇宙构成原理，我们在现实中看到的山水诸相只是宇宙的幻象而已。实际上，在佛教的发展过程中，古印度对须弥山的宇宙信仰已经通过转移浓缩到对佛塔（窣堵坡）的崇拜当中。

2. 佛塔（窣堵坡）

古印度佛塔一般由五部分组成：基台（最下面的圆形，有时可为方形）、覆钵（半球形主体）、平台（在覆钵之上的一个方形，后来在南亚演变为箱状，内收藏遗物，称为方龛，也叫圣骸堂）、柱（平台之上的柱竿）、盖（柱竿上的华盖）。②根据印度佛塔这一建筑造型，笔者发现，佛塔基台模拟了须弥山的风轮、水轮、金轮（地轮）；覆钵模拟了半球形的苍穹；平台（相轮）代表天（非自然化的天），九轮数，象征九重天；立柱象征宇宙中心的须弥山；华盖象征须弥山顶的忉利天宫等等。印度佛塔这种建筑结构造型同时也浓缩

---

① 参见丁福保编：《佛学大辞典》“须弥”条。

② 张法：《佛塔：从印度到南亚的形式和意义变迁》，载《浙江学刊》1998年第5期，第95页。

图 1-2-6：印度桑奇大塔 公元前 3 世纪 笔者绘

在佛塔自身的塔刹当中。也就是说，古印度佛塔实际上是对佛教须弥山宇宙结构的模拟与形构。

事实上，阿育王（前 303- 前 232）早期的桑奇佛塔（图 1-2-6）还没有发展出后来的塔刹：半球型是墓型塔呈现为墓（死）——佛陀之死（超死），同时也是一种新生，构成了死与生的智慧辩证关系。这是指向佛陀人生最高境界的呈现——宇宙的呈现；半球型是天，塔呈现为宇宙。① 桑奇佛塔的造型还只是须弥山宇宙结构样式的雏形。直到印度佛塔传入尼泊尔、斯里兰卡以

① 张法：《佛塔：从印度到南亚的形式和意义变迁》，载《浙江学刊》1998 年第 5 期，第 95 页。

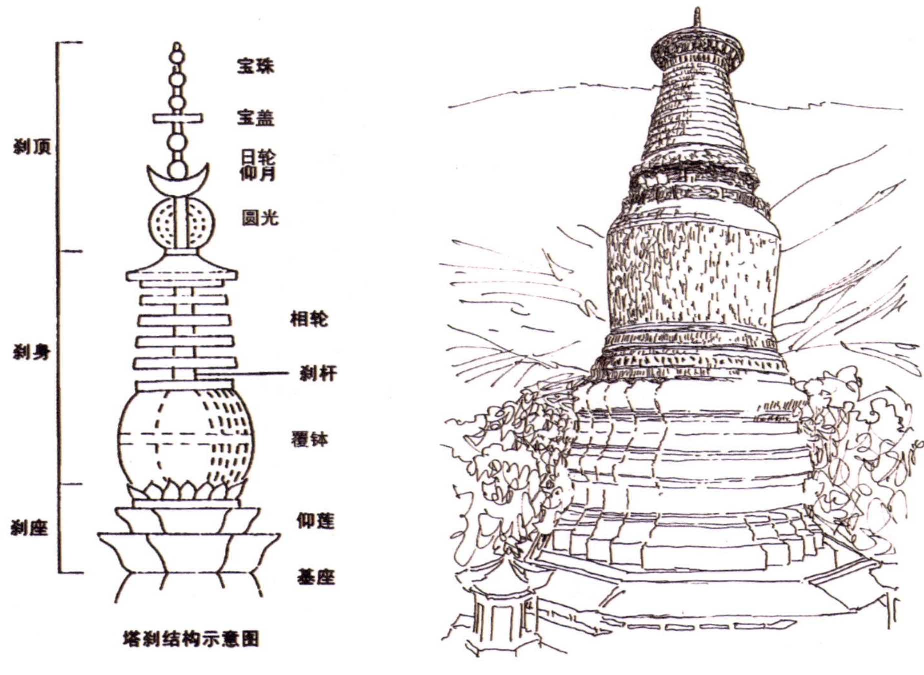

图 1-2-7：塔刹 笔者临制

图 1-2-8：五台山白塔 笔者绘

及中国藏地时，塔身顶部发生了变化，向上耸立，发展出塔刹结构（图 1-2-7）。笔者认为，塔刹是对古印度神话传说（为佛教所承继）中须弥山宇宙结构的直接模拟。此种结构的佛塔成为传入中国早期的五台山白塔样式（图 1-2-8）。

佛塔到了汉地，发展出了更加复杂的样式，其中就包括汉式八檐楼阁佛塔。汉式佛塔的塔顶依然保留了塔刹（相轮）的基本结构（图 1-2-9）。比较五台山圆柱白塔与楼阁式佛塔发现，二者均保留了塔刹结构，甚至五台山白塔整个建筑样式就是塔刹的建筑造型。根据图像比对，我们不难看出，佛塔正是须弥山宇宙的符号象征。在敦煌石窟佛教山水壁画题材中，楼阁式佛塔大量出现，成为山水画中的标志性图像元素，这些数量众多的佛塔正是

图 1-2-9：五台山楼阁式佛塔 笔者绘

三千大千世界的符号象征。因此，佛塔的符号意义可以与印度须弥山宇宙象征意义画上等号：佛塔即是须弥山。

3. 曼荼罗

佛塔的符号学意义除了须弥山宇宙观念，还有类似驱魔祛邪的“曼陀罗坛城”功能象征。因此，对曼荼罗（曼陀罗坛城）的理解成为认识佛教须弥山水的关键因素。根据丁福保《佛学大辞典》对“曼荼罗”的解释：“旧译多曰坛，又云道场，新译多曰轮圆具足，又云聚集。此中就体而言，以坛或道场为正意，就义而言，以轮圆具足或聚集为本义。即筑方圆之土坛安置诸尊于此，以祭供者，是为曼陀罗之本体，而此坛中聚集具足诸尊诸德成一大

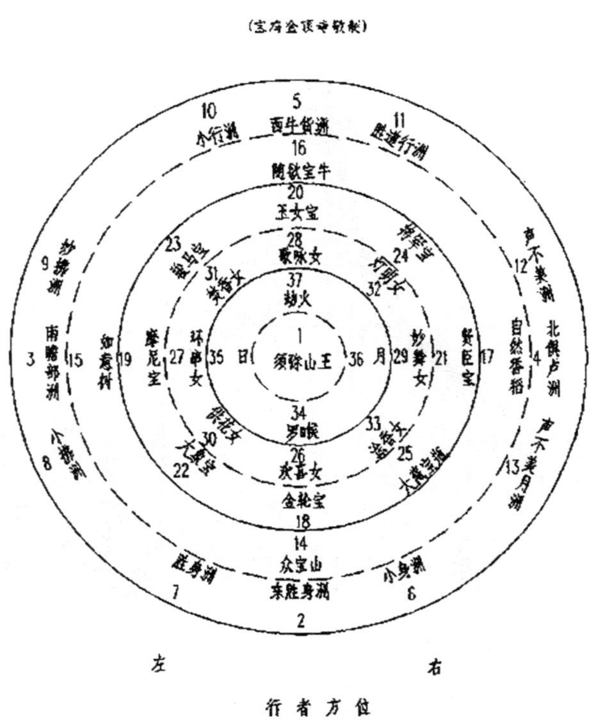

图 1-2-10：曼荼罗供养图 宝鸡金顶寺制

法门，如毂辋辐具足而成圆满之车轮，是曼陀罗之义也。”[①] 实际上，曼荼罗的空间结构最中心为须弥山王或主尊佛陀，周围以各洲、各尊环绕（图 1-2-10）。这样的坛城结构所展现的同样是以须弥山为中心的佛教宇宙空间结构图式。

在南亚泰国、斯里兰卡等寺院中，其建筑布局亦以主建筑佛塔作为须弥

① 参见丁福保编：《佛学大辞典》“曼荼罗”条。

图 1-2-11：缅甸仰光大金塔　大金塔四周有 68 座小塔 公元 585 始建 笔者绘

山的象征，周围以众多相对低矮的附属小建筑佛塔环绕，整体布局象征曼荼罗坛场（须弥山宇宙结构）。始建于公元585年的缅甸仰光大金塔（图1-2-11），经过一千多年的不断增建与修缮，形成了拥有六十八座副塔拱卫中心主塔的宏伟结构。这种布局形式，让人很容易联想到曼荼罗坛城与须弥山宇宙模型的结构样式。有学者认为，建造石窟的石头山体亦可以视作“虚拟的佛塔”，反之佛塔也是“虚拟”的（须弥）山。① 此种情形这在早期麦积山石窟中的很多须弥形塔窟中十分常见。由此可知，须弥山和佛塔之间建立起了同构关系，二者所表达的宇宙观念是一致的。此外，笔者还认为，佛塔本质上是对佛陀的崇拜，可以看作是佛陀的法身。由此可见，佛塔、佛陀、曼荼罗之间建立的符号象征与须弥山宇宙内涵建立起了同构范式。② 这种同构范式为考察敦煌壁画山水图像的象征意义提供了一个全新的视角，这也正是本书要揭示的主要意义所在。

（三）敦煌舆图山水

在敦煌石窟中，有不少舆图化的壁画山水图像，蕴含了古印度的须弥山水宇宙观。这些图像诸如前文提到的北魏第 257 窟《九色鹿本生故事》（图 1-0-1）、西魏第 285 窟《得眼林故事画》、北周第 458 窟《萨多太子本生故事》、盛唐第 103 窟《法华经变》、盛唐 217 窟南壁《法华经变》（图 1-2-12a）、五代第 61 窟《五台山图》（图 1-2-13）等等，都是非常典型的舆图性范式佛教山水图像案例。在本书中，笔者将重点以盛唐敦煌 217 窟南壁《法华经变》与五代第 61 窟《五台山图》展开分析和讨论。

---

① Wei-Cheng LIN, BUILDING A SACRED MOUNTAIN: The Buddhist Architecture of China's Mount Wutai: “The stupa cave—regarded as a distinctively sacred structure, sanctifying the site and transforming the natural mountain into a ‘virtual stupa’(虚拟的佛塔)—thus had a topographic significance that a freestanding stupa could not have.”University of Washington Press, 2013, p.74.

② 笔者发现，在佛教文化中，从须弥山到佛塔，从佛塔到法身佛陀供养为中心的寺院建筑（如大雄宝殿），再到曼荼罗道场宇宙空间的创设，建立起了山、塔、法身佛陀（有迹象表明，佛陀、菩萨的许多造像坐姿的整体轮廓就是一座覆钵形的窣堵坡，象征虚拟化的须弥山）、曼荼罗之间宇宙同构关系，这为笔者解读佛教山水的符号含义提供了路径。因此，佛教山水中的山、佛塔、佛陀、寺院建筑均可以看作是通行的佛教须弥山宇宙符号。尽管佛教山水图像借用了舆图化的结构范式，然而山水图像中的内容已经脱离了中土早期的灵异、自然化山水的图像意义。

图 1-2-12a：盛唐 敦煌第 217 窟南壁 法华经变图
（采自吴欣主编《山水之境：中国文化中的风景园林》第 119 页）

关于盛唐敦煌 217 窟南壁《法华经变》图像的定名目前争议很大。[①] 传统的观点认为这是《法华经变》图像，日本学者下野玲子在论文《敦煌莫高窟第 217 窟南壁经变新释》中认为此图是《佛顶尊胜陀罗尼经变图像》。[②] 施萍婷、范泉刊文《关于莫高窟第 217 窟南壁壁画的思考》，专事讨论了此图的内容属性，其结论是无法辨识其确切内容。[③] 笔者无意于对其图像内容进行辨识，而是从佛教山水结构的角度对（须弥）山、净土、朝圣等因素对该图像进行新的解释。笔者将此图分为左、中、右、下四个部分（图 1-2-12b）

① 笔者在本书中暂以传统的定名《法华经变》为依归讨论其图像意义，对其图像经文依据的辨识无关本书宏旨。

② ［日］下野玲子撰，牛源等译：《敦煌莫高窟第 217 窟南壁经变新释》，载《敦煌研究》2011 年第 2 期，第 21-32 页。

③ 施萍婷、范泉：《关于莫高窟第 217 窟南壁壁画的思考》，载《敦煌研究》2011 年第 2 期，第 12-20 页。

进行讨论，以揭示佛教山水图像的象征意义。图中“左”表示净土世界；“中”表示以须弥山为中心的佛陀说法道场；“右”为信众巡礼朝圣之旅；“下”为菩萨化度的娑婆世界。

经变图 1-2-12b“中”这部分是整个图像的核心，采用印度幻境透视的结构样式，主尊释迦居正中说法，周围众菩萨环绕。释迦背靠巨型山体（一说灵鹫山或须弥山），山顶有天宫（图 1-2-12c）。根据前文的解读，主尊释迦背靠的巨型山体当属于符号化的须弥山，此山位于世界的中心。释迦作为大乘佛教教主，可以法身呈现，也可以化身呈现进行宣法。须弥山的周围（左、右、下）布罗着众小山，正是须弥山的基本结构范式（也可视作曼荼罗坛场结构样式）。图 1-2-12b“左”部分，众小山前又有一个化身佛陀或佛塔（图 1-2-12d），这些舆图化结构的小山、佛塔、佛陀图像，可以视作

图 1-2-12b：盛唐 敦煌第 217 窟南壁 法华经变图分区 笔者制

图 1-2-12c：世尊与（须弥）山（局部）

图 1-2-12d：佛塔 / 山 / 世尊（局部）

图 1-2-12e：信徒求法途中（局部）

一个个小型的宇宙中心。根据图像内容可知，左边部分正是佛化的净土世界，整个青绿山水图像界域实际是佛陀宣化下的佛国世界。图“右”的部分，是信众求法、朝谒的巡礼视像（图 1-2-12e），这正是娑婆众生世界，途中的

图 1-2-13：五代 敦煌 61 窟 五台山图 13.45x3.42m（采自赵声良主编《敦煌壁画五台山图》）

山水可以视作自然化的山水图像。图“下”的部分，图像漫漶不清，只能隐约辨识出具有头光的佛陀或菩萨图像，以及山水与俗界人物形象。笔者猜测应该是菩萨度化众生的娑婆世界。

如上所述，敦煌217窟南壁《法华经变》舆图山水图像所表现的是以释迦、（须弥）山为中心的佛国与娑婆世界共存的图景。整个图像的结构模式是以须弥山为中心、众山环绕的一小千世界。这种图像结构形象地呈现了须弥山符号化的宇宙结构范式。在整个图像中，世尊（佛陀）、山、佛塔均已符号化，各个符号之间均具有须弥山宇宙同构化的意味，同时这些符号又幻化成一幅曼荼罗坛场宇宙图像。

另一幅著名的佛教舆图山水壁画——五代时期敦煌第61窟《五台山图》（图1-2-13），更加直观地表达了佛教山水图像的宇宙世界观。这是一幅

图 1-2-14：五代 敦煌 61 窟 五台山线描图 赵声良提供（采自赵声良主编《敦煌壁画五台山图》，色彩部分由笔者添加）

神圣化的舆图山水图像，同样传达了敦煌 217 窟南壁《法华经变》图像（图 1-2-12）中类似的宇宙观。全景俯瞰式《五台山图》的图像内容从上到下分为三段。上段描绘众菩萨化现乘着祥云赴五台山朝会的场面：左边以“毗沙门天王、普贤菩萨”为首，右边以“观音菩萨、文殊菩萨”为首；后面是“云现菩萨千二百五十会”“菩萨二百五十现”“阿罗汉一百二十五人会”“云现罗汉百五十俱”等人物场景图像。中段部分描绘的是五台山和各大寺院以及诸多灵验化现的故事。下段描绘的是信徒前往五台山的朝圣之旅，包括从山西太原到河北镇州（今河北正定）沿途的地理风貌和各地送供使等等。[①]

① 参见张书彬：《神圣引导与视觉朝圣：敦煌莫高窟 61 窟〈五台山图〉的时空逻辑》，载《新美术》2016 年第 12 期，第 44 页。

由此三段图式结构可知，图像从上到下依次为天界、五台山佛教圣地、信众巡礼朝圣之旅图景（前图 1-2-12a 敦煌 217 窟南壁《法华经变图》则是把天界安排在了正中，佛教圣地置放在图像左边，信众巡礼朝圣之旅布排在画面右边）。接下来笔者来考察五台山图像中的五座圣山。

五台山本来是太行山脉的一支，分布在现山西省东北部的五台和繁峙两县境内，方圆五百余里，崇山峻岭环绕着五座耸立的高峰，在古代冠有“仙者之都”的美誉。笔者依据赵声良提供的《五台山线描图》（图 1-2-14），标注出了这五座主峰（绿色）以及其中十座寺院（红色）的位置，五台山之名也因其中五峰超出群山之上，且山顶呈现平台地貌而得名。这五座山（台）峰分别为中（台）峰、北（台）峰、西（台）峰、东（台）峰、南（台）峰，故称五台山。

根据《五台山线描图》所示，五峰呈对称状[①]，正中间为中峰，被其余四峰拱卫环绕。此外，五峰各自还被“众多”低矮山峰环绕，各个山峰之间以道路、河流进行分隔与联系，从而成为“整体”概念上的五台山。这些山峰的布局以主峰为中心，众峰环绕的结构图式构成曼荼罗坛城的布局样式，每座山峰均可以看作是一须弥山的缩影。由此可见，五台山地貌“真实”地呈现出佛教须弥山宇宙模型的图像范式。

在建筑方面，《五台山线描图》中五山之间构筑有十座寺院（描红），[②]其构图样式以中峰为中心呈“人”字形对称布局。每个寺院的建筑样式从平面视角看都是方形，回廊环绕佛殿建筑。寺院围墙开有山门，四角设角楼，院内设佛殿、后殿等。从这十座佛寺的建筑样式考察，其中最高的主体建筑已由“中心”佛殿建筑取代早期以佛塔为中心的佛寺建筑样式。从佛寺建筑形制来看，整个样式亦可看作是对中心须弥山（佛殿）宇宙模型的模拟。需要强调的是，五台山作为文殊道场，文殊的崇拜图景自然占据了《五台山图》的中心位置（图 1–2–14 中轴线黄色标记部分）——大圣文殊中心殿（图 1–2–15），背靠“中台之顶”，前临“万菩萨楼”。因此，文殊菩萨在五台山佛国世界成为宇宙中心，充当了宇宙主的角色。

《五台山图》中段部分的建筑除了寺院，还有二十八座佛塔。这些佛塔形制多样，既有印度覆钵样式，也有中国阁楼样式，还有混合样式（图

① 在实际地理勘查中，五峰并非呈对称布局，其中西峰、中峰、北峰、东峰集中在北面，而南峰在相距中心位置较远的南面。

② 根据唐代日本求法僧圆仁《入唐求法巡礼行记》卷 3：“五台十二寺及诸兰若。”而北宋释延一撰《广清凉传》卷中载：“皇帝（德宗李适）圣诞之日于五台山十寺普通兰若，设万僧供。”根据宿白的观点，五台山这十二或十座大寺的名称，在文献中已经找不出统一的记载。而在《五台山图》（图 1–2–14）中，经统计共有大小寺院六十七处。在《五台山图》中，榜题中注明的寺院有大法华之寺、大华严之寺、大金阁之寺、大佛光之寺、□□□ 寺（在大佛光之寺和大法华寺之间）、大建安之寺、大福圣之寺、东顶常住之寺、大竹林之寺、大圣文殊真身殿、万菩萨楼、大清凉之寺、□□□ 寺（大法华之寺之北）、玉花之寺、铁勒之寺、会应福寺、广明之圣寺十七座。参见宿白《敦煌莫高窟中的〈五台山图〉》，载《文物参考资料》1951 年第 5 期，第 52–61 页。大建安之寺由笔者补入。

图 1-2-15：五代 敦煌 61 窟 五台山图中轴区域图像（局部）
（采自赵声良主编《敦煌壁画五台山图》）

1-2-16a/b/c）。[①]从这些佛塔的样式可以看出，作为瘗藏佛祖舍利的建筑，是基于对佛陀的崇拜而产生的。从前文论述可知，佛塔的结构也逐渐演变成对须弥山宇宙结构样式的模拟。从五台山图中轴区域图像（局部）（图 1-2-15）中可以看出，万菩萨楼作为正中轴线上的主体建筑，实际是一座多层中式佛塔（图 1-2-16b），其周围分布六座塔楼（角楼），形成以中式佛塔为中心、周围佛塔环绕的建筑布局形式，这种布局形式与曼荼罗坛场的结构模式相同构（参见图 1-2-15）。

① 宿白：《敦煌莫高窟中的〈五台山图〉》，载《文物参考资料》1951 年第 5 期，第 62-69 页。

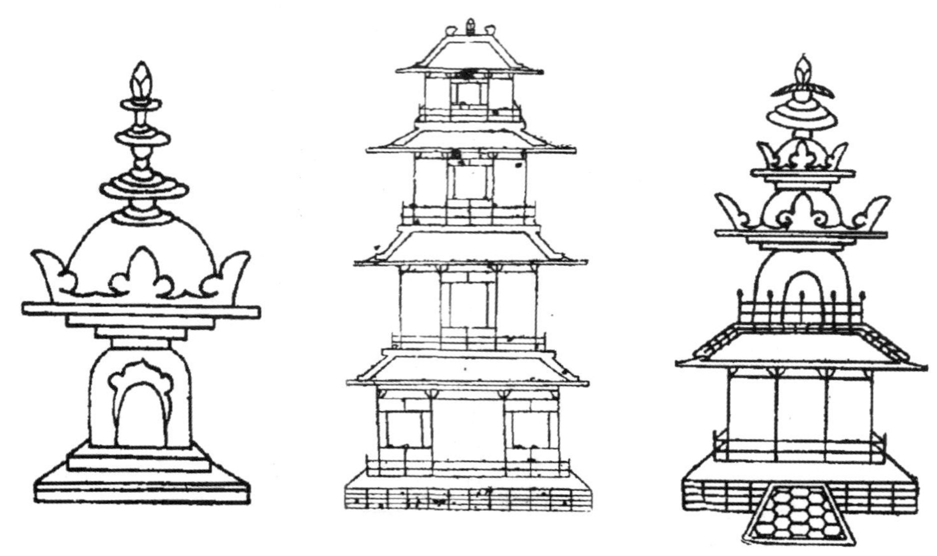

图 1-2-16（a/b/c）：五代 敦煌 61 窟 五台山图中的佛塔样式
（采自宿白著《敦煌莫高窟中的〈五台山图〉》）

在《五台山图》的下段部分，描绘了众多朝圣的信徒、城垣、桥梁、延绵山脉、道路、河流。下面笔者来重点讨论其中四座描成蓝色的城垣（图 1–2–14）①。这四座城垣暗示了信众朝圣五台山的基本线路，城垣则成为五台山佛国净土与凡俗空间的分界点，同时也成为凡俗信众进入佛国净土的入口。根据学者对《五台山图》的研究，发现有两条巡礼五台山的外部道路，

① 根据图 1-2-14，这四处城垣（描蓝）从左至右分别为：河东太原巡礼路线入口、河东巡礼五台山西南门、河北巡礼五台山东南门、河北镇州（今河北正定）巡礼路线入口。参见 Wei-Cheng LIN, BUILDING A SACRED MOUNTAIN: University of Washington Press, 2013, PLATE 9, p.55.

分别为东路和南路。[1] 东路朝圣线路为：由海路经沧州、镇州（今河北正定）西行到五台山。这是中国东部沿海各地、朝鲜半岛和日本登临五台山朝圣的线路。由镇州到五台山的路线为：河北道镇州—新荣之店—灵口之店—柳泉店—龙泉店—永昌之县—石觜关门—石觜关镇—青……（阳）之岭—河北道山门东南路—五台山。往来行人有“高丽王使”“湖南送供使”“新……（罗送）供使”“游台送供道人”“送供道人”等。南路朝圣线路为：由太原始，北行到忻州定襄，后经河东道山门西南，过关至五台。由太原至五台山的路线为：太原—太原新店……（太原三桥）店—太原白枧店—石岭关镇—忻州定襄县—河东道山门西南—五台县西南大桥—五台县—五台山。[2] 通过东、南两条巡礼线路，各地信众可以依此朝圣五台山文殊净土。其中东线正是唐代圆仁等海外求法僧巡礼五台山的路线，并成为海上丝绸之路的一部分。因此，《五台山图》（图 1-2-13a）也是东亚国家佛教交流的有力见证。

在上面的论述中，笔者依次讨论了五代敦煌 61 窟《五台山图》上段天界中菩萨向五台山文殊胜地的朝会圣景、《五台山图》中段图像的内容——山、寺院、佛塔的布局与象征，以及《五台山图》下段信众的巡礼路线。需要强调的是，中段图像呈现出南北东西峰拱卫着中台峰，众多寺院拱卫着中心轴的五台山建筑——大圣文殊中心殿（圣山主人文殊菩萨的居所）、众多延绵的小山峰、道路、河流、佛塔周匝在文殊菩萨的周围，以上林林总总，形成了舆图化形式的曼荼罗宇宙图景。因此，《五台山图》中段实际上构建了一处人间方域的佛国净土，一方面吸引了上段天界中菩萨的朝会，另一方面则吸引了下段娑婆世界信众的朝圣。因此，《五台山图》的整个舆图化山水图

① 马德：《敦煌〈五台山图〉的道路交通简论》，载《敦煌学与中国史研究论集：纪念孙修身先生逝世一周年》，甘肃人民出版社，2001 年，第 42 页；《敦煌石窟全集 26 · 交通画卷》，上海人民出版社，2001 年，第 55-74 页。

② 参见赵声良绘制的“第 61 窟‘五台山化现图’示意图”，《敦煌石窟全集 12 · 佛教东传故事画卷》，第 206-207 页。

像构建完成了神圣与世俗、佛国与娑婆世间的融合，成为一个完整的“须弥山宇宙”或“曼荼罗宇宙”图像结构样式。

通过讨论敦煌 61 窟《五台山图》（图 1-2-13）并对照盛唐敦煌第 217 窟南壁《法华经变图》（图 1-2-12a），笔者发现两图均是以主尊为中心的图像结构样式。一方面主尊周围由佛教净土、娑婆世界，以及信众巡礼朝圣图式构成，这样的图形构成样式为信众进入佛国净土提供了现实的巡礼路径，使信众得以接近主尊（佛陀、文殊等）的法愿成为可能，这正是两幅图像绘制的重要宗教意义。另一方面，《五台山图》中的山水、建筑元素除了体现佛教中的须弥山、曼荼罗宇宙模式之外，其舆图山水化构成范式亦隐含了中土的神仙思想。① 因此，在中古早期仙佛混合观念的驱动下，信众在巡礼五台山的同时也是在接近并进入五台山仙境。通过巡礼五台山，信众完成了他们的神圣实践与宗教体验。以上这些因素正是《法华经变图》与《五台山图》成为佛教“神圣舆图”的重要依据。

通过上面对佛教山水图像 217 窟南壁《法华经变图》与敦煌 61 窟《五台山图》的讨论，笔者发现二图的结构样式同时糅合了佛教须弥山的宇宙结构与中土舆图灵异山水图像结构的双重性格。通过检视有关文献资料，可以发现古代印度并没有形成类似中国山水图像的观念与传统，而只有以须弥山为中心的宇宙结构图像样式。② 关于“中心”的概念，美国学者 Jonathan Z · Smith 认为，“中心”首先是个政治概念，然后才是宇宙哲学概念。③ 须弥山作为宇宙中心的概念起源于公元前 10 世纪左右雅利安人入侵古印度时期。雅利安人在征服古印度后成为印度四种姓中的婆罗门和刹帝利种姓统治阶层。在雅利安人创造的《吠陀》书中，确定了以须弥山为宇宙中心的政治观念，实际上是雅利安人对自身作为征服者的政治身份的神圣化和权威化，同时也

① 据有关文献记载，五台山在中古早期就冠有“仙者之都”的美誉。

② 这种宇宙结构样式与中国神仙信仰中西王母所居之所昆仑山的中心宇宙结构样式相类似。

③ 参见 Wei-Cheng LIN, BUILDING A SACRED MOUNTAIN: University of Washington Press, 2013, p.131.

图 1-2-17a：藏式佛塔之一 笔者制

图 1-2-17b：14 世纪毗卢遮那如来须弥山佛塔形结跏趺坐姿（采自［德］吴黎熙著《佛像解说》）

是雅利安（婆罗门、刹帝利）人处在社会阶层最核心、最高阶层的宗教与政治体现。须弥山中心宇宙观念最终被佛教继承，并广泛应用在佛教建筑佛塔、石窟的造型中。如今遗存的很多东南亚佛塔就是直接对须弥山宇宙中心观念的模拟。有意味的是，佛教中无数的结跏趺坐姿造像其正面轮廓正是一座须弥山塔（图 1-2-17a/b）① 的轮廓形象。图 1-2-17a/b 的对比可以得到有力证明：佛塔（窣堵坡）外轮廓与结跏趺坐姿佛像正面轮廓之间的结构相类似。这种同构暗示结跏趺坐佛像与须弥山宇宙图像结构的密切关联。基于这样的认识，并回顾佛教山水图像敦煌 217 窟南壁《法华经变图》与敦煌 61 窟《五

① ［德］吴黎熙著，李雪涛译：《佛像解说》图版 41、80，北京：社会科学文献出版社，2010 年，第 126、169 页。

台山图》的中心化构图范式，便不难理解古印度文化中的须弥山宇宙中心化的宗教与政治观念了。

此外，在敦煌217窟南壁《法华经变图》与敦煌61窟《五台山图》等众多佛教山水图像中，直观地呈现出中国本土舆图化灵异山水图像的面貌。面对这两幅敦煌“神圣舆图”山水图像，观者仿佛是从天界俯瞰大地，大地上群山起伏，百相充布其间：有佛陀、菩萨、信众、商旅、动物、山林植物、奇花异草，还有寺院、佛塔、城垣、河桥……这些图像元素的布列与组合类同于中国传统舆图灵异山水图像（《禹贡图》《山海经古图》）中的“巨视化”图像景观。东晋王羲之（303—361）在《兰亭集序》中写道：

> 仰观宇宙之大，俯察品类之盛。所以游目驰怀，足以极视听之娱乐，信可乐也。①

王羲之作为当时的名士兼玄学家，他所俯瞰（俯察）的大地正是生机勃勃的万物生灵（品类之盛），他体察宇宙的方式不是用眼睛看，而是站在天帝的视角对宇宙进行“整体”的把握。因此，在本节讨论的这两幅壁画中，图像中心幻景化的“西式焦点”透视构图与中国俯瞰式的全景化宇宙构图范式有机融合在一起，这正是十六国时期至五代以来中西文化交汇、碰撞、融合的有力图证。同时，敦煌作为丝绸之路的东西交汇点，莫高窟佛教壁画中呈现的神圣舆图山水图像同样成为了古代中西文化交流的有力图证。

三、《普门品变》舆图山水

五代时期敦煌61窟《五台山图》描绘了神圣舆图山水图像与主尊文殊菩萨组合的宏伟视阈。从上段天界菩萨朝会场域到中段五台山文殊化现宣法的佛国净土，再到下段信众朝圣巡礼图景，呈现了以主尊文殊菩萨为中心的须

① （东晋）王羲之：《兰亭集序》。

弥山宇宙图像范式。这种表现佛教圣地的神圣舆图山水，成为印度佛教结合中国早期山水图像的典型结构样式。事实上，以舆图山水结合主尊菩萨的图像样式早在南北朝时期就已经开始流行。公元前后随着大乘佛教的兴起，菩萨协助佛陀在娑婆世界救度众生。特别是观音菩萨救苦救难的慈悲精神深为中土信众所倚重。魏晋南北朝以来，随着《法华经·观世音普门品》的流行，相关的《普门品变》图像与独立的《观音经变》图像的绘制不绝如缕。这些图像绝大多数是以观音菩萨为主尊，结合舆图山水的样式出现在敦煌石窟壁画以及个别造像碑中，成为早期山水观音图像的基本范式，也成为宋元以降文人山水观音绘画创制的重要素材来源。

关于《普门品变》与《观音经变》图像之间的关系，需要了解《法华经》与《普门品》之间的基本逻辑。《法华经》作为大乘佛教的一部重要经典，前后一共出现了三个译本。最早的版本《正法华经》是由西晋竺法护于太康七年（286年）译出，共十卷廿七品；其次是姚秦鸠摩罗什于弘始八年（406年）翻译的《妙法莲华经》，共七卷廿八品；最后是隋代阇那崛多与达摩笈多于仁寿元年（601年）翻译的《添品妙法莲华经》，共七卷廿七品。其中以鸠摩罗什的译本最为流行。[①] 竺法护译本《正法华经》第廿三品《光世音普门品》与鸠摩罗什译本《妙法莲华经》第廿五品《观世音菩萨普门品》曾以单行本流行，成为独立的《观世音经》。因此，通常我们看到的《观世音菩萨普门品变》图像实际是附属于《法华经变》图像中的一部分，表现的是《法华经》其中一品。而《观音经变》则是以观音菩萨为主尊的独立图像样式。根据目前的遗存图像，最早独立的《观音经变》图像晚至唐代才开始出现。基于以上认识，笔者将在本节中以南朝刘宋时期成都万佛寺《普门品变》石碑拓印图像、敦煌壁画中《普门品变》与《观音经变》图像为资料，结合舆图山水图像展开详细讨论。

---

① 参见罗华庆：《敦煌艺术中的〈观音普门品变〉和〈观音经变〉》，载《敦煌研究》1987年第3期，第49页。

（一）成都万佛寺《普门品变》

成都万佛寺一共出土了两道《普门品变》石刻画像，这在佛教美术考古史上是一个重要发现。之所以重要，是因为其中一道《普门品变》石刻画像镌有“刘宋元嘉二年（425 年）”的时间标记，由此成为目前最早纪年的《普门品变》石刻画像而受到海内外学者的关注（图 1-3-1a/b）。万佛寺中另一道《普门品变》石刻造像碑同样知名，遗憾的是没有时间铭文标记，有学者推断大约在 6 世纪上半叶左右。这两道石刻画像都是表现《观世音菩萨普门品》的内容，画面主要以中国早期舆图山水的样式①进行表现，直观再现了传统性“灵异山水”的宏大场面。在下面的论述中，笔者将对这两件拓印图像逐一展开详细论述。

成都万佛寺《普门品变》石碑是目前发现最早的《普门品变》图像遗存，该图像出现在南朝时期的成都地区，对于了解南朝时期的观音信仰具有不可低估的图像史料价值。尽管如此，日本学者长广敏雄认为此造像碑图像表现的并不是《普门品变》内容，而是《六度集经》《菩萨本缘经》中的本生图变相。②笔者通过比对，发现该图像与《法华经》第二十五品《观世音菩萨普门品》经文之间有着密切的关联，从而判断其表现的是《观世音菩萨普门品》经文内容无疑。尽管部分图像内容漫漶不清，依然可以通过《法华经》的内容进行推断（参考图 1-3-1b）。该石碑变相的画面是直接表现《普门品》经文（长行）③的内容，下面来逐一解读图像中的部分场景所对应的经文描述。

第 1 场景：火难。画面显示图下方一人正在火中，图上方人物因念观音名号，安然无恙。（《普门品》经文：“若有持是观世音菩萨名者，设入大火，

---

① 这种图像样式是对汉画像砖表现风格的承继。

② ［日］吉村怜著，［日］小泽亨子译：《南朝法华经普门品变相——论刘宋元嘉二年铭石刻画像的内容》，载《东南文化》2001 年第 3 期，第 54 页。同时参见该文注解[3]长广敏雄：《南朝佛教刻画》，《六朝时代美术的研究》，美术出版社，1969 年。

③ 长行，是指佛经中的长短不一句式经文，与复述长行的经文重颂（偈文）一起成为佛经的构成样式。

图 1-3-1a：成都万佛寺《普门品变》石碑图像拓片 南朝元嘉二年（425 年）
（采自吴欣主编《山水之境：中国文化中的风景园林》第 76 页）

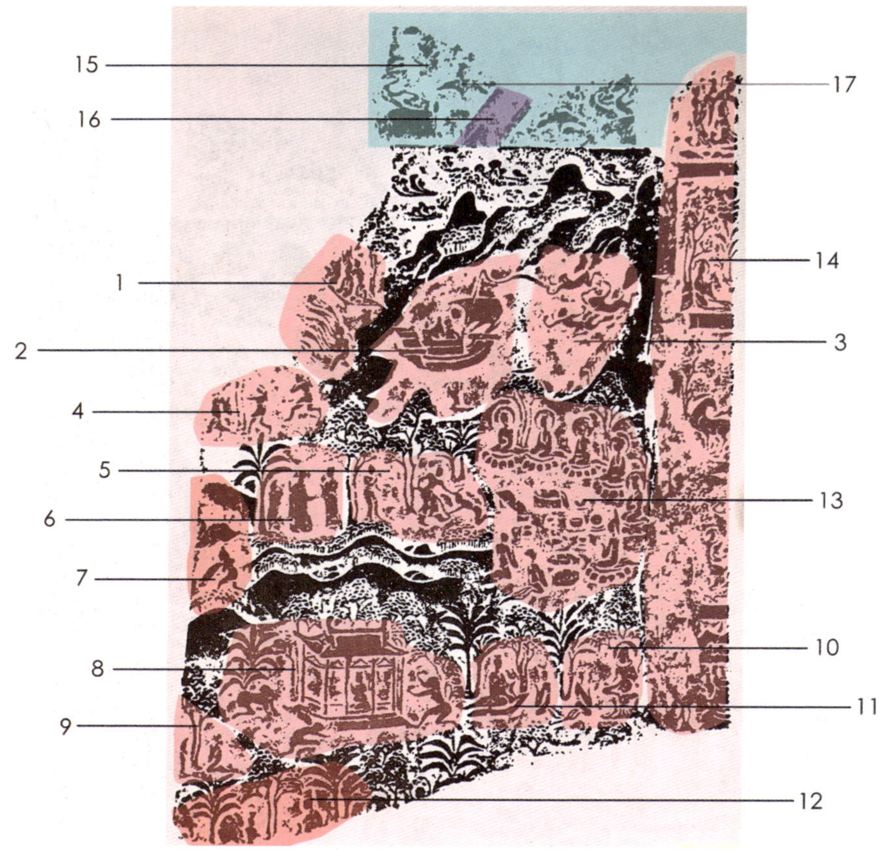

图 1-3-1b：成都万佛寺元嘉二年《普门品变》石碑图像场景标注 笔者制

火不能烧，由是菩萨威神力故。”）

第 2 场景：风难。画面显示一艘船在海上遭遇大风，船中一人念观音名号，观音飞身来救，大船安然无恙。（《普门品》经文：“若有百千万亿众生，为求金、银、琉璃、砗磲、玛瑙、珊瑚、琥珀、真珠等宝，入于大海，假使黑风吹其船舫，飘堕罗刹鬼国，其中若有，乃至一人，称观世音菩萨名者，是诸人等皆得解脱罗刹之难。”）

第 3 场景：水难。画面显示两人一沉一浮，在水中挣扎，左下角岸边一人胡跪合什称念观音名号，安然无恙故。（《普门品》经文："若为大水所漂，称其名号，即得浅处。"）

第 4 场景：枷锁难。画面采用异时同图法，显示右边一人追逐，中间一人抬手（带枷锁）者，因念观音名号，左边人物枷锁脱落状。（《普门品》经文："设复有人，若有罪、若无罪，杻械、枷锁检系其身，称观世音菩萨名者，皆悉断坏，即得解脱。"）

第 5 场景：刀剑难。画面显示一人右手持剑（弓状）[①]，左手似揪住伏跪人物头发行刑，伏刑人因念观音名号而安然无恙状，左边站立一人作赞叹状。（《普门品》经文："若复有人临当被害，称观世音菩萨名者，彼所执刀杖寻段段坏，而得解脱。"）

第 6 场景：离淫欲。画面显示一男子与一戴冠女子诉说情爱，左面站一人似抬手合什。（《普门品》经文："若有众生多于婬欲，常念恭敬观世音菩萨，便得离欲。"）

第 7 场景：怨贼难。画面显示一人（怨贼）持剑奔跑追逐（商人）欲行加害，上方有一奔马（暗示商人）。（《普门品》经文："若三千大千国土，满中怨贼，有一商主，将诸商人，赍持重宝、经过险路，其中一人作是唱言：诸善男子，勿得恐怖，汝等应当一心称观世音菩萨名号。是菩萨能以无畏施于众生，汝等若称名者，于此怨贼当得解脱。众商人闻，俱发声言：南无观世音菩萨。称其名故，即得解脱。"）

第 8 场景：夜叉难。画面显示房中一人胡跪，被房外诸多夜叉、罗刹滋扰，房中人念观音名号，安然无恙故。（《普门品》经文："若三千大千国土，满中夜叉、罗刹，欲来恼人，闻其称观世音菩萨名者，是诸恶鬼，尚不能以

---

① 此处图像漶漫不清，按经文描述，中间行刑之人所持之物应该是刀剑。尽管如此，关于此图亦造成一些学者的误读。如日本学者长广敏雄认为该场景是《国王自刎图》，来自《菩萨本缘经》中的《月光王品》。参见［日］吉村怜著，［日］小泽亨子译：《南朝法华经普门品变相——论刘宋元嘉二年铭石刻画像的内容》，载《东南文化》2001 年第 3 期，第 56–57 页。

恶眼视之，况复加害。”）

第9场景：女求男求女。画面显示一胡跪女子向观音祈愿求子得愿。（《普门品》经文：“若有女人，设欲求男，礼拜供养观世音菩萨，便生福德智慧之男；设欲求女，便生端正有相之女。”）

第10场景：观音现三十三化身。画面显示观音以带头光的辟支佛身为众生说法。

第11场景：观音现三十三化身。画面显示观音以居士身为众生说法。

第12场景：观音现三十三化身。画面显示观音以宰官身为众生说法。

第13场景：尽形供养。画面显示左下角一对夫妇以诸多物品供养上、右环坐的六尊带头光的菩萨。（《普门品》经文：“若有人受持六十二亿恒河沙菩萨名字，复尽形供养饮食、衣服、卧具、医药。于汝意云何？是善男子、善女人，功德多不？无尽意言：甚多，世尊！”）①

第14场景：佛传图。（佛诞、占相……）②

第15场景：莲花池。

第16场景：桥梁。

第17场景：莲花。

根据图1-3-1b中的分区，笔者罗列并解读了每个场景的具体内容。除了第14-17场景之外，第1-13场景均对应有《普门品》经文作为依据。从图像的内容类型看，笔者将其大致分为三个部分：

其一、娑婆世界观音救度、说法等场面。第1-13场景表现的是观音救

① 第1-13场景文字引自《法华经》第二十五品《观世音菩萨普门品》原文。（姚秦）鸠摩罗什译：《法华经》第10卷，《大正藏》第9册，第56页下、57页下。

② 第14场景上下分为五层，吉村怜认为是佛传图。除了上面三层图像（太子诞生即佛诞图、仙人抱太子即占相图、树下母马与小马图）可以辨识之外，下面两层图像无法辨识。笔者认可上面两层的图像辨识，对于第三层，吉村怜辨识为树下母马与小马图（犍陟诞生），但是图中没有小马形象，笔者也没有查到相关文献依据。参见［日］吉村怜著，［日］小泽亨子译：《南朝法华经普门品变相——论刘宋元嘉二年铭石刻画像的内容》，载《东南文化》2001年第3期，第55页。

度娑婆世界众生的诸多苦难，以及说法等场面。分别是：1. 火难；2. 海（风）难；3. 水难；4. 枷锁难；5. 刀剑难；6. 离淫欲；7. 怨贼难；8. 夜叉（罗刹）难；9. 求男求女；10–12. 观音化身说法；13. 尽形供养。在这些场景中，包括了《法华经》中娑婆世界最常见的七种苦厄之难：火、水、罗刹、刀杖、鬼、枷锁、怨贼七难。这些苦厄灾难虽然最初反映的是古印度民众的现实遭遇，但在佛教传入中国之后的魏晋南北朝动乱时期，中土同样苦厄多艰，民众感同身受，这也是《普门品》广受大众欢迎并流行的原因。梵文本的《法华经》其产生背景与公元前后印度本土大乘佛教菩萨信仰的兴起相关。比如海（风）难这一场景，《普门品》是基于印度本土的海上航行知识或参考相关传说文本来撰写的经文。虽然东晋法显（334–420）到印度留学归国时走的正好是海路，其在《佛国记》中也历数了海上航行的诸多惊险，但对于中国而言，魏晋南北朝时期海上丝绸之路尚未完全通达。尽管如此，《普门品》文本中的海难场景依然激起了中国具有海上冒险经历的民众产生共鸣。就印度本土观察，海上航行涉及到与印度观音道场补怛洛迦山的滨海地理位置。如上图第 2 场景依据的经文《普门品》云：

> 若有百千万亿众生，为求金、银、琉璃、砗磲、玛瑙、珊瑚、琥珀、真珠等宝，入于大海，假使黑风吹其船舫，飘堕罗刹鬼国，其中若有，乃至一人，称观世音菩萨名者，是诸人等皆得解脱罗刹之难。[①]

在上文中，《普门品》描述了众生（这里应该主要是指商人或冒险家）航船渡海求取金银财宝在海上遭遇风难的场面。根据李利安对古印度观音道场补怛洛迦山的研究发现，早在史诗《罗摩衍那》（成书不早于公元前 300 年）中，古代印度人就视漂洋过海到楞伽岛为一件极富冒险精神的壮举，诗文中描述了罗摩为了救回自己的爱妃而攻入楞伽岛，杀死了罗刹鬼王。[②] 这里的

① （姚秦）鸠摩罗什译：《法华经》第 10 卷，《大正藏》第 9 册，第 56 页下。

② 李利安：《论古代印度的补怛洛迦山信仰》，载《人文杂志》2019 年第 9 期，第 62 页。

楞伽岛正是现在的斯里兰卡。如果《普门品》中描述的海难真是东南古印度商人横渡现在的保克海峡到斯里兰卡的航海经历的话，那么《普门品》的撰写背景确实与《罗摩衍那》文本相关。事实上，史诗《罗摩衍那》的文本书写年代航海技术并不发达，可以想象横渡海峡确是极为冒险的行为。而《普门品变》中观音救难图很早就出现在西印度奥兰加巴德石窟中。① 也就是说，中国的观音救难图像也许是参考了古印度的观音救度图像。

其二、佛传图场面。第 14 场景。图像右边缘这一部分与《普门品》经文无关，可以看做是石刻画像的装饰部分，不具有典型的图像学意义，它可以出现在任何佛经变相的边缘装饰带上。

其三、净土场面。第 15–17 场景。在这块蓝色区域（顶部），笔者认为是莲花池。在这个区域中，池中生有莲花（第 17 场景），蓝色区域右边部分莲池中还有龙的形象（天龙八部之一）。第 16 场景中两条平行斜线描绘的是一座倾斜的桥梁，寓意娑婆世界众生通往西方净土的过渡建筑。位于斜桥下端的一条线是娑婆世界与净土的分界线，因而斜桥成为净土世界的入口，是通往净土世界的必经之路。

通过观察，这件成都万佛寺《普门品变》在图像风格上具有典型的中国舆图山水特色，图像的结构遵循的是中国传统（汉像砖）的山水样式。这种糅合汉像砖的舆图山水图式成为隋唐五代时期敦煌山水壁画的主要样式。

接下来讨论成都万佛寺另一道无纪年《普门品变》石碑图像（图 1–3–2a）。这一道《普门品变》造像碑，除了表现《普门品》中的经文（长行）部分，还表现了偈文（重颂）部分。竺法护、鸠摩罗什所译的《普门品》中还没有出现“重颂”经文，直到隋初北天竺阇那崛多才译出重颂部分的内容。因此，关于此碑造作时间，笔者认为当是在 6 世纪下半叶，即隋代初中期这段时间。②

---

① 张同标著：《中印佛教造像源流与传播》，南京：东南大学出版社，2012 年，第 441–458 页。

② 《法华经》（鸠摩罗什版本）第二十五品《观世音菩萨普门品》重颂偈文部分由隋代北天竺阇那崛多译出。根据成都万佛寺这幅无纪年的《普门品变》图像与重颂的关系，可以推测此碑的造作至少是在隋代立国 581 年之后。

图 1-3-2a：无纪年《普门品变》石碑图像 大约 6 世纪下半叶
（采自吴欣主编《山水之境：中国文化中的风景园林》第 78 页）

通过对画面的判识，笔者发现此图虽与元嘉二年《普门品变》图像部分场景有所重叠，但表现技法与内容仍然有着较大的差异，出现了元嘉二年《普门品变》中没有表现出来的内容：如净土、释迦灵山说法为无尽意菩萨释观世音名号、无尽意菩萨奉献璎珞供养观音、观音奉璎珞供养于多宝塔等。笔者将其中场景进行了如下划分（图 1–3–2b）①，接下来逐一解读。

第 1 场景（对应）②：火难。画面显示火坑变成池。

第 2 场景（对应）：风难。画面显示一大船被吹离航线，仅现了半个船身。

第 3 场景（对应）：水难。画面显示两人在水中沉浮，上面有龙、鬼浮现。

第 4 场景（对应）：枷锁难。画面显示三人相互追逐，举手者似枷锁脱落状。

第 5 场景：离三毒。画面三人一蹲、一跪、一站立，表现三人瞋恚、愚痴状。（《普门品》经文：若多瞋恚，常念恭敬观世音菩萨，便得离瞋。若多愚痴，常念恭敬观世音菩萨，便得离痴。）

第 6 场景（对应）：离淫欲。画面中一对青年男女作执手状。

第 7 场景（对应）：怨贼难。画面显示崇山峻岭间骑马的商人，遇见怨贼持剑加害，商人称念观音名号，怨贼生慈念（异时同图法）。

第 8 场景（对应）：夜叉难。画面显示中间一跪坐男子，被周围夜叉、罗刹滋扰。

第 9 场景：释迦灵山说法释观世音名。画面显示释迦结跏趺坐于莲台之上，背靠灵山，四众环绕听法。（《普门品》经文：佛告无尽意菩萨：善男子！若有无量百千万亿众生受诸苦恼，闻是观世音菩萨，一心称名，观世音菩萨实时观其音声，皆得解脱。）

第 10 场景：观音应现显灵。画面显示一跪坐树下信众称念观音名号，观音菩萨出现在面前。（《普门品》经文：无尽意，观世音菩萨有如是自在神力，

---

① 笔者在场景的编号设计中，相同内容的场景将与元嘉二年《普门品变》石刻图像（图 1–3–1b）进行一一对应，特此说明。

② 凡是注明“对应”者，表示与元嘉二年《普门品变》图像内容有所重叠，并省略经文描述。下文同。

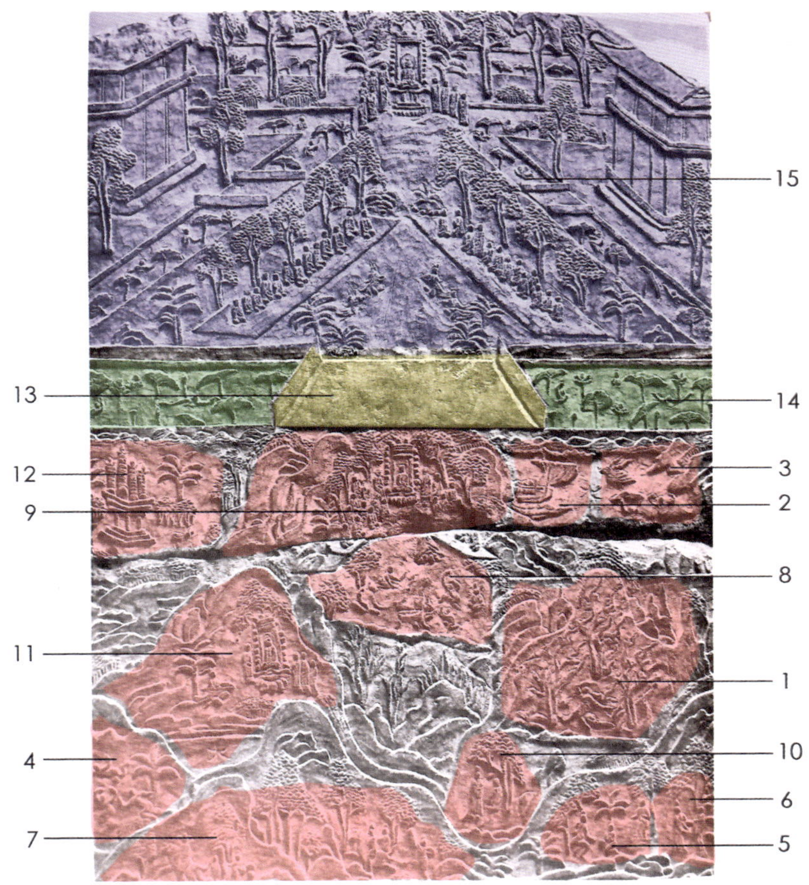

图 1-3-2b：无纪年《普门品变》石碑图像场景标注 笔者制

游于娑婆世界。）

第 11 场景：无尽意菩萨向释迦表示愿意以宝珠、璎珞奉献观音。画面显示释迦结跏趺坐于莲台之上，背靠灵山，左右侍立四位阿罗汉，左下角为无尽意菩萨。（《普门品》经文：无尽意菩萨白佛言：世尊！我今当供养观世音菩萨。即解颈众宝珠、璎珞，价直百千两金，而以与之，作是言：仁者！受此法施珍宝璎珞。时观世音菩萨不肯受之。无尽意复白观世音菩萨言：仁者！愍我等故，受此璎珞。）

第12场景：观音奉璎珞、珠宝于多宝塔。画面中央显示一多宝塔。（《普门品》经文：即时观世音菩萨愍诸四众，及于天、龙、人非人等，受其[①]璎珞，分作二分，一分奉释迦牟尼佛，一分奉多宝佛塔。）（此场景显示观音菩萨奉一分璎珞于多宝佛塔。）

第13场景（对应图1-3-1b“第16场景”）：桥梁。

第14场景（对应图1-3-1b“第16场景”）：莲池。

第15场景：西方净土。

根据无纪年《普门品变》图像（图1-3-2b），笔者共划分为15个场景。为了与元嘉二年《普门品变》（图1-3-1b）场景对应，场景编号方面作了对应设计。隋初无纪年《普门品变》图像中“第1、2、3、4、6、7、8、13、14场景”与元嘉二年《普门品变》中情节相对应。而无纪年《普门品变》（图1-3-2b）中“第9、10、11、12、15场景”是元嘉二年《普门品变》中没有的内容（或许是元嘉二年《普门品变》图像残损的缘故）。因此，无纪年《普门品变》可以看作是对元嘉二年《普门品变》图像的补充。此外，无纪年《普门品变》中的部分内容表现了《普门品》经文中的重颂部分，如前所述，这部分偈文至隋代方由阇那崛多译出，这表明成都万佛寺无纪年《普门品变》石碑至少比万佛寺同题材的元嘉二年《普门品变》石碑造作晚了一百多年。[②]

从这道无纪年《普门品变》图像的结构考察，画面分为上中下三部分。上面部分为西域传入的幻景透视画法（第15场景），表现的是西方净土。中间部分（第13、14场景）为莲池和桥梁。下面起伏蜿蜒的山脉部分（第1-12场景）为释迦灵山说法、观音救度的娑婆世界。中间部分成为信众进入西方净土的过渡区域。中间透视缩窄的桥梁成为信众通往净土的必经之路。通过

① 指无尽意菩萨。

② 这两通同一题材内容相近的《普门品变》石碑前后一百多年的造作时差现象实为罕见。

无纪年《普门品变》图像的设计可以看出，这道造像碑是元嘉二年《普门品变》图像设计的延续，已经有了古印度倾斜幻景透视的图像风格。

（二）敦煌壁画《观音经变》

笔者通过对敦煌图像的考察，发现这些石窟壁画中存在为数不少的舆图山水观音画像。据罗华庆的统计，目前《普门品变》和《观音经变》共29铺，绢画5卷，绘制时间起于隋代，兴盛于唐、五代、宋，下迄西夏，历时六百余年。[①]《普门品变》与《观音经变》之间的联系表现在：二者均是依据《法华经》第二十五品《观世音菩萨普门品》经文进行的变相；其区别在于《普门品变》是《法华经》变相的附属部分。在多数情况下，《普门品变》图像以释迦为主尊（也有少量以观音为主尊的情况），而《观音经变》则以观音为主尊，且在构图中主尊占据图像中心位置，呈现左右对称偶像式布局。在敦煌壁画中，独立的单行本《观音经变》直到唐代才开始出现。《观音经变》已经脱离了《法华经》变相的附属地位而走向了独立。敦煌壁画中最早的《普门品变》出现在隋代，与成都万佛寺遗址出土的无纪年《普门品变》制作时间相近。同时，隋至西夏的敦煌壁画观音图像中，往往《普门品变》与《观音经变》是同时存在的。根据沙武田的统计[②]，笔者以表格的形式作出如下整理（表1-3-1）。[③]

① 罗华庆：《敦煌艺术中的〈观音普门品变〉和〈观音经变〉》，载《敦煌研究》1987年第3期，第49页。

② 事实上沙武田的统计是不完全的，只涉及到其中一部分。参见沙武田《〈观世音菩萨普门品〉与〈观音经变〉图像》，载《法音》2011年第3期，第47-54页。

③ 在下面的统计中，除了特殊说明，其余的均为敦煌石窟中的图像。

表 1-3-1：敦煌石窟《普门品变》与《观音经变》的分布

<table>
<tr><th colspan="2">时代</th><th>位置</th><th>观音图像类型</th></tr>
<tr><td colspan="2">隋代时期</td><td>莫高窟</td><td>第 420 窟顶东坡《法华经变》中涉及到《普门品变》内容；第 303 窟顶人字坡画《普门品变》等[3]</td></tr>
<tr><td colspan="2">唐前期</td><td>莫高窟</td><td>第 45 窟南壁《观音经变》、第 217 窟、第 444 窟画没有观音主尊的《普门品变》等</td></tr>
<tr><td colspan="2">中唐吐蕃时期</td><td>莫高窟</td><td>第 112 窟、第 185 窟画《观音经变》；第 231 窟、第 159 窟、第 237 窟画《普门品变》</td></tr>
<tr><td rowspan="6">归义军时期</td><td rowspan="2">晚唐</td><td>莫高窟</td><td>第 14 窟北壁十一面《观音经变》（密教观音）、第 54 窟北壁的千手千钵文殊变两侧画观音救难场面（密教观音）、第 14 窟北壁《观音经变》；晚唐第 12 窟、第 141 窟、第 18 窟屏风式《观音经变》</td></tr>
<tr><td>西千佛洞</td><td>第 15 窟屏风式《观音经变》</td></tr>
<tr><td>五代</td><td>莫高窟</td><td>第 99 窟南壁画千手千钵文殊变与北壁的千手千眼观音变两侧画观音救难场面（密教观音）</td></tr>
<tr><td>宋代</td><td>莫高窟</td><td>第 76 窟北壁画十一面《观音经变》（密教观音）、第 55 窟南壁等画《观音经变》、第 126 窟在《无量寿经变》下画屏风式《观音经变》（特例）</td></tr>
<tr><td>其他</td><td>莫高窟</td><td>部分洞窟中画面不符合经典的密教观音如《十一面观音经变》《如意轮观音经变》《不空绢索观音经变》等</td></tr>
<tr><td colspan="2" rowspan="2">西夏时期</td><td>莫高窟</td><td>第 395 窟南北两壁《观音经变》、两侧《普门品变》；第 464 窟南、西、北三壁以方格形式画观音三十三身变</td></tr>
<tr><td>榆林窟</td><td>第 2 窟主尊为文殊的《观音经变》</td></tr>
</table>

上面表格中罗列的这些经变题材观音图像，绝大部分采用以舆图山水背景与主尊观音相结合的构图样式。此外，除了敦煌石窟壁画媒介形式的经变观音图像，还有用于悬挂的“主体式对联立轴”结构样式的绢纸媒介类经变观音图像，绘制时间大致在五代至宋期间。根据罗华庆的整理，敦煌遗书中的绢纸画《普门品变》共计五卷（S·5642、S·6983、P·4100、P·4513、P·2010号），其中斯坦因所掠二卷为白描本，伯希和所掠三卷为彩绘本。这些图像上部绘变相，下部书写经文。[2] 通过以上图像资料的梳理，笔者将以敦煌石窟第 45 窟这道最早的《观音经变》图像（图 1-3-3a）为例进行具体分析与解读。

① 此画像虽是独立的观音变相，但因没有出现观音主尊，所以仍然视其为《普门品变》。

② 罗华庆：《敦煌艺术中的〈观音普门品变〉和〈观音经变〉》，载《敦煌研究》1987 年第 3 期，第 56 页。

图 1-3-3a：唐前期 敦煌石窟第 45 窟《观音经变》
（采自沙武田著《〈观世音菩萨普门品〉与〈观音经变〉图像》）

此图是目前敦煌石窟中发现的最早从《法华经变》脱离出来进行独立绘制的《观音经变》图像，因此具有重要的图像学意义。此图的特点是采用对称式构图，观音菩萨处在主尊偶像的位置。图像左右两边环绕观音三十三化身应现的场景与观音救难的诸多场景进行绘制。此幅画面在敦煌 45 窟南壁（整个窟形尺寸纵 439 厘米、横 471 厘米、高 503 厘米），幅面尺寸三米见方以上，属鸿篇巨制。画面采用舆图山水附加榜题的形式，呈现出俯瞰式的视觉观感（图 1-3-3a/b）。南朝刘宋时期王微《叙画》中言："……且古人之作画也，非以案城域，辨方州，标镇阜，划浸流……"[①] 王微所谓"案城域，辨方州，标镇阜，划浸流"其实就是舆图的图像特征。而在这幅敦煌 45 窟《观音经变》图像中，榜题与"辨方州，标镇阜"的功能实际是一致的。因而可以明确肯定敦煌 45 窟《观音经变》图像背景采用的是舆图构成样式。

第 45 窟《观音经变》一共有三十二款榜题，题文比较全面地再现了《普门品》经文的内容。榜题描述的内容具体为：1. 风难。2. 刀剑难。3. 罗刹难。4. 枷

① （唐）张彦远著，俞剑华注释：《历代名画记》，上海：上海人民美术出版社，1964 年，第 131-132 页。

图 1-3-3b：唐前期 敦煌石窟第 45 窟《观音经变》图像结构与榜题标记
（采自罗华庆著《敦煌艺术中的〈观音普门品变〉和〈观音经变〉》）

锁难。5. 怨贼难。6. 离（淫）欲。7. 离嗔怒。8. 离愚痴。9. 求男。10. 求女。11. 尽形供养。12. 以佛化身说法。13. 以辟支佛化身说法。14. 以比丘化身说法。15. 以梵王化身说法。16. 以帝释天化身说法。17. 以自在天化身妇女形象说法。18. 以大自在天化身妇女形象说法。19. 以天大将军化身说法。20. 以毗沙门天王化身说法。21. 以小王化身说法。22. 以长者化身说法（原榜题误写为小王身而为说法）。23. 以居士化身说法。24. 以宰官化身说法。25. 以婆罗门化身说法。26. 以比丘、比丘尼、优婆塞、优婆夷化身说法。27. 以长者、居士、宰官、婆罗门妇女化身说法。28. 以童男、童女化身说法。29. 火难（重颂）。30. 雷电暴雨难（重颂）。31. 推落山崖难（重颂）。32. 追逐坠落山崖难（重颂）。这些榜题内容中，1 至 28 表现的是经文长行部分，29 至 32 表现的是重颂（偈文）部分。所有这些内容具体包括八难（31、32 合并为坠崖难）、三毒（贪嗔痴）、观音三十三化身、求男求女、尽形供养等。以上这些场景基本囊括了《观音经》的所有内容。敦煌第 45 窟经变图像之后的《观音经变》图像，由于受到画面尺寸的限制，往往只择取表现其中部分内容，仅以单一救度场景再现。这种单一救度场景再现图式，成为此后《观音经变》独立屏风式场景图像结构的基本范式。

另外，除了第 45 窟舆图化《观音经变》图像，在敦煌石窟中还出现了一些密教化的舆图山水观音图像。这些观音图像虽然没有经典依据，但舆图化山水背景则依然是表现《观音经变》的核心内容。同时，五代时期第 126 窟《无量寿经变》下方屏风式《观音经变》更是属于特例。虽然观音菩萨是无量寿佛的胁侍菩萨，但在净土经典中没有观音救度的相关经典依据。因此，笔者仍然认为其原因在于当时敦煌画师把观音救度画面的内容进行了程序化设计。也就是说，《观音经变》中救度场面与观音出现的场合是匹配的，完全摆脱了与母本《法华经》的关系，这是在研究敦煌观音图像时需要留意之处。由于敦煌壁画中涉及的《观音经变》舆图山水图像比较多，这里不再进行逐一阐述。

第二章　图像之变

随着佛教舆图山水图像从宗教公共艺术（主要是指供养型壁画）发展到宋元以来私人化收藏图像（主要是指文人画），山水观音图像的结构与风格也逐渐发生变化，从经变题材舆图山水观音图像演化到偏向世俗化的文人山水观音图像，呈现了山水观音图像的历史嬗变。宋元以降，文人山水画的兴起，摆脱了前期山水绘画的舆图样式，促成山水观音图像的唐宋之变。文人山水绘画与观音图像相结合，山水观音图像则不可避免地受到文人画传统的影响。中国儒家文人画图像元素与传统意象中的桃花源、山水、园林、太湖石、林泉、神仙、山人（隐士）、神人、美人等诸多视觉符号有着紧密的关联。一方面，这些视觉符号折射了宋元以来儒家文人晋绅阶层对待山水观音图像的态度与文化品味；另一方面，宋元以来的社会背景较之唐末五代已经发生了剧烈的变化——文人阶层的形成、商品经济的兴起、佛教的世俗化、儒释道的合流，共同汇成这一时期文人观音绘画形成的时代动因。

宋元以来，随着佛教义学的衰落与世俗化，舆图山水观音图像样式发生了明显转变，主要体现在以下五个方面：其一，以观音为主尊的俯瞰、巨视化舆图山水观音图像朝着文人画中的桃花源、山水、园林等微缩景观图式演进；其二，由舆图山水观音中的灵异、祛邪、救度功能图像向文人画审美、世俗化、装饰化功能图像转变；其三，山水观音图像中的主尊从宗教偶像神祇向世俗美人化图像符号转变；其四，图像媒介形式的转变，主要由壁画形式媒介向绢布、纸媒的转变；其五，画者身份主要从画工、画匠向文人精英阶层的转变。事实上，各种性质的转变还很多，比如空间、观看方式、公共性与私密性的转变等。在以上种种转变过程中，文人画山水观音图像尽管保留了部分宗教性的功能，但相较于隋唐之前的舆图山水观音图像，其文人式审美与世俗性功用更加突出，削弱了舆图山水观音浓厚的神圣性。关于山水观音图像的审美转变，早在南朝刘宋时期王微《叙画》中就言及："夫言绘画者，竟求容势而已。且古人之作画也，非以案城域，辨方州，标镇阜，划浸流。本乎形者融灵，而动变者心也。"[①] 王微认为，古人作画是以"形者融灵""动变者心"为审美出发点，而不是仅以"案城域、辨方州、标镇阜、划浸流"作功能性舆图为旨归。同时暗示早期舆图并非是真正的绘画，绘画与舆图的构成样式与审美功能有着本质的区别。张彦远在论及画者的身份时说道："自古善画者，莫非衣冠贵胄、逸士高人，非闾阎、鄙贱之所能为也。"[②] 张彦远关于画家身份的强调，深刻地影响到宋元以降文人画家对自我身份的观照。审视宋元以后山水观音图像的创作，涉及非常复杂的因素：画家的社会身份、收藏家的社会阶层、观众群体的角色、观音图像的传统依据、山水背景结构样式等等。这些复杂因素都将是笔者在本书中考察的对象。只有通过对以上复杂因素进行全面、深入的考察，才能全视角地厘清早期舆图山水观音图像朝着宋元以降文人山水观音图像转捩的内在逻辑。

在本章中，笔者将考察文人山水观音图像的绘制与文化机制问题，主要从以下三个方面进行论述：

其一，考察观音图像的文人山水传统。在文人山水传统方面将涉及桃花源传统、洛神图像传统、太湖石意象等。文人山水图像中的人物符号涉及到山人（隐士、高士）、洛神（神人）、美人等。通过考察，笔者发现以上这些图像传统和文化意象均可在文人山水观音图像中得到回应。

其二，考察山水观音图像制作的文本依据。观音图像制作的文本来源主

---

① （唐）张彦远著，俞剑华注释：《历代名画记》，上海：上海人民美术出版社，1964年，第131-132页。

② （唐）张彦远著，俞剑华注释：《历代名画记》，上海：上海人民美术出版社，1964年，第25页。

要从三个方面来考察：佛教经典——如《普门品》《观音经》(《高王观音经》)《华严经·入法界品》等，以及个别密教经典；俗文学——《莺哥行孝义传》《莺哥宝卷》《善财龙女宝卷》等；山志、寺志——如元盛熙明撰《补陀洛迦山传》、明周应宾撰《普陀山志》等。通过对以上文本的考察，可以发现它们对文人山水观音图像的制作有着直接的影响。

其三，考察补怛洛迦山观音图像之嬗变。补怛洛迦山原初是《华严经·入法界品》“善财童子第二十八参”中塑造的观音道场。唐宋以来，随着画家对《善财童子五十三参》图像的不断绘制，补怛洛迦山观音图像逐渐分离出来成为山水观音图像的一个标准范式。唐宋以降，以补怛洛迦山观音图像范式为基础，历代观音图像不断进行演变，并发展出水月观音、南海观音、白衣观音、送子观音等图像样式。以上这些观音图像的制作有的来自经典，有的来自民间俗文学文本，还有的几乎没有文本依据。无论如何，文人山水观音图像的制作依据大多与文本有着相应关联。

一、文人山水的传统

观音与文人山水传统异质图像的糅合主要涉及三个重要范畴：山水（包括桃花源、隐士、仙人、高士等）、园林（包括建筑、太湖石等）、洛神（神人、美人）等。这样的糅合，赋予山水观音图像以文人的理想与至道，体现出文人的清雅品味与尊贵身份。同时，观音在这些文人山水画中还呈现出复杂的身份角色。

（一）桃花源图像

提到“桃花源”，我们自然想到陶渊明（约 365－427）[①] 的《桃花源记》，

① 陶渊明（约 365—427 年），名潜，字元亮，别号五柳先生，私谥靖节，世称靖节先生，一说浔阳柴桑（今江西九江）人，另一说江西宜丰人，东晋末到刘宋初杰出的诗人、辞赋家、散文家。

图 2-1-1：明 仇英 桃花源图（局部）（采自“名画油画网”）

文中所描述的与世隔绝的田园山水让世人倾心向往。于是依据《桃花源记》文本绘制的相关画作也形成了一个源源不断的图像传统。如明代仇英（约1494-1552）所作的《桃花源图》（局部）（图 2-1-1），忠实而形象地还原了文本《桃花源记》的内容，可以视作仇英版《桃花源记》“变相”①图。

仇英所作这幅《桃花源图》(局部)是一幅手卷。②图像的内容可分作三段:右段为停在山洞口的武陵渔人小舟与隐没的一段山洞；中段为桥梁、山泉与开阔地带处十数个村民迎接渔人的场面；左段是比邻相连的村舍。此外，画

① 变相是佛教经文图像化的专有名词，这里借用其义，特此说明。

② 仇英所作的这幅《桃花源图》是以传统手卷的样式呈现。观者徐徐展开手卷欣赏画作的过程，犹如跟随渔人一起进入桃花源世界，一窥田园仙境，观者由此拥有了一个沉浸式的体验过程。当观者览毕合上手卷，体验结束。在明代，能欣赏到该手卷的人主要是以仇英为中心的圈内（文）人、画家或收藏者，一般的庶民百姓是无缘观看的。事实上，现代绘画的欣赏亦与之相似：画框作为虚幻世界与现实世界的边界，把两个视觉世界区隔开来，观者以画框为入口，进入到一个画家营造的非现实世界——桃花源。当代画家易柯亦认为：“画框于我是一方绝缘于世外红尘的净土，我手握画刀，任我垦拓开采。”摘自 CHENG：《冬日森林：易柯油画作品选集》，载公众号《PERIPLE 知游文化》，2023 年 03 月 24 日。

面从开始（右段）临近洞口处到画面结尾（左段）均有桃花，暗示桃花源所在。图像视觉元素的组成具有丰富的象征意义：洞口的渔船象征渔夫身份（渔夫是隐居者的象征）①；山洞是外界进入世外桃源的入口，是喧嚣世俗方域与宁静隐居世界的分界点；桃花源村人象征"方外"的隐居"山人"；房舍则是"山人"的居所；桃花除了暗示桃花源的地理属性之外，还喻意"方外"田园仙境；图像中的山水则是文人理想中的隐居环境，寓意庄子哲学中的逍遥世界。以上诸种符号象征，集中地呈现在《桃花源图》中。

陶渊明的《桃花源记》本质上是寄托疏离政治的文人隐居理想，旨在放逸于一种恬淡的田园生活。他的很多诗作中都流露出对这种理想田园生活的向往，如脍炙人口的《饮酒·其五》佳句："结庐在人境，而无车马喧。问

① 宫崎法子认为，"渔夫在日常生活中，却让人觉得随性、自由，他们可以说是老庄价值观的投影，士大夫们将自己隐居的理想寄托在渔夫身上，他们想隐于江边湖畔，或匿于深山老林，渔夫、樵夫背后的含义都是隐居"。参见［日］宫崎法子著，傅彦瑶译：《中国绘画的深意：图说山水花鸟画一千年》，长沙：湖南文艺出版社，2019年，第61页。

图 2-1-2：画渊明归去来辞 佚名 元（采自“名画油画网”）

君何能尔？心远地自偏。采菊东篱下，悠然见南山。”[①] 作者向往田园、淡泊名利、远离政治中心的心境显露无遗，一个寻求清净的隐士，一个无所欲求的田舍翁形象跃然纸上。元代一位佚名画家创作了《渊明归去来辞》（图 2-1-2），即描绘了陶渊明辞官归田的生活。

这幅元人作品《渊明归去来辞》，画面亦是横向卷轴式构图，陶渊明位于画面的中央，体型大于后面的仆从，这是古代中国画家为突出主要人物而采用的惯常手法。卷轴画观赏的顺序依然是从右向左，观者视线随着陶渊明的移动方向而左移。画面中陶渊明峨冠博带，右手持藜杖，迈步朝画面左侧有五株柳树[②] 的方向走去。柳树掩映中有房舍，这正是他在《五柳先生传》中描述的那个“环堵萧然，不蔽风日”的五柳陋宅。据《五柳先生传·并赞》云：

---

① （东晋）陶渊明著，逯钦立校注：《陶渊明集》，北京：中华书局，1979 年，第 89 页。

② 此处的五株柳树暗示了陶渊明（别号五柳先生）的身份所指。

先生不知何许人也，亦不详其姓字。宅边有五柳树，因以为号焉。闲静少言，不慕荣利。好读书，不求甚解；每有会意，便欣然忘食。性嗜酒，家贫不能常得。亲旧知其如此，或置酒而招之。造饮辄尽，期在必醉；既醉而退，曾不吝情去留。环堵萧然，不蔽风日，短褐穿结，箪瓢屡空，晏如也。常著文章自娱，颇示己志。忘怀得失，以此自终。①

“宅边有五柳树……环堵萧然，不蔽风日”被表现在了画作中。另，据《归去来兮辞·并序》所云：

犹望一稔，当敛裳宵逝。……自免去职。仲秋至冬，在官八十余日。因事顺心，命篇曰《归去来兮》。乙巳岁十一月也。

归去来兮，田园将芜胡不归？……风飘飘而吹衣。

乃瞻衡宇，载欣载奔。……引壶觞以自酌，眄庭柯以怡颜。倚南窗以寄傲，审容膝之易安。园日涉以成趣，门虽设而常关。……云无心以出岫，鸟倦飞而知还。景翳翳以将入，抚孤松而盘桓。

归去来兮，请息交以绝游。世与我而相违，复驾言兮焉求？悦亲戚之情话，乐琴书以消忧。……或命巾车，或棹孤舟。既窈窕以寻壑，亦崎岖而经丘。木欣欣以向荣，泉涓涓而始流。善万物之得时，感吾生之行休。

已矣乎！……富贵非吾愿，帝乡不可期。怀良辰以孤往，或植杖而耘耔。登东皋以舒啸，临清流而赋诗。聊乘化以归尽，乐夫天命复奚疑！②

从引文可知，陶渊明“在官八十余日”抱着“富贵非吾愿，帝乡不可期”的心态“自免去职”而归田园，其心情是“载欣载奔”的。画作中陶渊明后

---

① （东晋）陶渊明著，逯钦立校注：《陶渊明集》，北京：中华书局，1979年，第175页。

② （东晋）陶渊明著，逯钦立校注：《陶渊明集》，北京：中华书局，1979年，第159-163页。

面跟着两个仆从：一人怀抱古琴，暗示陶渊明的雅士身份；一人背负酒坛，暗示诗人嗜酒的生活特质（性嗜酒）。《归去来兮辞·并序》中“风飘飘而吹衣”“引壶觞以自酌”“乐琴书以消忧”“木欣欣以向荣”等内容通过元人画作表达了出来。因此，元人画作《渊明归去来辞》正是糅合了陶渊明《五柳先生传·并赞》与《归去来兮辞·并序》两个文本的内容。

宫崎法子认为，“一般（中国）山水画中的隐逸带有比较强的老庄道家气息，与陶渊明带家人的隐居，有些许不同，表现方式也不同。不过，实际上人们的隐居或许更接近陶渊明，是带家人回归农村，也就是所谓的归农、归田。”[①]由此见解笔者得到启发，在很多中国文人山水画中，其山水来源于自然山水却又不仅仅是对自然山水的如实描摹，实际上它已经被高度符号化。画中的山水、村舍已然成为文人心目中的“世外桃源”符号与精神寄托。

通过对画面中图像元素象征意义的解读，笔者认为画中的陶渊明已非真实历史语境中的“诗人”，而成为了宋元以来理想文人形象的化身。画面中的诸种图像元素所表达的符号象征意义，正是元明以来没落文人苦闷的寄寓所在。同时，画中符号化的人物与山水元素并非现实中的自然山水与人物形象，而是文人理想中的乌托邦。在中国传统文化意象中，山水属于远离都市的隐居之地，也是桃花源的基本图像要素。山水成为文人逃离都市的意象对立物，亦是文人理想的寄寓之所。因此，桃花源作为文人理想中的乌托邦世界类似于佛教中的净土、道教中的仙境。桃花源理想世界的形成，正如石守谦所说：

> “桃花源”意象也与极乐净土一样，为一个超越现实的理想世界。它的发展成形亦如同极乐净土般……其中所描述的桃花源有关种种，也早就成为中国人心目中理想世界的典型，其意义宛如佛

① ［日］宫崎法子著，傅彦瑶译：《中国绘画的深意：图说山水花鸟画一千年》，长沙：湖南文艺出版社，2019年，第68页。

教的极乐净土……相对于陶潜诠释本之被归纳为文人隐士文化的产物，他本桃花源传说则呈现了丰富的道教神仙色彩，他们的并行于世，意味着桃花源在意象化过程中本来就存在多元变异的可能性。①

由以上引文可知，《桃花源记》是个开放的文本，已经形成了历代多个版本的文本传统。宋元以来的画家根据陶渊明《桃花源记》创作的桃花源图像，寄寓了文人的隐居心境与远离尘嚣的田园理想。桃花源图像的绘制与《桃花源记》文本传统一样，并行成为了一套图像传统。宋元以来，这套图像传统已在中国、朝鲜半岛、日本等东亚国家广为传播。②

据笔者的观察，桃花源图像传统实际上影响到了宋元以来文人画山水观音图像的创作。台北“故宫博物院”藏南宋画家贾师古（生卒年不详）所作（传）的水墨山水人物《大士像》（图2-1-3），即表现了浓缩化的桃花源图像隐喻。笔者作出猜测，桃花源图像直接或间接地影响到这幅《大士像》的创作观念。③在《大士像》中，山石的构成呈斜U形，可以视作进入桃花源的“洞口”。U形山石之外是红尘世界，U形山石之内是方外世界。画中的山石恰好充当了世俗方域与神圣净土的分界线。观音大士身着白衣宽袍，头戴云结发箍，胸佩璎珞（暗示其菩萨身份），头发自然搭落在肩。她闲适地坐在U形山石之内，身体左倾，右臂倚靠山石，双手握净瓶（瓶中流出的净水生出莲花），侧面四十五度，目光自然地看向莲花生处。水墨画（《大士像》）中的观音貌似闲适的隐居山人，具有强烈的人本化特征，已经脱离了早期舆图山水图像中正面偶像化的观音形象，隐没了公共性偶像的神祇身份，褪去了庄严神圣的气质，呈现出典雅的文士形象。画面上留下藏家的印章有十三个，包括

① 石守谦著：《移动的桃花源：东亚世界中的山水画》，上海：生活·读书·新知三联书店，2015年，第11页。

② 参见石守谦著：《移动的桃花源：东亚世界中的山水画》，上海：生活·读书·新知三联书店，2015年。

③ 事实上，桃花源图像与这幅《大士像》基本上没有图像结构上的明确关联。笔者之所以把它们放在一起讨论，目的是为了说明桃花源图像对文人山水观音图像的创作在思想方面的影响。

图 2-1-3：（传）宋 贾师古 大士像 台北“故宫博物院”藏

“三希堂精鉴玺”“太上皇帝”“乾隆鉴赏”“嘉庆御览之宝”“乾清宫鉴藏宝”“珠林重定”等，可见这幅画作已成为清代多位皇帝的御玩之物。同时，画上的这十三个藏家钤印可视作跨越时空的文人雅集。在隋唐之前，由匠作绘制的山水观音绢画被皇家收藏是不太可能的。然而，由文人画家创作的“现代”水墨山水观音画作对于宋元以来的精英收藏者则具有特殊的吸引力。

由此可见，桃花源图像传统对中国文人山水绘画的贡献不可小觑。桃花源意象已然成为中国文人田园山水绘画的主要思想来源。同时，桃花源思想所指向的世界对于身居庙堂、整日淹没在杂俗公务、困囿于是非人我中的士大夫官员来说，无疑具有强烈的吸引力。桃花源之所以成为士大夫内心所倾慕的理想家园，这与他们向往身心自由、回归田园的理想分不开。值得注意的是，由于观音“三十三身”“五十三化身”① 应现的多样性身份神圣特质，在一些文人山水画中观音呈现为文人、高士形象。笔者认为这是文人通过将观音的化身特质与文人身份相融合，来寄寓文人的精神世界。典型的例子如明末清初画家邵弥所作的《莲华大士》（图 2-1-4），图中莲华观音大士化身为一个肩负藜杖的文人形象，踏水而行（水中生长的莲花暗示了观音的身份），在藜杖的端头上站立着一个身着宽袍的缩小版文人形象，此形象也是观音化身的呈现。

从以上讨论可以看出，在桃花源图像传统的影响下，明清时期的观音图像已经与文人画紧密融合。画中的观音化身与文人之间的身份界限逐渐模糊，图像身份特征已不特别明显，这是宋元以降文人山水观音绘画的基本特质之一。

（二）园林山水图像

根据前文讨论，桃花源图像传统对田园山水 ② 绘画的创作影响至深。如

---

① 观音三十三化身来自《普门品》经文描述，五十三化身是明代为了回应《华严经·入法界品》中善财童子五十三参之数而设立的。详见后文的论述。

② 广义的田园山水是指自然村落田园山水和自然山水。狭义田园山水是以村野、村落为特征，往往以村落建筑、人物为画面主题。自然山水则以自然中的山水、林泉为特质，不出现建筑和人物元素或仅作为画面点缀。本书中提及的田园山水内涵视行文语境而定。

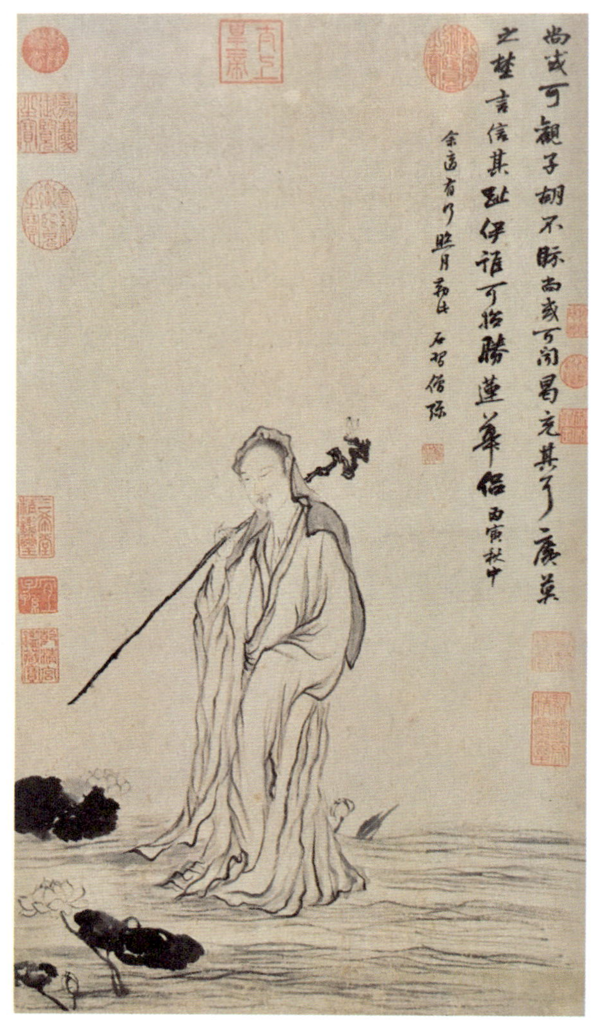

图 2-1-4：明 邵弥 莲华大士 台北“故宫博物院”藏

果田园山水绘画表现的是山野桃花源的广阔空间，那么园林山水图像则是表现都市微缩版的桃花源。晚唐及宋元以来，园林山水作为微缩化的宇宙自然景观被移植到了文人园林山水绘画之中。对于一些囿于都市而身在朝堂且向往栖身自然山林的文人士大夫来说，私家园林便成为他们桃花源理想的寄寓之所。特别是元明以来，园林建造蔚然成风，文人建造的私家花园成为他们的“壶中天地”。在这个“壶中天地”中，自然形成过程的巨大力量能够被浓缩到狭小空间和紧凑的物体中，太湖石微缩为山，池塘喻指湖海，大自然中千变万化的山川湖海均可以微缩到逶迤多变的样式之中。[①] 这种私家山水园林的设计理念，带有强烈的桃花源意象与仙家韵味。特别在元明以来的一些园林山水绘画中，观音往往置身其中（图 2-1-5），成为文人精神与理想的寄寓。

1. 园林山水绘画

宋元以来，园林山水绘画作为一门流行的山水画科（界画），成为当时社会广为接受的视觉图像，这些图像往往被视作都市微缩化的桃花源隐喻。这幅明代佚名画家《善财童子拜观音》重彩作品（图 2-1-5）是件典型的园林山水人物图像。图像中观音被置于微缩版的园林山水语境之中，由此成为园主身份的投射与替身。

画面中身着白衣的观音头带圆光、居于画面中心偏右位置，呈现非对称偶像式构图。观音双手倚着栏杆，游戏坐于台榭之内，台榭栏杆转角柱头上放置插有杨枝的净瓶，左下角的善财童子带头光，脚踏莲叶，双手合什，向观音参拜谒问佛法。画面中有云气、台榭、太湖石、修竹、薝卜[②]、莲花、善财童子、白鹦鹉等。画面人物与背景的组合结构显然是源自《华严经・入法界品》“善财童子第二十八参”善财童子在补怛洛迦山向观音菩萨参谒佛法的故事场景。[③] 接下来笔者分别解读画面中图像元素的符号含义。[④]

---

① 王毅著：《中国园林文化史》，上海：上海人民出版社，2004 年，第 123-129 页。

② 薝卜（zhān bó），又作瞻卜，梵语 Campaka 音译。又译作瞻卜伽、旃波、瞻波等。薝卜实际为栀子花，最初从印度引入，参见后文论述。

③ 善财童子第二十八参的图像将在下节中作详细研究。

④ 其中太湖石、善财童子、白鹦鹉的图像元素解读将放在后文作专题研究，此处从略。

图 2-1-5：佚名 善财童子拜观音 明
（采自一蝉著《善财童子——宋元黑地绘白“童子拜观音” 纹梅瓶图像研析》）

（1）云气

画面上方缭绕的氤氲云气喻意观音净土或仙境。

（2）台榭

图像中的台榭在中国建筑语境中有特殊的喻意。有学者认为：

> “台”与神仙有不可分割的关系，台是古代园囿中不可缺少的要素……台由于高，可以近天，可以上接云气，在“灵台”“时台”的宗教功能上，已有超自然的意味。加上登高望远、俯视山川的气势，如果又有了物质上的供应，与仙人的想象连在一起是顺理成章的。①

据引文可知，“台”最初的功能是宗教性的，是与上天相联系沟通的建筑，后来又与仙人联系在一起。因此，观音游戏坐于台上，其特质就兼具了菩萨和仙人的双重身份。同时，观音被置于园林之中，自然也具有了文人身份的性质。②

（3）修竹

图像中的修竹，在中国文化语境中是君子品格的象征，喻意文人“虚怀若谷”（竹节间虚空）、“高风亮节”等相关品质。

（4）薝卜

图像中的太湖石后面左侧的木本白花植物为薝卜，即中国的栀子花。《大方广佛华严经》卷 59 云：“善男子！譬如波利质多树华，一曰熏衣薝卜华、婆师华虽千岁熏，所不能及。菩提心华亦复如是，一日所熏功德，香彻十方佛所，一切声闻、缘觉，以无漏心熏诸功德，于百千劫所不能及。”③经文中的“薝卜华”即为薝卜花（栀子花）。薝卜最初是从古印度传入，作为佛花之一，在《大正藏》中多有出现，达五百余处。另明末清初诗人彭孙贻（1615—

① 汉宝德著：《物象与心境：中国的园林》，上海：生活·读书·新知三联书店，2014 年，第 38-40 页。

② 在儒释道思想汇流的时代，观音身份杂糅，成为融合三教思想于一体的复杂意象。

③ （东晋）佛驮跋陀罗译：《大方广佛华严经》卷 59，《大正藏》第 9 册，第 778 页中。

1673）作七言诗《薝卜》云：

名花何必问曼陀，鼻观参来满素珂。
六出飞英回玉女，半林澹月映维摩。
色香空际真无着，妙果拈来似尚多。
却忆鹿园移植久，一枝长许伴优婆。[①]

由诗文可知，薝卜从印度“佛教圣地鹿野苑”移植入中国，历史悠久（鹿园移植久）。可见，此花与佛教渊源甚深，常与在家佛弟子相伴（映维摩、伴优婆），成为佛教供养花卉之一。

此外，宋代诗人饶节[②]亦作《薝卜》云：“浩荡园林风雨声，鹎鵊撩乱亦悲鸣。作毬刺芥风吹尽，薝卜林中特地清。”由此可见，薝卜常植于园林之中，正与上图中园林植物薝卜相合。

（5）莲花

图像中的莲花除了寓意佛教净土，在中国文化语境中还象征儒家君子“出淤泥而不染”的品格。

以上，笔者解读了“云气”“台榭”“太湖石”“修竹”“薝卜”“莲花”等图像元素符号，揭示出主尊“白衣”观音的复杂内涵——兼具“仙人”“文士”“君子”“菩萨”等多重身份。观音这种复杂的身份象征，正是宋元以来对儒释道思想合流的回应。

园林山水观音图像的绘制在宋元以来数量可观。通过上文对明代重彩《善财童子拜观音》图像中各元素的解读，我们可以发现园林山水图像中的山水已非自然化的山水，文人园林山水已然是微缩化的桃花源与文人的理想宇宙。

---

① 国家清史编纂委员会编：《清代诗文集汇编》（全800册）第52册《茗斋集东冈诗钞东冈文钞五公山人集》，上海：上海古籍出版社，2010年。

② 饶节，宋抚州临川人，字德操，号倚松道人。曾为曾布客，后投书曾布论新法是非，不合，遂落发为僧，更名如璧。初在灵隐，晚主襄阳天宁寺。以博学能文见称，尤长于诗。作有《倚松老人集》等。

2. 园林建筑

在园林山水绘画中，园林建筑是必然组成元素。因此，研究园林山水图像绕不开对园林建筑的讨论。事实上，园林建筑在实际设计中，很多理念同样契合了桃花源图像传统与道家仙境融合的意象。典型的例子如园林建筑中的门、窦、窗的造型设计，令人玩索。下面将分别以“圆门”“小窦”“窗”的建筑结构设计来进行考察。

（1）圆门（入口）

“圆门”的设计具有桃花源“洞穴”的类似譬喻，洞穴常常被看作是通向神仙世界（桃花源）的入口。造园主企望自己通过圆门而进入仙境般的桃源世界，成为园中的神仙或隐士，从而被赋予神仙气质。① 圆门的设计在古代造园样式中比比皆是，如苏州园林中的圆形洞门（图 2-1-6），从其造型就可见一斑。

依据上图可以观察到，在园外通过圆门可以进入园林，一览园内究竟。围墙成为“方内”（园外）与“方外”（园内）的屏障，游览者通过圆门（洞）得以进入方外仙界。

（2）小窦（出口）

在园林建筑设计中还有“小窦”功能的设计，明代画家郑元勋（1603–1644）在《影园自记》中对“后门”的描述写道：“对六方窦为一大窦，窦外又曲廊，从筱依依朱槛……故为不测，留一小窦，窦中见丹桂如在月轮中……此出园别径也。”② 此处的“小窦”实为逃生通道（为不测）的出口。有学者根据《影园考》分析得知园林后门（小窦）在园最北边，以曲廊与“一字斋”的洞门相连，

---

① 参见［美］吴欣主编：《山水之境：中国文化中的风景园林》，北京：生活·读书·新知三联书店，2015 年，第 221 页，参考注解第 23。

② （明）郑元勋撰：《影园自记》，陈植、张公弛选注：《中国历代名园记选注》，合肥：安徽科学技术出版社，1983 年，第 222 页。

图 2-1-6：苏州园林一角 笔者绘

为防主人不测所设。[①] 园外的月光通过小窦穿进园内，园内主人通过小窦看见丹桂的情景，犹如望见天空那轮圆月中桂树婆娑的样子。以小窦为空间中介形成游园者与丹桂、月轮的视觉交互。这种园林小窦（孔洞）的设计其意图绝不仅仅满足于逃生的功能。在画家郑元勋的眼中，可以通过小窦（孔洞）把仙境般的月宫形构入“画”的意境中来，由此获得强烈的审美体验。

（3）窗户

除了圆门，园林窗户的孔洞设计也常常成为洞窥仙境的过渡空间。明代园林设计家计成（1582—1642）在《园冶》卷一中提供了一些窗户造型设计案例（图 2-1-7）[②]，这些案例集中呈现了园林山水中对“孔洞”造型设计

① 王婷婷：《影园布局考证》，载《美与时代》（上）2017 年第 8 期，第 19 页。

② （明）计成撰：《园冶》卷 1，崇祯手抄本，日本国会图书馆藏。

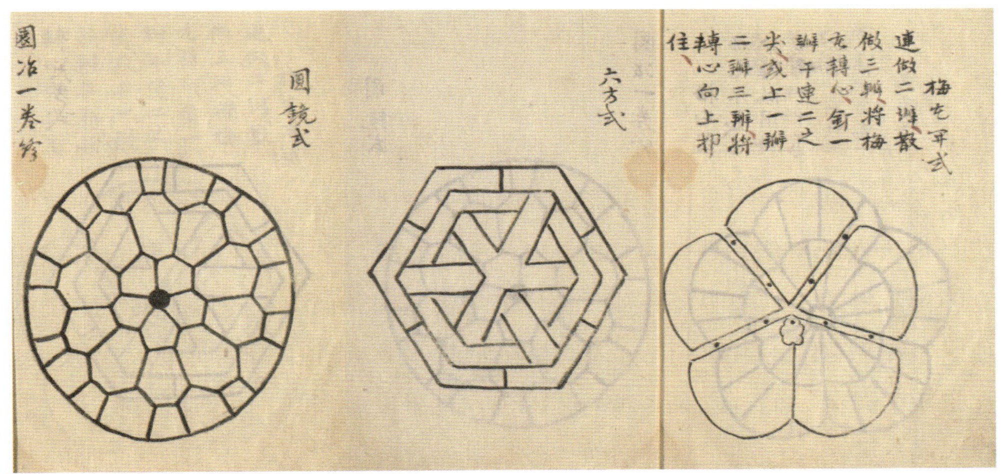

图 2-1-7：明　计成《园冶》卷 1　窗结构图式　崇祯手抄本　日本国会图书馆藏

的重视。从图中窗户的结构设计可以看出，园主可以通过这些窗户“孔洞”连接洞内洞外的世界，并通过“孔洞”把园林内的山水（桃花源）景观与园外遥远的月宫（宇宙）联接在一起。

根据上文考察，无论是园林洞门入口设计还是逃生通道后门出口“小窦”安排，以及园林窗户的建筑形构，无疑都与“孔洞”的造型相关联。通过这些“孔洞”，得以把园内与园外贯通起来，游园者可以通过这些“孔洞”自由地进出方外世界。

因此，观音一旦被放置在园林山水语境当中，除了其菩萨身份的特质，自然还具备了神仙的身份。宋元以降，园林山水图像背景元素对观音角色的烘托，几乎回应了佛教最初传入中土的汉魏时期民众对佛教偶像仙佛不分的事实。[①] 这里再次强调，观音的这种仙佛合一的身份特质，正是对宋元时期儒释道三教合流思潮的反映与呈现。

（三）洛神图

宋元以来山水观音图像主尊呈现女性化与世俗化的倾向，原因来自多方面，受到早期洛神图像传统的影响是其中主要因素之一。所谓的洛神图像传统是指历代画家依据曹植（192—232）《洛神赋》文本创作的不断积累的视觉图像。相关文献表明，洛神图像传统与桃花源图像传统的形成机制比较类似。自东晋顾恺之（348—409）依据《洛神赋》文本创作出《洛神赋图卷》以来，迄于明清，画家们对这一主题的艺术创作几乎没有间断，从而形成长达一千多年的洛神图像传统。洛神图像传统演进的过程中，发展出了明清时期的美人图样式。受此影响，这一时期的观音图像亦呈现出美人图的样式特征。可以肯定的是，洛神图与美人图样式深刻地影响到了宋元以来的山水观音图像的创作与绘制。在下面的论述中，笔者将通过相关文献和图像例证来考察洛神图像传统与美人图像样式对山水观音图像演进的影响。

顾恺之依据曹植《洛神赋》文本创作的《洛神赋图卷》现已不存。目前能看到的三本图卷摹本分藏于北京故宫博物院、辽宁省博物馆以及美国佛利尔美术馆。这三个摹本的制作时间大致是在北宋徽宗时期或稍晚的南宋初期。当前的研究者普遍认为，这套三本图卷是宋人企图重现顾恺之《洛神赋图卷》的努力成果。[②] 摹本整个长卷的画面情节结构可分为五幕：邂逅、定情、情变、分离、怅归。摹本从第一幕“邂逅”部分开始，画面情节中的洛神造型呈现出《洛神赋》中神女“标准化”的样式特征（图 2–1–8a/b）。之所以称为“标

① 关于汉魏时期民众仙佛不分的观念，参见拙著《中国佛像瑞像崇拜研究：古代造像艺术的宗教性阐释》，济南：齐鲁书社，2016年，第100页。

② 石守谦著：《从风格到画意：反思中国美术史》，上海：生活·读书·新知三联书店，2015年，第71页。

图 2-1-8a：宋人摹本 东晋 顾恺之 洛神赋图卷（局部）北京故宫博物院藏（北京甲本）

准化”，是因为在后来的图像传统中洛神（美人）的样式风格一直得到延续。在图 2-1-8a 中，画家采用异时同图法，描绘了洛神在不同时间段中的三身形象。洛神女衣袂飘飘向左御风“飞行”，形似《庄子》中藐姑射山的神仙。①由于曹植《洛神赋》描写的是人与神之间的情爱故事，画面中的山水女神实际上充当了一个超脱尘世、高度理想化的神仙美人形象。这种典型、标准化的美人形象成为当时文人兼画家的理想描绘对象。

随着洛神图像样式的不断演进，洛神的形象逐渐演变成明清时期文士画家笔下的美人形象，并在世俗社会广泛普及。洛神图像与美人图像之间的逻

① 《庄子·逍遥游》中“藐姑射山神人”：“藐姑射之山，有神人居焉。肌肤若冰雪，绰约若处子。不食五谷，吸风饮露，乘云气，御飞龙，而游乎四海之外。其神凝，使物不疵疠而年谷熟。”因此，笔者认为，曹植《洛神赋》中的神人传统至少可以追溯到战国时期。

图 2-1-8b：宋人摹绘 东晋 顾恺之 《洛神赋图卷》中的洛神形象（局部）

图 2-1-9：北朝晚期画像中的美人形象（采自 [美] 巫鸿著《中国绘画中的“女性空间”》）

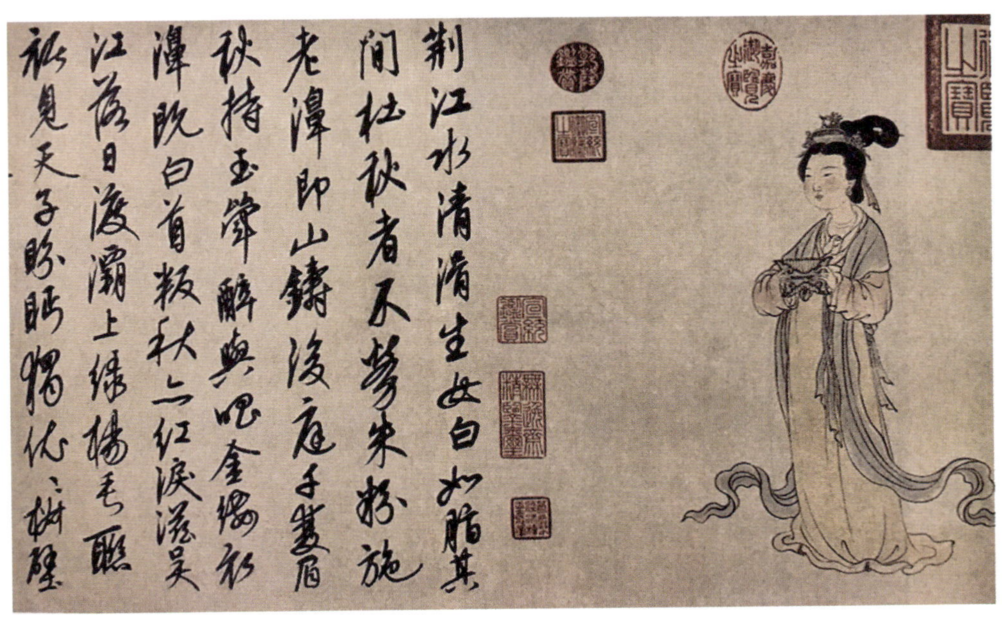

图 2-1-10：杜秋娘图　周朗　元　北京故宫博物院藏

辑演变关系，可从《洛神赋图卷》中的洛神形象（图 2-1-8b）与北朝晚期画像中的美人形象（图 2-1-9）① 图像风格的比较中找到有力证据。

通过对图 2-1-8b 中的洛神形象与北朝晚期画像中的美人形象（图 2-1-9）进行比较，可以发现洛神形象与北朝晚期画像中的 c 美人样式几乎完全一致。而北朝晚期画像中的 a、b、d、e、f 美人形象则是来自顾恺之《洛神赋图卷》中洛神其他形象的演变。因此，笔者可以推断北朝以来的美人图样式实际上是直接或间接承继顾恺之《洛神赋图卷》中的洛神形象。宋元以来的一些女性人物绘画已经具有了美人画的特质，从元代画家周朗所绘的《杜秋娘图》(图 2-1-10）可以看出，人物样式与洛神图像有着风格上的联系。

① 图片来自[美]巫鸿著：《中国绘画中的"女性空间"》，上海：生活·读书·新知三联书店，2019 年，第 99 页。

在《杜秋娘图》中，杜秋娘的装束带一些洛神（神人）的风格，只不过比洛神更加简约、更加世俗化和内敛一些。关于神女画与美人画之间的关系，南朝梁简文帝萧纲在《咏美人看画诗》中写道：

殿上图神女，宫里出佳人。
可怜具是画，谁能辨伪真。
分明净眉眼，一种细腰身。
所可持为异，长有好精神。[①]

在诗人萧纲看来，图画中的神女与宫里的佳人其实难以“辨伪真”，二者在本质上皆是男性欲望的憧憬与渴求对象。神女与佳人的唯一区别在于：神女是理想化、可望而不可及的视觉幻像；而现实中的佳人则是视觉可以触及的真实形象。直到明代中期，由于雕版印刷技术的发达，一种通俗化的美人图式逐渐被普及，并迅速融入当时的流行文化，成为大众视觉消费的对象。[②]由此可见，程式化的美人画从产生到普遍流行，经过了近一千年时间的积累和图像演进。

另一方面，宋元以来的个别观音图像亦受到美人画图像风格的影响，观音的形象褪去了隋唐之前壁画中庄严的宝冠菩萨装束，脱离了正面化的神圣偶像对称图式，逐渐呈现出世俗化的形貌，并具有了美人化的特质。以宋代《白描大士》（局部）（图2-1-11）与明代画家丁云鹏（1547—1628）所作的《观音图》（图2-1-12）为例，两幅图像中的观音均呈现出典型的美人形象。[③]其中《白描大士》中的观音背靠屏风，游戏坐于榻上，虽然带有头光，但并

① （明）张溥辑：《汉魏六朝百三家集》卷8《梁简文帝集》。

② [美]巫鸿著：《中国绘画中的“女性空间”》，上海：生活·读书·新知三联书店，2019年，第331页。

③ 这两幅观音图像的风格实际上与洛神图像的风格没有太大关联，属于美人图像的亚型演变样式。另一方面，脱胎于洛神图传统的美人画样式，其演变路径几乎已经脱离了洛神传统的风格，呈现出相对自由的演变样式，并没有出现程式化的美人样式。在本书后面的论述中还将有更多的例证来进行说明。

图 2-1-11：（传）宋人 白描大士 台北“故宫博物院”藏（局部）

图 2-1-12: 明 丁云鹏 观音图 1582 年（局部）（采自“名画油画网”）

不能改变观音作为美人形象呈现的事实。屏风作为室内建筑空间隔断，被认为是宋元以来文人的风雅之物，是对建筑内部神圣与世俗空间的二次划分，屏风的背后往往被认为是视觉遮断的俗界。在另一幅画《观音图》中，丁云鹏绘制的观音图像结跏趺坐于岩石上，呈现披发覆肩的美人装扮，显得随性、闲适与自然，世俗化的特质跃然纸上。

图 2-1-13：明 丁云鹏 慈容第十九现
（采自明丁云鹏绘《慈容五十三现》）

图 2-1-14：唐 周昉
挥扇仕女图（局部）
北京故宫博物院藏

丁云鹏的另一部作品《慈容五十三现》（传），则直接把观音描绘成美人（图 2-1-13），这是明清时期观音美人化图像流行的有力证据。在《慈容第十九现》中，观音以侧身背面示人，倚坐于杨柳树[①]上，画面右页有题画诗云："美如西子离金阁，娇似杨妃卧玉楼。斜倚垂柳回却面，不令人见转风流。"[②]诗中把观音比作历史上著名的美人西施和杨贵妃，并用"娇卧、斜倚、回却面、风流"等词汇描绘出美人化观音的娇羞与妩媚形象。因此，至少在明代，观音图像的美人化已经成为事实。

另一方面，《慈容第十九现》中美人观音的娇媚姿态，可以在唐代画家周昉（活动于 9 世纪前后）《挥扇仕女图》（局部）（图 2-1-14）中找到图像风格上的联系。可以想象，明清时期的观音美人图其人物形态的设计部分来自唐宋前后宫廷美人图像传统，这一宫廷美人图像风格，可以视作脱离于洛神图像传统的亚美人图像样式。

---

① 柳树图像多出现在中国山水画中。有时候柳树是作为柔美女性的象征，在明丁云鹏绘《慈容五十三现·第十九现》（图 2-1-13）中出现了柳树图像符号，以此比喻观音的娇柔身姿。

② （明）丁云鹏绘：《慈容五十三现》（外一种），杭州：浙江人民美术出版社，2016 年，第 40-41 页。

根据研究发现，宋元以来的观音图像实际已经成为风雅之物，其宗教特质已淡化，并因此成为文人建筑室内世俗的装饰之物——长物。① 英国学者柯格律在针对美人图与观音图像的装饰化功能时说：“（在明代）一幅观音画像，甚至作为室内装饰的一部分，出现在一家高档妓院中，此处观音像的四周是四幅美人图，每人代表四季之一……在潘金莲房中的显著位置，也有一轴类似的观音画卷，虽然她并非以虔诚和宗教生活出名。”② 在柯氏的描述中，可以发现观音图像与美人画并置出现，暗示了二者共同的世俗化装饰功能。此外，石守谦也描述了菩萨美人化、世俗化的普遍现象：

> 有学者从“世俗化”的现象，为宋元明清的佛教造像找到了与外在真实的接通点。他们发现此期“如女性化的菩萨，力求妩媚动人，而因世俗感异常浓厚”，“位于净土的菩萨，（被）当作俗界的美人那样进行盛装”，甚至要比隋唐的作品，更贴近人的生活周遭的实像。③

由引文可知，宋元以来菩萨的美人化主要是指观音菩萨的美人化，并以此说明菩萨造像的世俗化演进已经成为“时代”的趋势。菩萨的美人化也可以转捩为美人的菩萨化。如在元杂剧《西厢记》中有云：“东风摇曳垂杨线，游丝牵惹桃花片，珠帘掩映芙蓉面。你道是河中开府相公家，我道是南海水月观音现。”④ 文中把相貌姣好的女子喻作水月观音。另明代白话小说《古今奇观》卷23云：“……王公惯生得好女儿……吴宫西子不如，楚国南威难赛。若比水月观音，一样烧香礼拜。”⑤ 与上面《西厢记》一样，均以美人譬喻

---

① 长物指多余之物，泛指文玩。参见（明）文震亨著，陈植校注：《长物志》，南京：江苏科学技术出版社，1984年。

② [英]柯格律著，黄晓娟译：《明代的图像与视觉性》，北京：北京大学出版社，2016年，第190页。

③ 石守谦：《从风格到画意：反思中国美术史》，上海：生活·读书·新知三联书店，2015年，第43页。

④ （元）王实甫著，张燕瑾校注：《西厢记》，北京：人民文学出版社，2005年，第10页。

⑤ （明）抱瓮老人著：《古今传奇》卷23，出自黄浩编《中国历代文化丛书》，北京：华龄出版社，2004年，第319页。

水月观音，实现美人与水月观音图像的相互转化。由此可知，引文中的美人犹如水月观音一般，美得不可方物了。在明人眼中，水月观音与美人图像之间的界限已经模糊化。

另外，清初作家卫泳（活跃于1643－1654）在其《悦容编》（又名《鸳鸯谱》）中说："故阅书画是闺中学识。如大士像是女中佛，何仙姑像是女中仙，木兰红拂女中之侠，以至举案、提翁、截发、丸熊诸美女遗照，皆女中之模范。闺阁宜悬。"① 在卫泳眼中，观音大士、何仙姑、花木兰、红拂女、举案、提翁、截发、丸熊等皆在美人之列。此条文献可以有力证明，在清代民众眼中，观音图像已经等同于美人图像了。可见明清以来观音图像的美人化与世俗化已经在社会民众中达成共识。

（四）太湖石意象

太湖石在山水观音图像中的频频出现令人玩味。关于太湖石的意象，宫崎法子通过观察认为：

> 太湖石上复杂的洞眼与洞窟相同，可以说一个太湖石里包含了许多个别样世界。喜欢奇石和喜欢钟乳洞的人可以在太湖石上看到一个小宇宙，或者说是另一个世界，其实是宇宙的微小集合体，浓缩着永恒的世界。太湖石等其实还被冠以某某峰的名号，被人当作山峰看待。②

由此可见，太湖石在文人眼中已经成为微缩化的山水与宇宙的象征。太湖石既然可以"冠以某某峰的名号"，那么山水观音图像中的太湖石自然也

① （清）卫泳撰：《悦容编》卷2，《四库全书存目丛书》影印版，济南：齐鲁书社，1997年，第598页。

② ［日］宫崎法子著，傅彦瑶译：《中国绘画的深意：图说山水花鸟画一千年》，长沙：湖南文艺出版社，2019年，第122页。

可以看作微缩化的补怛洛迦山了。

在文人山水观音图像中，其背景大多配置有显眼的太湖石图像元素。太湖石作为文人山水园林绘画中重要的视觉符号，甚至可以说，再没有任何图像元素比太湖石同时兼具文人雅好与社会欲望的象征物了。太湖石含蓄地表达了“雅好”与“欲望”的双面象征。从社会消费角度观察，太湖石这种“无用”之物（长物）是一种欲望之石。一方面，当一块欲望之石被放置在观音图像背景之中，太湖石在艺术上则呈现出文人的“雅趣”与“洞天福地”（太湖石上有数不清的孔洞）的“宇宙情怀”。另一方面，宋元以降的贵族（如宋徽宗等）、文人与富豪往往借太湖石来彰显其特有的权力与炫耀性消费观。因此，笔者把太湖石从山水观音图像中独立出来进行讨论，旨在揭示宋元以来特别是明清时期，观音图像消费如何被裹挟到世俗商品化的社会洪流之中。

本书绪言中明代画家陈洪绶绘《莲池应化》（图 x-1-3）与本章中明代重彩《善财童子拜观音》（图 2-1-5），两幅山水观音图像背景中均出现了太湖石视觉元素。另外，明代画家丁云鹏绘《慈容五十三现》之《慈容第十五现》（图 2-1-15）[①] 与《慈容第十七现》（图 2-1-16）[②]，两图右侧亦配置有太湖石的视觉元素。通过查验《慈容第十五现》可以发现，它与明代重彩《善财童子拜观音》（图 2-1-5）构图样式几乎一致。因此可以猜测二者很大可能是来自同一粉本。丁云鹏绘制的《慈容五十三现》是最初的版本，由于缺乏相关的文献资料，目前难以考证两图的粉本来源。

明代社会对太湖石的鉴识可以通过文震亨《长物志》进行了解。《长物志》卷三《水石》第十二云：

> 太湖石：太湖石在水中者为贵，岁久为波涛冲击，皆成空石，面面玲珑。在山上者名旱石，枯而不润，赝作弹窝，若历年岁久，

① （明）丁云鹏绘：《慈容五十三现》（外一种），杭州：浙江人民美术出版社，2016 年，第 33 页。

② （明）丁云鹏绘：《慈容五十三现》（外一种），杭州：浙江人民美术出版社，2016 年，第 37 页。

图 2-1-15：明 丁云鹏 慈容第十五现
（采自明丁云鹏绘《慈容五十三现》）

图 2-1-16：明 丁云鹏 慈容第十七现
（采自明丁云鹏绘《慈容五十三现》）

斧痕已尽，亦为雅观。吴中所尚假山，皆用此石。又有小石久沉湖中，渔人网得之，与灵壁、英石，亦颇相类。第声不清响。①

《长物志》一书是明代士绅阶层鉴赏与收藏文物的指导性知识手册。经过文震亨对太湖石的鉴识，可以知道太湖石在明人眼中属于雅玩，被归于长物（无用之物）的范畴。很明显，观音一旦被置于太湖石的语境当中，其图像则具有了“长物”的性质。作为“长物”的观音图像，褪去了其神圣的宗教特质，成为一种供人赏玩的清雅无用之物。② 上面两幅图像（图 2-2-15、图 2-1-16）来自明清时期版画观音图谱手册，图中均配置有太湖石图像元素，

① （明）文震亨著，陈植校注：《长物志》，南京：江苏科学技术出版社，1984 年，第 112-113 页。

② 在文震亨著《长物志·悬画月令》中就提及了佛教绘画的悬挂。参见（明）文震亨著，陈植校注：《长物志》卷 5，南京：江苏科学技术出版社，1984 年，第 221 页。

同时两幅图像中的观音均呈现出美人化特征，从而成为当时供俗众清玩与欣赏的折叠偶像。①

事实上，早在北宋时期，徽宗皇帝（1100–1126 年在位）酷爱收藏奇石，以太湖石为朝贡造作了著名的皇家园林——艮岳②，以此留下不良声名③，使得后世嗜石者对于太湖石的收藏抱有道德上的顾虑。太湖石妍丽奇巧，符合宋元以来文人的审美雅趣。然而对于太湖石的消费却往往与奢侈名声相关联，正如晚明学者谢肇淛（1567–1624）在《五杂俎》中云：

> 洞庭西山出太湖石，黑质白理，高逾寻丈，峰峦窟穴，胜有天然之致，不胫而走四方，其价佳者百金，劣亦不下十数金，园池中必不可无此物。而吾闽中尤艰得之，盖阻于山岭，非海运不能致耳。④

从谢肇淛文中可知，太湖石作为奢侈玩物，是晚明社会造园不可或缺之装点。然而石材运输极为不易，需要耗费巨大的人力、物力与财力，对太湖石的消费也就显得太过奢费。谢肇淛在描述晚明造园的奢靡现象时，例举了当时的名士王世贞（1526–1590）建造的弇州园来说明："王氏弇州园，石高者三丈许，至毁城门而入，然亦近于淫矣。"⑤文中王世贞如此之嗜石行为，竟与徽宗时期为运输太湖石而毁拆桥梁、凿坏城郭行为相争竞。

与谢肇淛同时期的苏州吴县县令袁宏道（1568–1610）在《园亭纪略》中写道：

---

① 详细的讨论参见第三章"折叠偶像"中第三节"观音版画图像"。

② 古典园林建筑之一，中国宋代的著名宫苑。宋徽宗政和七年（1117）兴工，宣和四年（1122）竣工，初名万岁山，后改名艮岳、寿岳，或连称寿山艮岳，亦号华阳宫。1127 年金人攻陷汴京后被拆毁。宋徽宗赵佶御笔撰有《御制艮岳记》，"艮"为地处宫城东北隅之意。

③ 宋徽宗为了满足其对奇花异石的喜好，特设"花石纲"作为专门的运输团队。由于花石船队所经之处，需要当地的百姓供应钱谷和民役。甚至有的地方为了让船队通过，拆毁桥梁，凿坏城郭，滋扰江南百姓尤甚。据《宋史》评价，花石纲之役"流毒州县者达二十年"。

④ （明）谢肇淛撰：《五杂俎》卷 3，第 103 页。

⑤ （明）谢肇淛撰：《五杂俎》卷 3，第 116 页。

> 垅上太湖石一座，名瑞云峰，高三丈余，妍巧甲于江南。相传为朱勔所凿，才移舟中，石盘忽沉湖底，觅之不得，遂未果行。后为乌程董氏构去，载至中流，船亦覆没，董氏乃破赀募善没者取之，须臾忽得其盘，石亦浮水而出，今遂为徐氏有。范长白又为余言，此石每夜有光烛空，然则石亦神物矣哉！①

袁宏道文中提到的明代颇负盛名的太湖石——瑞云峰，其获取过程曲折艰难，以致被神圣化，竟然每夜孔洞放光，因而被视为神物。在笔者看来，这是对太湖石竞奢消费的一种讽喻。按英国学者柯格律引用苏州文人黄省曾（1490—1540）《吴风录》中的话说，在黄氏所处的时代，“权贵豪富争以太湖石相竞奢”。② 而对于园主用太湖石造园过度痴迷而形成的奢靡消费之风，在清代亦愈演愈烈。清代文人归庄（1613—1673）对此风提出了严厉的批评：“今日吴风汰侈已甚，数里之城，园圃相望，膏腴之壤，变为丘壑，绣户雕甍，丛花茂树，恣一时游观之乐，不恤其他。呜呼！废有用为无用，作无益害有益，何其不思之甚也！”③ 这种以太湖石造园仅以“恣一时游观之乐”的奢靡消费，耗费了社会的巨额财富，造成难以估量的浪费。明计成《园冶》中云：“自古至今，采之已久，今尚鲜矣。”④ 长期采凿，湖石所剩已不多。由此可见，在唐宋以来，因太湖石的过度开采所造成环境资源破坏亦是不可避免。

---

① （明）袁宏道撰：《袁中郎全集》，香港：广智书局（出版日期不详），第 10-11 页。引文中描述的园林即今苏州留园。

② ［英］柯格律著，孔涛译：《蕴秀之域：中国明代园林文化》，郑州：河南大学出版社，2019 年，第 58 页。

③ （清）归庄撰：《归庄集》卷 6，《记太仓顾氏记》，上海：上海古籍出版社，2010 年版，第 350-351 页。

④ （明）计成著，陈植注释：《园冶注释》，北京：中国建筑工业出版社，1988 年，第 225 页。

此外，关于太湖石的鉴赏理论早在唐代就已经由白居易（772–846）为首的文人开始建立了。白居易创作了著名的太湖石格律诗文《双石》，[①] 文震亨《长物》中的太湖石鉴赏理论也很可能受到了白居易《双石》的影响。与此同时，明代园林设计大家计成在《园冶》中专门列出“选石”一节，其中把太湖石在构园石材中列于首位。书中对太湖石的甄品提出了较为权威的理论：“（太湖石）性坚而润，有嵌空、穿眼、婉转、险怪势。一种色白，一种色青而黑，一种微黑青。其质文理纵横，笼络起隐，于石面遍多坎……扣之微有声。”[②]

唐宋以来，文人把太湖石看作微缩的山峰，把无数玲珑的孔洞比喻成集合的“小宇宙”“洞天福地”等意象，以寄寓其都市桃花源隐世理想。早在唐太和元年（827），白居易还作了一首《太湖石》：“烟翠三秋色，波涛万古痕。削成青玉片，截断碧云根。风气通岩穴，苔文护洞门。三峰具体小，应是华山孙。”[③] 诗人以微小的太湖石譬喻为华山的子孙山峰。在笔者看来，把太湖石喻作微缩的山峰，则园主足不出户即可饱览天下名山。宋元明清时期，基于太湖石鉴赏美学理论的建构，在文人与豪富以太湖石竞奢构园为底色的社会风气之下，画家在山水观音图像中配置以太湖石的视觉元素，让藏家对观音图像的消费不可避免地带有雅好与欲望的双重社会性格。因此，自宋元以降的山水画中，观音一旦从充满香火气息的神圣寺院进入到文人的雅集世界，其在信众心目中救苦救难的菩萨形象则不可避免地演变成装饰文人精致书房的欲望美人图像。观音这一安置场所与空间的挪移而导致的身份角

---

① （唐）白居易《双石》：“苍然两片石，厥状怪且丑。俗用无所堪，时人嫌不取。结从胚浑始，得自洞庭口。万古遗水滨，一朝入吾手。担舁来郡内，洗刷去泥垢。孔黑烟痕深，罅青苔色厚。老蛟蟠作足，古剑插为首。忽疑天上落，不似人间有。一可支吾琴，一可贮吾酒。峭绝高数尺，坳泓容一斗。五弦倚其左，一杯置其右。洼樽酌未空，玉山颓已久。人皆有所好，物各求其偶。渐恐少年场，不容垂白叟。回头问双石：能伴老夫否？石虽不能言，许我为三友。”该诗奠定了太湖石鉴赏的美学基础。参见（唐）白居易著，顾学颉校点：《白居易集》卷21，北京：中华书局，1979年10月，第461–462页。

② （明）计成著，陈植注释：《园冶注释》，北京：中国建筑工业出版社，1988年，第225页。

③ （唐）白居易著，谢思炜选注：《白居易诗选》，北京：中华书局，2005年，第185页。

色的转变，深刻地体现了观音信仰的世俗化。

事实上，装饰有山水观音图像的文人书房已经成为一个自足的、与外界隔离的隐居天地。文人将不受岁月流逝的促迫，可以按照个人理想，选择最恰当的摆件，悬挂上雅致的山水观音图像来构筑私属的永恒仙境。① 可以想象，在晚明以来的文人书房里，主人书案上摆放的太湖石与悬置的山水观音图像中的太湖石第相呼应。由此设想，在文人的私密书房中，依傍着太湖石的观音，宛如太虚幻境中的款款美人，可以随时从画中款款而来呈现真身与主人相会。②

二、观音图像的相关文本

宋元以来，山水观音图像制作的文本依据主要来自三个方面：其一，佛教经典；其二，俗文学（民间宝卷、故事传说等）；其三，山志、寺志、碑记等。除了以上这三个方面的文本来源外，还有很多观音图像并没有具体的文本依据。在本节的论述中，笔者将主要从以上三个方面来展开讨论。

（一）佛教经典

基于本书的研究范围，佛教经典涉及的观音内容文本主要包括法华类经典、华严类经典以及相关旅行记（如《大唐西域记》）等。③

1. 法华类经典

法华类经典主要有西晋竺法护译《正法华经》第二十三品《光世音普门

① 参见石守谦著：《从风格到画意：反思中国美术史》，上海：生活·读书·新知三联书店，2015 年，第 282 页。

② 关于明清时期画中美人显现真身与主人相会的文学灵异故事很多，如清蒲松龄《聊斋志异》中就有相关的案例，这里不再展开论述。

③ 事实上，涉及观音菩萨的佛教经典很多，由于本书是关于“山水与观音”的图像嬗变研究，将主要以法华类和华严类经典为主。其它的经典诸如净土类、楞严类、陀罗尼经类佛经文本不在本书考察之列。如果行文中有所提及，也不属于重点讨论对象。

品》、姚秦鸠摩罗什译《妙法莲华经》第二十五品《观世音菩萨普门品》、隋代阇那崛多和达摩笈多译《添品妙法莲华经》第二十四品《添品妙法莲华经观世音菩萨普门品》。北凉沮渠蒙逊时期，《观世音菩萨普门品》从《法华经》中抽取出来成为单行本流行的《观音经》，其本质上也是属于法华类经典。以上属于外来经典的翻译，具有极高的权威性。此外，中土根据《观音经》的内容，还撰写了本土化的佛经《高王观世音经》，此经在《大藏经》中被列入伪经范畴。

以上法华类经典无论是外来翻译的权威文本，还是本土撰写的伪经文本，它们都为宋元以来独立性的山水观音图像创作提供了文本依据。

竺法护本《正法华经》第二十三品《光世音普门品》为法华类文本最早译出的专门性观音经典。观音起初被译作光世音，在三世纪左右流行，并出现了很多相关的感应录。[①]总的来说，《光世音普门品》相较于鸠摩罗什本《观世音菩萨普门品》而言，其译文没有后者流畅和知名。在《光世音普门品》经文中，只有长行（长短不一的经文），没有重颂（偈文），长行内容主要传达"释名、诸难、三毒、求男求女、现诸化身[②]、供养"等等内容。例如《光世音普门品》云：

> 佛言：族姓子！光世音菩萨所游世界，或现佛身而班宣法；或现菩萨形像色貌，说经开化；或现缘觉或现声闻，或现梵天帝像而说经道；或揵沓和像；欲度鬼神现鬼神像，欲度豪尊现豪尊像，或复示现大神妙天像，或转轮圣王化四域像，或殊特像，或复反足罗刹形像，或将军像，或现沙门梵志之像，或金刚神隐士独处仙人僮儒像。光世音菩萨，游诸佛土，而普示现若干种形，在所变化开度

① 诸如傅亮（374–426）撰《光世音应验记》、张演编撰于五世纪中叶《续光世音应验记》、陆杲编于501年《系观世音应验记》。参见［美］于君方著：《观音——菩萨的中国化演变》，北京：商务印书馆，2012年，第105页。

② 经文中没有光世音完整的三十三化身论述。

一切。是故族姓子，一切众生咸当供养光世音。其族姓子，所可周旋有恐惧者，令无所畏，已致无畏使普安隐，各自欣庆，故游忍界。[1]

上面引文描述的是光世音菩萨游历世界的种种化身，包括：佛身、菩萨形像、缘觉像、声闻像、梵天帝像、揵沓和像、鬼神像、豪尊像、大神妙天像、转轮圣王化四域像、殊特像、复反足罗刹形像、将军像、沙门梵志之像、金刚神像、隐士像、独处仙人像、僮儒像，共计十八种化身。这至少说明竺法护所在的西晋时期，观音三十三化身的观念还没有建立起来，直到鸠摩罗什译本《观世音菩萨普门品》中才出现完整的三十三化身名称。

姚秦鸠摩罗什译《妙法莲华经》第二十五品《观世音菩萨普门品》是观音经典中最流行的版本，在北凉时期成为流行的单行本《观音经》。《普门品》中形成了完整的观世音释名、八难[2]（火难、水难、黑风难、罗刹难、刀杖难、恼人难、杻械枷锁难、怨贼难）、离三毒、求男求女、供养、三十三化身、无尽意菩萨璎珞供养观世音、观世音菩萨受无尽意菩萨璎珞（璎珞一分为二，分别供养释迦与多宝佛塔）。在后世以《普门品》或《观音经》为文本制作的独立山水观音图像中，多以“八难”“求男求女”（送子观音）为主题。同时，需要强调的是，《妙法莲华经》第二十五品《观世音菩萨普门品》同样是只有长行经文而没有重颂，直到隋代初期才译出重颂偈文。

隋代阇那崛多和达摩笈多译《添品妙法莲华经》第二十四品《添品妙法莲华经观世音菩萨普门品》，经文中的长行部分与《普门品》基本一致，不同之处在于增添了新译出的重颂偈文部分。《添品妙法莲华经》卷7“重颂”云：

世尊妙相具，我今重问彼；佛子何因缘，名为观世音？
具足妙相尊，偈答无尽意；汝听观音行，善应诸方所。
弘誓深如海，历劫不思议；侍多千亿佛，发大清净愿。

① （西晋）竺法护译：《正法华经》卷10，《大正藏》第9册，第129页中、下。

② 一说七难，水难与风难合并之故。

我为汝略说，闻名及见身；心念不空过，能灭诸有苦。
假使兴害意，推落大火坑；念彼观音力，火坑变成池。
或漂流巨海，鱼龙诸鬼难；念彼观音力，波浪不能没。
或在须弥峰，为人所推堕；念彼观音力，如日虚空住。
或被恶人逐，堕落金刚山；念彼观音力，不能损一毛。
或值怨贼绕，各执刀加害；念彼观音力，咸即起慈心。
或遭王难苦，临刑欲寿终；念彼观音力，刀寻段段坏。
或囚禁枷锁，手足被杻械；念彼观音力，释然得解脱。
咒咀诸毒药，所欲害身者；念彼观音力，彼即转回去。
或遇恶罗刹，毒龙诸鬼等；念彼观音力，时悉不敢害。
若恶兽围绕，利牙爪可怖；念彼观音力，疾走无边方。
蚖蛇及蝮蝎，气毒烟火燃；念彼观音力，寻声自回去。
云雷鼓掣电，降雹澍大雨；念彼观音力，应时得消散。
众生被困厄，无量苦逼身；观音妙智力，能救世间苦。
具足神通力，广修智方便；十方诸国土，无刹不现身。
种种诸恶趣，地狱鬼畜生；生老病死苦，以渐悉令灭。
真观清净观，广大智慧观；悲观及慈观，常愿常瞻仰。
无垢清净光，慧日破诸暗；能伏灾风火，普明照世间。
悲体戒雷震，慈意妙大云；澍甘露法雨，灭除烦恼焰。
诤讼经官处，怖畏军阵中；念彼观音力，众怨悉退散。
妙音观世音，梵音海潮音；胜彼世间音，是故须常念。
念念勿生疑，观世音净圣；于苦恼死厄，能为作依怙。
具一切功德，慈眼视众生；福聚海无量，是故应顶礼。①

一般而言，重颂是以偈文的形式对长行经文进行复述。然而笔者发现，

① （隋）阇那崛多、达摩笈多译：《添品妙法莲华经》卷7，《大正藏》第9册，第192页下、193页上。

在重颂偈文中，还出现了经文中未曾有过的内容，诸如：推落大火坑、推堕须弥峰、恶人逐堕落金刚山、咒咀诸毒药害、恶兽围绕、蚖蛇及蝮蝎、气毒烟火燃、云雷鼓掣电、降雹澍大雨、诤讼、怖畏军阵等等事难。以上都是以往长行经文中没有提到的内容，但是在隋唐以来的山水观音图像中均有这些内容的呈现。

本土疑伪经《佛说高王观世音经》[①]（图 2-2-1），后世又称其为《观音救生经》《观世音经》《高王观音经》《高王观世音真经》《高王观世音经》以及《高王经》等。在《佛说高王观世音经》中，经文部分基本上是佛号、菩萨称名、陀罗尼咒等等，没有实际而具体的内容，只有重颂偈文部分才出现救难内容。《佛说高王观世音经》重颂云：

> 十方观世音，一切诸菩萨；誓愿救众生，称名悉解脱。
> 若有智慧者，殷勤为解脱；但是有因缘，读诵口不辍。
> 诵经满千遍，念念心不绝；火焰不能伤，刀兵立摧折。
> 恚怒生欢喜，死者变成活；莫言此是虚，诸佛不妄说。
> 高王观世音，能救诸苦危；临危急难中，死者变成活。
> 诸佛语不虚，是故应顶礼；持诵满千遍，重罪皆消灭。
> 薄福不信者，专贡受持经。[②]

通过对上面引文的考察，可以发现《佛说高王观世音经》的偈文比《添品妙法莲华经观世音菩萨普门品》简短很多，虽然二者同属于观音救难性质，但是前者涉及的救难内容很少，只有“火伤、刀兵难、恚怒、死者变成活、重罪皆消灭”等笼统性内容。此《高王经》的出现，据说与南朝宋将领王玄

① （北齐）高欢撰（传）：《佛说高王观世音经》，《大正藏》第 85 册，第 1425 页中、1426 页下。本经之所以称为《高王观世音经》，据传是由北齐王朝的实际建立者东魏大宰相兼渤海王高欢通过一个真实的感应故事而传之于世的。

② （北齐）高欢撰（传）：《佛说高王观世音经》，《大正藏》第 85 册，第 1425 页下。

图 2-2-1：木刻《高王观世音经》经首插图（西夏）（采自周心慧主编《中国古代佛教版画集》）

谟念梦中观音所传授的十句《观音经》而得以免刑的故事有关。① 然此经来源说法不一，版本颇多。

在上图木刻《高王观世音经》经首插图（图 2-2-1）中，观音头面朝左，前面站着两个供养人物，应该是一对夫妇。在画面的左侧中间边缘处，跪着一个受刑的人，双手合什。根据图像左边的文字可知，此人叫孙敬德，由于“为主宝藏宫”而犯法囚禁，因在狱中日夜不辍持颂《观世音普门品》而得救。其身后站立着一个行刑的男子，右手的持刀断为三截。据《高王观世音经》经首插图序文可知，此件灵异故事发生在高欢（496–547）在相州郡为官的时期（另据《法苑珠林》“丞相高欢表请免死，敕写其经广布于世”），因而成为《高王观音经》得以流传的契机。亦有传此经为高欢所撰，经名中的“高

① 参见拙著《中国佛教瑞像崇拜研究：古代造像艺术的宗教性阐释》，济南：齐鲁书社，2016 年，第 284-290 页。

王”或许就是指高欢。

关于伪经《佛说高王观世音经》的研究成果很多，经文的名称也是五花八门，除了前面提到的，还有《大王观世音经》《折刀除罪经》《高王白衣观世音经》等。[①] 在笔者看来，《佛说高王观世音经》虽然为本土撰写的伪经，但是它与《观世音普门品》还是有着间接的联系，因此在本书中仍把此经归属为《法华经》的范畴。

2. 华严类经典

观音菩萨与华严类经典的关系主要体现在《华严经·入法界品》“善财童子五十三参”中的情节——善财童子第二十八参补怛洛迦山观音菩萨。善财童子参谒观音的情节出现在《六十华严》[②]《八十华严》[③] 与《四十华严》[④] 三个版本的《华严经》中，情节基本一致。经笔者研究发现，宋元以来的山水观音图像大多是以《华严经·入法界品》中善财童子参谒观音的文本结合《观音经》（或《普门品》）文本而绘制的。由于善财童子参谒观音的地点是在古印度补怛洛迦山（梵语：Potalaka）观音道场，经文中道场的地理环境与地貌的描写成为“善财童子第二十八参观音变相”的主要依据。

关于补怛洛迦山观音道场环境与地貌的描述，首先，在《六十华严》卷50有云：

> 于此南方有山，名曰光明，彼有菩萨名观世音……（善财童子）渐渐游行，至光明山，登彼山上，周遍推求，见观世音菩萨住山西阿，处处皆有流泉、浴池，林木郁茂，地草柔软，结跏趺坐金刚宝座，

---

① 参见张总：《观世音〈高王经〉并应化像碑——美国哥伦比亚大学藏沙可乐捐观音经像碑》，载《世界宗教文化》2010 第 3 期。

② （东晋）佛驮跋陀罗译：《大方广佛华严经》卷 51，《大正藏》第 9 册，第 718 页上。

③ （唐）实叉难陀译：《大方广佛华严经》卷 68，《大正藏》第 10 册，第 366 页上。

④ （唐）般若译：《大方广佛华严经》卷 16，《大正藏》第 10 册，第 732 页下。

> 无量菩萨恭敬围绕，而为演说大慈悲经，普摄众生。[①]

根据经文描述，在《六十华严》中，善财童子参谒的观音道场位于南印度的光明山。光明山“处处皆有流泉、浴池，林木郁茂，地草柔软”，宛若世外桃源仙境。引文的描述成为山水观音图像背景视觉变相的重要参考。

其次，在《八十华严》卷 68 云：

> 于此南方有山，名补怛洛迦。彼有菩萨，名观自在。……海上有山多圣贤，众宝所成极清净，华果树林皆遍满，泉流池沼悉具足。勇猛丈夫观自在，为利众生住此山……（善财童子）渐次游行，至于彼山，处处求觅此大菩萨。见其西面岩谷之中，泉流萦映，树林蓊郁，香草柔软，右旋布地。观自在菩萨于金刚宝石上结跏趺坐，无量菩萨皆坐宝石，恭敬围绕，而为宣说大慈悲法，令其摄受一切众生。[②]

在《八十华严》中，善财童子参谒的观音道场为印度南方的补怛洛迦山。实际上，光明山是补怛洛迦山（音译）的意译，二者是同一座山。

再次，在《四十华严》中，善财童子参谒的观音道场同样是印度南方的补怛洛迦山，与《八十华严》相同，此处不再罗列。

3.《大唐西域记》中的观音道场

需要补充指出的是，唐玄奘（602—664）在游历印度时参访了观音道场，在《大唐西域记》卷 10 中有云：“国南滨海有秣剌耶山……秣剌耶山东有布呾洛迦山……从此山东北海畔有城，是往南海僧伽罗国路。闻诸土俗曰：从此入海，东南可三千余里，至僧伽罗国（唐言执师子，非印度之境）。”[③] 在《大唐西域记》中，观音的道场译作“布呾洛迦山”，与《八十华严》中的“补

---

① （东晋）佛驮跋陀罗译：《大方广佛华严经》卷 50，《大正藏》第 9 册，第 717 页下、718 页上。

② （唐）实叉难陀译：《大方广佛华严经》卷 68，《大正藏》第 10 册，第 366 页下。

③ （唐）玄奘述、（唐）辩机撰，季羡林等校注：《大唐西域记校注》，北京：中华书局，1985 年，第 859-862 页（此条文献只是对《华严经》观音道场描述的补充，而非属于华严经典之列，特此说明）。

怛洛迦山”只是音译时用字的细微差异。

笔者根据上文华严经典与《大唐西域记》中出现的对观音道场的描述，对其地貌特征作出基本的比较，列表如下（表 2-2-1）：

表 2-2-1: 观音道场地形形貌分析

山名	水文	岩石	植物花果	建筑	观音菩萨坐姿	其余菩萨及人等	文献
光明山	处处皆有流泉、浴池		林木郁茂，地草柔软		结跏趺坐金刚宝座	无量菩萨	《六十华严》卷 50
补怛洛迦山	泉流池沼悉具足、泉流萦映	西面岩谷	华果树林皆遍满，树林蓊郁，香草柔软，右旋布地		金刚宝石上结跏趺坐	多圣贤、无量菩萨皆坐宝石	《八十华严》卷 68
补怛洛迦山	泉流萦带为严饰、泉流萦映	西面岩谷	华林果树满其中，树林蓊郁，香草柔软，右旋布地，种种名华周遍严饰		清净金刚宝叶石上结跏趺坐	无量菩萨皆坐宝石	《四十华严》卷 16
布呾洛迦山	山顶有池，其水澄镜，流出大河，周流绕山二十匝，入南海	山径危险，岩谷敧倾		池侧有石天宫		有愿见菩萨者，不顾身命，厉水登山，忘其艰险者。山下居人，或作自在天形，或为涂灰外道	《大唐西域记》卷 10

通过上面表格（表 2-2-1）对补怛洛迦山观音道场地形形貌的分析可以

发现，补怛洛迦山观音道场的地形形貌在上面四条文献中的描述基本相似。只是《大唐西域记》卷10中记载的“布呾洛迦山”与前面三个版本《华严经》相比显得更为详细，差别只是没有植物花果和观音坐姿的描述；还有不同之处在于，《大唐西域记》卷10中记载了观音往来游舍的建筑元素——石质天宫，这是前面三个版本的《华严经》中没有提及的。以上这些文字所描述的形貌优美的道场景观，成为补怛洛迦山观音净土变相的最初样式，同时也是宋元以来山水观音图像制作的主要文本依据。

（二）俗文学

宋元明清时期，众多的山水观音图像中，图像元素的配置大多是以观音为主尊，善财童子与龙女分列图像下方左右，观音头部侧（上）方还会出现

图2-2-2：妙法莲华经观世音菩萨普门品 经折装　元（1260-1368）刊本
（采自周心慧主编《中国古代佛教版画集》）

图 2-2-3：说唱词话《全相莺哥行孝义传》封面
明代成化（1465-1487）刊本

一只白色的鹦鹉。在元刊本经折装《妙法莲华经观世音菩萨普门品》（图 2-2-2）中，观音前下方以善财童子与龙女为左右胁侍，左上方配置了一只鹦鹉。龙女、鹦鹉图像的文本依据主要来自民间俗文学，而在佛教经典中没有找到相关的文本来源。

1. 鹦鹉图像

鹦鹉图像的文本来源主要是明代说唱词话《全相莺哥行孝义传》（图 2-2-3）与《鹦哥宝卷》等。《莺哥孝义传》属于明代劝善故事类文本，主要讲述鹦哥（莺哥）的孝义行为，是传倡孝道的故事。《鹦哥宝卷》唱本大意是：小鹦哥的母亲想吃荔枝，鹦哥孝顺母亲心切，便飞到很远的地方去搜寻荔枝果，不幸被猎人捉住关在笼子里。由于小鹦哥想念母亲，便设法逃了出来，却发现母亲已死。小鹦哥极度悲伤，打算衔着母亲的遗骨撞死在山林中。

鸟中王金凤凰有感于小鹦哥的孝行，便差遣百禽下到凡界协助小鹦哥埋葬了其母亲。[①]《鹦哥宝卷》中表现小鹦哥埋葬母亲的情节，有唱词云：

感动了，老林中，鸟王金凤，
鸟中王，金凤凰，高站梧桐，
传圣旨，唤百鸟，都到林中，
要与那，鹦哥母，追悼亡灵。
……
小鹦哥，端孝盆，安葬招魂，
滴滴血，声声泪，万分伤痛！[②]

在唱文中，小鹦哥的孝行感动了鸟王金凤凰，金凤凰传圣旨于百鸟，帮助小鹦哥一起追悼亡灵。唱文故事生动活泼，带有很强的民间通俗教化性质。

事实上，在《全相莺哥行孝义传》与《鹦哥宝卷》中，小鹦哥还没有与观音建立起联系。直到《善财龙女宝卷》（清刻本）中出现观音营救小鹦鹉并化度其母亲的故事，才使得观音与白鹦鹉的图像并置有了文本依据。《善财龙女宝卷》中有云：

大士竟在云端观看，远望西州瑞气冲天，料知西域有善良子弟，不免前去一访看是如何。到此拨开云端一看，原来是一只白鹦鹉，能行孝道，故有瑞气发现。[③]

上面引文中这只白鹦鹉实际就是前面提到的小鹦哥。只不过这只白鹦鹉的故事已经与《全相莺哥行孝义传》及《鹦哥宝卷》中的情节有所出入，这

---

① 参见［新加坡］郭淑云：《敦煌“百鸟名”〈全相莺哥行孝义传〉与〈鹦哥宝卷〉的互文本性初探》，载《敦煌研究》2002 年第 5 期，第 75 页。

② 段平编：《河西宝卷选》，兰州：兰州大学出版社，1992 年，第 285 页。

③ 濮文起主编：《民间宝卷》卷 10，出自周燮藩主编《中国宗教历史文献集成》，合肥：黄山书社，2005 年，第 435 页上。

是民间故事依据母本传承过程中的演变现象。[①] 文本敷演至此，白鹦鹉与观音同时出现。

观音与白鹦鹉并置的图像大量出现在宋元以来的山水观音图像之中，这种结合与当时社会提倡孝道的儒家传统相关。很显然，这些文本除了在民间传播，甚至也影响到了社会精英阶层。这一时期的文人画家们以传说文本为依据来绘制山水观音与白鹦鹉相并置的图像已成为普遍事实。

2. 善财龙女图像

善财与龙女的图像文本来源分别来自经典文本与民间宝卷文本，后者是对前者的改造与世俗化。甚至在内容上二者之间没有明显的直接联系。

（1）经典中的善财与龙女

善财与善财童子之间的关系颇为复杂。善财童子最初来源于东晋佛驮跋陀罗译六十卷本《华严经》。据六十卷本《华严经》卷 45 记载，在庄严幢娑罗林五百童男、童女往诣文殊师利菩萨中，善财童子居五百童子之首。关于善财童子身份的由来，在《大方广佛华严经》卷 45 有云：

> 善财童子，以何因缘，名曰善财：此童子者，初受胎时，于其宅内，有七大宝藏；其藏普出七宝楼阁，自然周备，金、银、琉璃、玻璃、真珠、砗磲、码碯，从此七宝，生七种芽。时，此童子处胎十月，出生端正，肢体具足；其七种宝芽，高二寻，广七寻。又其家内，自然具有五百宝器，盛满众宝：金器盛银；银器盛金；金刚器盛众香；众香器盛宝衣；玉石器盛上味馔；摩尼器盛杂宝；种种宝器盛酥油蜜，及以醍醐资生之具。琉璃器盛众宝；玻璃器盛砗磲；砗磲器盛玻璃；码碯器盛赤珠；赤珠器盛码碯；火珠器盛净水珠；净水珠器盛火珠；如是等五百宝器，自然行列。又雨众宝，满诸库藏。以此事故，婆

① 类似的演变机制参见蒋家华：《论元魏孙敬德造观音像显灵母题文本故事的演变》，载《中国观音在线》（公众号），2017 年 10 月 24 日。

罗门中，善明相师，字曰善财。此童子者，已曾供养过去诸佛，深种善根，常乐清净；近善知识，身、口、意净；修菩萨道，求一切智；修诸佛法，心净如空，具菩萨行。①

从上面经文对善财童子身世的描述可知，他出生在一个极其富有的家庭，深种善根，具有修行成为菩萨的资质。另一方面，善财童子这一形象在中国古代社会很受欢迎，并成为民间崇拜的偶像（别名招财童子），应该是跟他的富足的出身相关。此外，善财童子最初与观音菩萨产生关联是在《华严经·入法界品》善财童子参访的五十三位善知识中，其中第二十八位善知识正是补怛洛迦山观音菩萨（《八十华严》）。② 因此，学者普遍认为，善财童子在中国成为观音菩萨的胁侍，与《华严经》中善财童子参访观音菩萨相关。

关于龙女与观音的联系最早出现在密教经典《千眼千臂观世音菩萨陀罗尼神咒经》卷 2 中：

尔时（观音）菩萨在娑竭罗龙宫海会说法，见诸龙众受大苦恼。愍诸龙众为度苦恼众生，悉得离苦无诸怨害。尔时龙女献一宝珠，价直娑婆世界，为求法故吾为广说离诸苦难。③

经文中写到龙女为求法益向观世音献一宝珠，但并没有提到观音收纳龙女为胁侍弟子的记载。

（2）民间宝卷中的善财与龙女

除了经典中描述的善财与龙女形象，在宋元以来的众多山水观音图像中，还出现了观音以善财童子与龙女为左右胁侍相配置的画面（参见图 2-2-2）。需要说明的是，很多画面中的童子来源并非《华严经·入法界品》五十三参

① （东晋）佛驮跋陀罗译：《大方广佛华严经》卷 45，《大正藏》第 9 册，第 688 页上。

② （东晋）佛驮跋陀罗译：《大方广佛华严经》卷 51，《大正藏》第 9 册，第 718 页上。

③ （唐）智通译：《千眼千臂观世音菩萨陀罗尼神咒经》卷 2，《大正藏》第 20 册，第 88 页中。

中的善财童子，而是源自《善财龙女宝卷》（清刻本）。《善财龙女宝卷》描述了发生在9世纪唐僖宗乾符年间（874–879）的一个求子故事。汉阳陈宰相年过五十膝下无子，遂偕同妻子前往普陀向南海大士相求。观音大士看他命中注定无子，于是便降给他赐福天官座下的一位侍童（招财童子）做儿子。招财童子出生后取名陈连。陈宰相在陈连七岁时携其上山祈请黄龙真人（观音挚友）做其老师，真人于是收陈连为徒并取法名为“善财”。[①] 善财十岁时下山为父亲庆寿，途遇一个大蟒蛇化身的女孩哭着求助，善财解救了她，岂料女孩复原成大蟒蛇竟以怨报德扬言欲吃掉善财，最后是观音制服了大蟒蛇而救下善财。七年后，大蟒蛇在南海潮音洞净化心中的毒素炼成夜明珠献给了观音。随后大蟒蛇转化为人形，取名“龙女”。从此“善财”与“龙女”便成为观音的左右胁侍弟子。[②] 观音收伏大蟒蛇的同时还收下白鹦鹉作胁侍。从《善财龙女宝卷》可以发现，观音、善财童子、龙女、白鹦鹉一起出现在了故事当中，与经折插图《妙法莲华经观世音菩萨普门品》（图2–2–2）的图像元素几乎一致。

由此可以得出结论，佛教经典《华严经·入法界品》五十三参中观音与善财原本的关系已经实现较为彻底的世俗化与民间化。同时，善财与龙女相配置结合成为观音的胁侍弟子，则是民间观音图像的主要样式。

（三）山志

本书涉及的山志，主要是指宋元以来与中国本土化普陀洛迦山观音道场的相关志书。目前收集到的资料主要包括《普陀洛迦山志》《重修普陀山志》《普陀洛迦新志》等，这些资料对于形塑宋元以来山水观音图像的结构样式

---

① 在宝卷中，陈连的这一系列经历实际上都是出自观音的安排。

② 濮文起主编：《民间宝卷》卷10，出自周燮藩主编《中国宗教历史文献集成》，合肥：黄山书社，2005年，第422–437页。

图 2-2-4：明　丁云鹏　五相观音图（局部）（采自“名画油画网”）

具有重要的作用。

1. 观音与韦驮天图像

宋元以来的山水观音图像中，出现了观音与韦驮相配置的图像（丁云鹏《五相观音图》，图 2-2-4）。众所周知，韦驮菩萨是佛教中著名的护法神。在佛教经典中，观音与韦驮之间的关联几乎找不到任何文本依据。然而在中国民间传说故事中，民众超凡的想象力再次得到了印证——将观音与韦驮进行配对组合成了“对面夫妻”。[①] 故事叙说的是观音化现为美人以资助修建路桥，却被道教神仙吕洞宾施以法术，观音不得不兑现自己的承诺（谁建好了桥便与谁结为夫妻），答应与韦驮成为夫妻。在具体故事中，观音心里知道是吕洞宾施法的缘故，但由于她有言在先，韦驮必须在把桥建好之后，才能下凡履约。韦驮与观音成亲后，便跟随观音同往普陀山，做了“对面夫妻”。这个民间传说故事就是观音与韦驮天关系的由来。

关于民间传说故事的文本，目前笔者仅收集到由官文祖整理的民间文学《普陀山传说》（1985）、《普陀山的传说》（1986），《普陀区故事、歌谣、谚语卷》等。这些文本中记载了观音与韦驮曲折的爱情故事。这些故事甚至还出现在了地方戏曲当中。[②] 由此可见，观音与韦驮之间爱情故事的民间传说已成为宋元以来山水观音图像中观音与韦驮并置样式的文本来源。明清以来，这种图像并置的绘画实践，已经在精英画家与民间画工之间形成了高度共识。

把观音与韦驮配对成夫妻的民间传说，其文本的源头已不可考从。而从目前的图像资料考察，至少在明代就已经出现观音与韦驮并置的图像案例（丁云鹏《五相观音图》）。因此可以断定，故事的文本至少在明代丁云鹏时期已经广为流传。至于观音与韦驮图像并置的文本来源是否出自“对面夫妻”的民间传说，目前亦没有文献证据作支撑。据上，笔者“暂且”以此传说文本作为《五相观音图》此类图像的创作依据之一，并期待新的文献证据出现。

在上图明代画家丁云鹏绘《五相观音图》（局部）中，画面左上方的岩洞（潮音洞）中为身着白衣的观音（化现为男身），右上方为护法韦驮天。在两者之间出现了前文中提及的白鹦鹉。图像下方有龙王、罗刹和善财童子。[③] 这幅山水观音图像中观音与韦驮并置，很可能就是受到民间传说文本的影响。

---

① 参见王连胜主编：《普陀洛迦山志》，上海：上海古籍出版社，1999年，第774页。

② 周秋良：《论岭南文化影响下的观音得道故事——以粤剧〈观音得道〉为例》，载《学术论坛》2011年第9期。

③ 从画面背景看，悬崖临海，描绘的是南海观音道场普陀洛迦山，即中国本土的“补怛洛迦山”。在后文中将有详细论述。

同时，此画中的图像元素多样，几乎是杂糅了《华严经·入法界品》“善财童子五十三参”、《鹦哥宝卷》《善财龙女宝卷》《普陀山传说》《重修普陀山志》《普陀洛迦新志》等文本中的形象。因此，仅从此图像考察，我们就能发现晚明社会观音信仰在精英与庶民之间上下互动与贯通的复杂现象。

2. 潮音洞与梵音洞图像

在宋元以来的众多山水观音绘画中，图像中的示现观音大多被置于临水的岩石上或岩洞之中（如前图丁云鹏绘《五相观音图》）。这样的场景符号呈现的是中国南海观音道场普陀洛迦山图像。在南海普陀洛迦山，有观音示现的著名圣所潮音洞与梵音洞。二洞东南相峙，成为东亚信众朝谒观音的神圣之地。

梵音洞与潮音洞视觉元素，常常出现在山水观音图像中。除了前图丁云鹏所作《五相观音图》外，还有佚名清代画家所绘《海洞潮音》（图 2-2-5）。画面下方观音与善财童子踏着祥云，祥云下面是波涛汹涌的大海，画面上方是生长着苍劲古松的悬崖峭壁，峭壁左下角是潮音洞（或梵音洞），洞口下方不远处是观音的胁侍弟子白鹦鹉。

关于潮音洞的文字描述，在《普陀洛迦新志》卷 2 中记载：

> 潮音洞，在普济寺左，龙湾之麓。岩石丛起沙中，广至亩许，齿齿然不可容足。从崖至洞脚，高数丈，通穴为天窗，歧处如门户。潮声昼夜撼击，遇风更声若轰雷。吞吐倏忽，险怪万状，令观者眩目震耳，悸魄惊魂。宋元时，叩求大士现身者，多在此洞，迨后多在梵音洞。（《旧志》）①

上文描述了潮音洞的地形地貌特征，并指出在宋元之际，信众大多在此叩求观音大士现身。随着时间的迁移，观音化现的地方才转移到了梵音洞。

---

① 王亨彦撰：《普陀洛迦新志》卷 2，《中国佛寺史志汇刊》第 10 册，第 105 页。

图 2-2-5：海洞潮音 清人 选自无量寿佛会庆图册第八幅 台北“故宫博物院”藏

由此可见，潮音洞作为观音大士示现的圣地，其地理特质促狭、高悬、惊险，文字描述在本质上是对观音化现之地的圣化。

接下来讨论与潮音洞东南相峙的梵音洞，它是观音示现的另一个圣景。关于梵音洞的文字记载，《普陀洛迦新志》卷 2 中有云：

> 梵音洞，在青鼓垒。与潮音洞，东南相峙，为灵壤之眉目。洞口峭壁危峻，高三四十丈。陡劈，两崖如门，色青黝。距崖前数丈，架石甃台，台下屈曲通海。潮水激荡，听者悚栗。凡谒洞者，先至崖顶，纡回随磴而下，二三百级，始至台上，得面崖礼佛求现。然礼者甚众，而所现佛相，则言人人殊。即一人亦常随睹随变，莫可名状。清康熙三十八年，御书“梵音洞”额赐挂。五十五年，滇抚甘国壁，遣人赍金，俾法雨寺住持性统，在台上架二层。上奉菩萨，下供人礼拜。雍正九年，又赐帑重建。[①]

上面引文详细地描述了梵音洞的地形地貌特征，相比潮音洞而言，梵音洞显得更加险绝，亦更加灵异。同时，梵音洞还增加了附加建筑设施，比如石级、石甃台、匾额等等。梵音洞除了险绝神圣的地形，更不寻常的是还有四位重要人物的介入——康熙皇帝（赐额）、雍正皇帝（重建）、滇抚甘国壁（赍金）、法雨寺住持性统（架台），使得梵音洞同时具备神圣与世俗的双重加持与权威性支撑，比起潮音洞更加吸引信众。因此，尽管梵音洞与潮音洞同是信众朝谒普陀山观音化现的圣地，但二者的神圣性地位还是有所差异。

从上面罗列的两条文献记载来看，其内容几乎都是对潮音洞与梵音洞地形地貌进行的“神圣性”白描。这些白描成为绘制南海山水观音图像的重要文本依据。需要补充说明的是，在中国传统文化意象中，“洞”一直就是通往仙境的入口，洞中或洞的另一端是仙人居住的地方。因此，在潮音洞与梵

---

① 王亨彦撰：《普陀洛迦新志》卷 2，《中国佛寺史志汇刊》第 10 册，第 111-112 页。

音洞化现的南海观音除了救苦救难的菩萨身份，同时兼具了神仙的特质。

三、补怛洛迦山图像的嬗变

宋元以降，山水观音图像的演变依循着这样的逻辑——以隋唐之前舆图山水观音结构为主流的范式向田园、园林山水观音图像结构的样式转变。这种转变以《华严经·入法界品》“善财童子第二十八参”为文本依据，以善财童子参谒补怛洛迦山观音的情节为依托进行演绎。在演绎过程中，一部分观音图像结合《普门品》中的救难情节进行变相，形成“水月式”山水观音图像结构样式；另一部分观音图像则以南海普陀洛迦山地形地貌空间为依托，形成了南海观音、渡海观音、白衣观音、送子观音等一系列本土化的山水观音图像结构样式。从印度补怛洛迦山到中国南海普陀洛迦山的图像嬗变，契合了佛教信仰在中国本土化的过程，也呈现出观音信仰的民间化与世俗化趋势。在明清社会，无论是在社会精英层面还是底层庶民群体中，山水观音图像皆深受欢迎并普及开来，扮演着民俗信仰之神的角色。寺院殿堂内庄严神圣“制度化”信仰中的偶像观音逐渐演变为民间化、“弥散性”①民俗信仰的对象——美人化观音（甚至可以是邻家妇人）角色，进入到千家万户，成为明清社会图像消费的一道独特景观。②

补怛洛迦山图像在中国的演变过程，除了结合佛教经典，还结合了中国的民间文本，从而产生了丰富的图像范式，诸如水月观音、南海观音、渡海观音、送子观音等复杂形象，这些杂糅图像将成为本节讨论的主题。

---

① 关于“制度性”宗教与“弥散性”宗教的概念参见［美］杨庆堃著，范丽珠等译：《中国社会中的宗教：宗教的现代社会功能及其历史因素之研究》，上海：上海人民出版社，2006年。在这里，依照杨庆堃“制度性”宗教的概念，笔者把具有宗教场所、标准宗教仪轨、固定神职人员的中国佛教称为“‘制度性’宗教”，而把分散的、无固定宗教仪轨、无神职人员参与的民俗性观音崇拜纳入“‘弥散性’宗教”性质范畴。

② 参见拙文《明清社会图像消费的区隔化：以绵竹木版年画为例》，载《美术大观》2019年第12期，第135-137页。

（一）善财童子第二十八参图像

“善财童子第二十八参图像”是指《华严经·入法界品》善财童子五十三参中第二十八参补怛洛迦山[①]观音的变相。《华严经》中传说的观音道场补怛洛迦山，指的是现今东南印度的帕帕纳萨姆山（Papanasam，又译作巴波那桑山），位于蒂鲁内尔维利县境（图 2-3-1）。补怛洛迦山的地理位置处在印度东南海岸附近，与斯里兰卡隔海相望。海滨地理成为观音道场空间位置的主要特征。前文《八十华严》卷 68 中比较详细地描述了补怛洛迦山的地理形貌特征，此处不再复述。宋元以来，根据此段文字变相的图绘很多，包括壁画、绢纸画、刺绣画、泥塑等多种媒介。“善财童子第二十八参变相”成为山水观音佛教艺术的重要题材。在下面行文中，笔者将以山西崇善寺明代绢本《善财童子第二十八参变相》与新都龙藏寺明代壁画《善财童子第二十八参变相》为例进行论述。

1. 山西崇善寺明代绢本《善财童子第二十八参变相》

目前存世依照“善财童子第二十八参”文本制作的“标准”图像很少。本书考察的第一个研究个案是以山西崇善寺明代绢本《善财童子五十三参图》中的“第二十八参变相”（图 2-3-2）[②]为例来进行讨论。

这幅变相图可以说是严格按照《入法界品》“善财童子第二十八参”的文本仪轨进行设计与制作的。整个画面为对称式构图布局，呈现出补怛洛迦山观音道场的神圣与庄严。画面中山石、人物服饰、云气的造型有着丰富的变化。图像中主尊观音菩萨居于中心位置，呈正面朝向参谒者，这是宗教偶像图像的通常范式。观音身着绿衫，下着红裳（上有黄色印花图案），左手

① 补怛洛迦山（梵语 Potalaka），其名又音译作布呾落迦、补陀落伽、普陀洛迦、普陀珞珈、逋多罗、布达拉等，一般简称为普陀、普陀落、补陀洛；意译为光明山、海岛山、小花树山、小白花树山。

② 山西崇善寺：《释迦释尊应化事迹善财童子五十三参图》（彩图版），山西崇善寺、北京佛教文化研究所印制，2006 年，第 112 页。

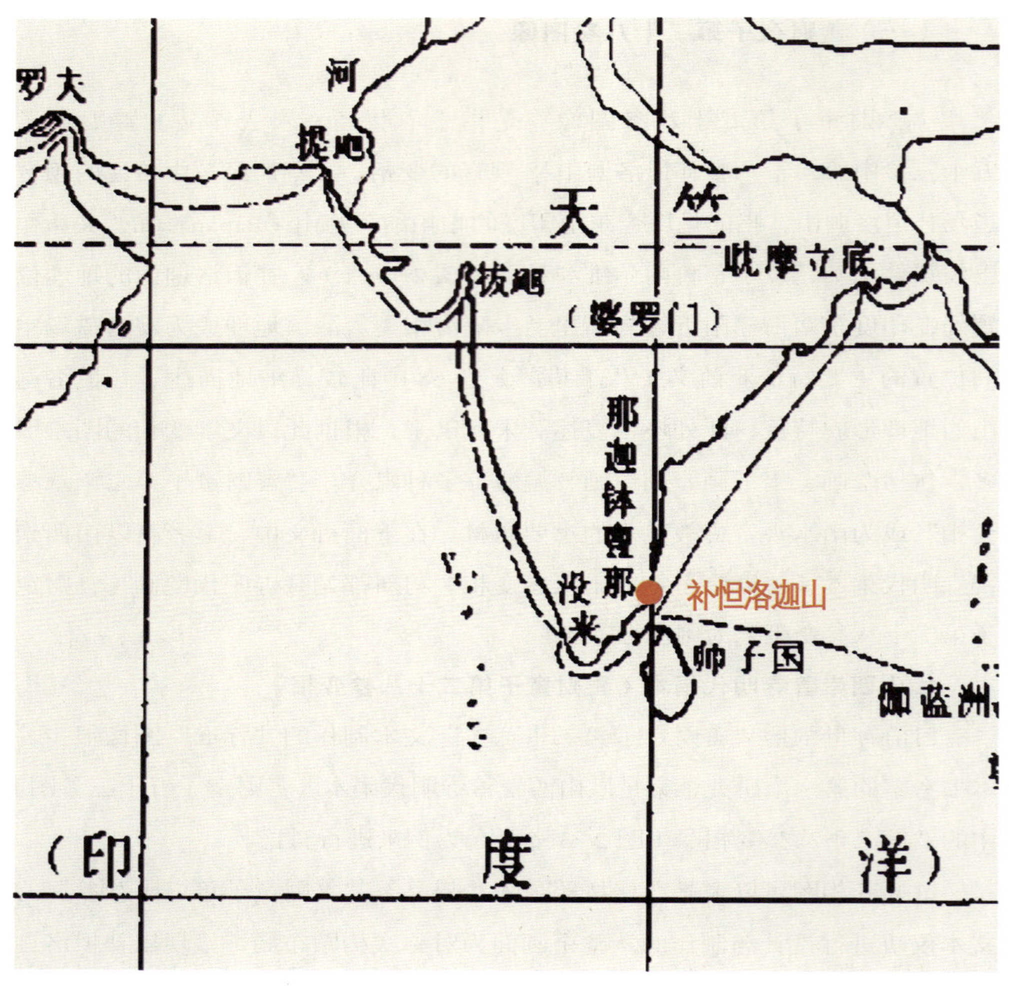

图 2-3-1：补怛洛迦山在唐代印度的地理位置（采自彭德清主编《中国航海史》第 133 页）

图 2-3-2：山西崇善寺绢本 善财童子第二十八参变相 明代
（采自山西崇善寺绢本《善财童子五十三参》）

施禅定印，右手施无畏印，胸部袒露，佩戴璎珞，面如满月，头冠中有无量寿化佛，结跏趺坐于金刚宝石之上；身后有圆形头光与身光；头光、身光后面有通背五彩光焰。观音菩萨两边分列十二位带头光的菩萨，左右相对，拱卫着中心主尊观音，呈现出《入法界品》中“善财童子第二十八参”中“无量菩萨皆坐宝石”的文本描述。画面下方的善财童子，着天衣，戴头光，跣脚而立，身体前倾，双手合什，仰面朝上，正向观音菩萨参谒佛法。如文献中所言：“尔时，善财童子诣菩萨所，礼菩萨足，绕无数匝，合掌而住，白言，圣者！我已先发阿耨多罗三藐三菩提心，而未知菩萨云何学菩萨行，云何修菩萨道；我闻圣者善能教诲，愿为我说。”①

图像的左上角有榜题为“第二十八至补怛落迦山参观自在菩萨得大悲行解脱门之处”，交待了画面的主题。总之，山西崇善寺明代绢本《善财童子第二十八参变相》具有浓厚的宗教神圣意味，是严格依据佛经内容来绘制的。与其他的相关图像相比，此幅变相具有相对的完整性和典型性，可以看作是“善财童子第二十八参变相”的标准样式。后来的相关图像样式中，很难再有这样标准的图像样式，更多的是在此基础上进行的多样式演变。

山西崇善寺绢本《善财童子第二十八参变相》出现的时间是在明代。尽管如此，鉴于图像资料的缺乏，我们亦很难确定“标准样式”形成的具体时间。关于此图的具体演变过程将在后文作详细讨论。

2. 新都龙藏寺明代壁画《善财童子第二十八参》变相

成都北郊新都龙藏寺明代壁画中的《善财童子第二十八参》变相是笔者讨论的第二个范例（图 2-3-3），这个案例中的变相图就已经与经文描述不相一致了，可以看作是“标准样式”的一种嬗变。

由于新都龙藏寺明代壁画《善财童子第二十八参》变相过度风化，文字与图像都显得漫漶不清。但根据李静杰等多位学者的辨识，认为画面表现的就是善财童子第二十八参拜谒观世音的场景。他们的共同理由是：自宋代以来，观自在菩萨多表现在大圆光中，主尊菩萨宝冠中有化佛。②图像主尊居于墨绿色的通身圆光当中。关于墨绿色的通身圆光，笔者认为，这是表现《华

① （唐）般若译：《大方广佛华严经》卷 16，《大正藏》第 10 册，第 733 页中。

② 李静杰等：《明代佛寺壁画善财童子五十三参图像考察——以成都与张家口的实例为中心》，载《故宫学刊》2012 年刊，第 255 页。

图 2-3-3：新都龙藏寺中殿场面六　善财童子第二十八参　明代
（采自李静杰等著《明代佛寺壁画善财童子五十三参图像考察——以成都与张家口的实例为中心》）

严经》文本中描述补怛洛迦山“树林蓊郁，香草柔软，种种名华周遍严饰”的观音道场，其葱绿的地貌环境掩映在月轮中的缘故。① 主尊两边站立有佩戴道冠的人物，观音左手侧一人手持白色玉笏，且带头光，说明此人是个道教中的得道仙人。以此笔者认为，道教元素在以观音为主尊的图像中出现，体现了宋元以来佛教与儒道合流的思想。画面右下角描绘的是善财童子。从观音左手中飘出一条气带笼罩着善财童子，暗示观音正在为善财童子进行开示。通过上面的图像解读可以发现，整幅画面的内容基本不符合《入法界品》中善财童子参谒观音的经典描述。因此，新都龙藏寺明代壁画中的《善财童

① 此处墨绿的圆轮笔者判识为月轮而非身光的结论，具体参见下文对水月观音制像仪轨的论述。

子第二十八参》变相相对于山西崇善寺明代绢本《善财童子五十三参变相》中的“标准”图像样式而言，已经有了明显的嬗变。

（二）水月观音图像

水月观音是《法华经·普门品》中观音三十三化身之一，然而水月观音称谓并没有出现在佛教经典中。水月观音名号最初在敦煌文书中土所造伪经《佛说水月观音经》① 中首次出现。经笔者考察，发现水月观音图像的产生主要基于两个传统：一方面来自释迦太子思惟图像传统；另一方面来自密宗如意轮观音供养仪轨和《华严经·入法界品》文本传统。② 这两个传统相融合成为唐代周昉所创“水月体”观音菩萨图像样式的主要依据。因此，笔者认为水月观音图像样式是唐五代以来密教盛行环境下显、密教义与儒道思想糅合的图像典范。水月观音的图像功能主要体现在宗教功能和审美功能两个层面。从宗教层面来看，水月观音图像是作为密法曼荼罗坛场禅定观想的法物之用；从审美功能来看，水月观音图像是集合了修竹、林泉、岩石、水月等视觉符号，结合主题人物（观音）的图像样式，以反映唐宋以来士大夫寄情山水的林泉之志。

1. 画史、文学、禅僧语录中的水月观音

水月观音（图像）是指“世间所绘观水中月之观音”③，是唐宋以来流行的山水观音图像样式。水月观音在中国古代画史、文学、禅僧语录中多有记载。张彦远（815–907）《历代名画记》中有两处提到水月观音。首先在《历代名画记》卷 3 中载：“（胜光寺）西北院小殿南面东、西偏门上，王定画行僧及门间菩萨圆光。三门外神及帝释，杨仙乔画。三门北南廊，尹琳

① 方广锠整理：《佛说水月观音经》卷 1，《藏外佛教文献》第 1 册，第 349–353 页。

② 在水月观音的具体演变过程中，尽管还出现了更多的细微图像差别，但这些差别依然可以找到经典依据，在下文中将作详细讨论。

③ 参见丁福保编：《佛学大辞典》“水月观音”词条。

画。塔东南院周昉画水月观自在菩萨掩障，菩萨圆光及竹，并是刘整成色。”① 这是张彦远在画史《历代名画记》中第一次提到水月观音，并成为水月观音图像样式最早的文字描述。第二处是在《历代名画记》卷10中云：“（周昉）初效张萱画，后则小异，颇极风姿。全法衣冠，不近闾里，衣裳劲简，彩色柔丽，菩萨端严，妙创水月之体。”② 由此说明水月观音已经成为固定的山水观音图像样式。同时，唐代朱景玄在《唐朝名画录》中记载：“今上都有画水月观自在菩萨。”③ 引文中提到的“上都”指的是唐朝都城西京（今西安），上都的水月观音图像就是周昉画的。

另《太平广记》卷213《周昉传》记载：“唐人张怀瓘曾说，今上都有观自在菩萨，时人云水月，大云西佛殿前行道僧，广福寺前面两神，皆殊妙也。”④

《太平广记》中记载的“上都水月观音”实际与朱景玄在《唐朝名画录》中记载的“上都水月观音”为同一幅画。唐白居易《画水月菩萨赞》云：“净绿水上，虚白光中，一睹其像，万缘皆空。弟子居易，誓心皈依，生生劫劫，长为我师。”⑤ 诗中描述了水月观音图像带给诗人的宗教体验。此外，前文中提及的元杂剧《西厢记》中描写张生初见崔莺莺视为天人，把崔莺莺喻作水月观音。在这里，水月观音与崔莺莺成了对等可调换的关系。同样在前文中论及明代《古今奇观》卷23中蒋世泽因择王公女儿为媳，初见此女，亦喻作水月观音。在这两部文学作品中，均以水月观音作美人譬喻。

在禅僧语录中也多有水月观音的记载。明代释性冲《无幻禅师语录》卷1云：“水月观音，大智若水，大满若月，自在体同，三无差别。是境界中，

---

① （唐）张彦远著，俞剑华注释：《历代名画记》卷3，上海：上海人民美术出版社，1964年，第67页。

② （唐）张彦远著，俞剑华注释：《历代名画记》卷3，上海：上海人民美术出版社，1964年，第204页。

③ （唐）朱景玄撰：《唐代名画录》。

④ （北宋）李昉、扈蒙、徐铉等撰：《太平广记》卷213。

⑤ （唐）白居易著，顾学颉校点：《白居易集》卷39，北京：中华书局，1979年，第888页。

谁生谁灭？我作是解，认龟作鳖。”① 这是无幻禅师从佛教哲学角度来阐释水月观音图像的哲学意味。明代《入就瑞白禅师语录》卷 11《水月观音像赞》云：“大海之中，磐陀石上，耳听潮音，千形万状。闻修净尽，坦然自放，救苦寻声，慈功无量。咦！踏翻波底月，铁船水面浮。”② 文中瑞白禅师从观音道场地貌的角度来描写水月观音图像。另清《方融玺禅师语录》卷 3《水月观音》云：“摘空中花，捞水底月，徒益狂劳，应无所得。何如念彼观音力，瓮里断乎不走鳖。”③ 引文中方融玺禅师则从禅理的角度来描述水月观音图像。

总之，唐宋以来，除了画史中有记载而外，文学、禅僧语录中涉及水月观音图像的文献亦数量可观，此处不再例举。从一些教外文献的描述可知水月观音在社会中已经广为大众所知。特别是在明清时期，这些水月观音图像已经演化成世俗化美人的图像风格与样式。

2. 图像传统

水月观音图像样式的来源，最早可以追溯到 2–3 世纪北印度犍陀罗时期佛传图中的太子思惟图像。随着印度观音崇拜的流行，以手持莲花为特征的半跏趺坐思惟观音菩萨像在中印度秣菟罗、贵霜朝后期出现了。随着 6–7 世纪古印度密教的流行，密教如意轮观音借鉴了思惟像的造像特征，逐渐演变成兼具思惟、游戏坐的图像样式，并成为唐代周昉等画家绘制水月观音的重要粉本。

（1）太子思惟像

古印度犍陀罗时期产生了太子思惟像。太子思惟像是参照释迦成佛之前的太子身份制作的，是表现太子在思惟、思考生死之苦时的法相。这种坐姿表现为半跏趺坐，一般是左足支地，右足放在左腿之上。手势大多为右手屈肘向上，食指支住面颊，头微右倾，左手自然屈肘下垂，搭于腿上，整体呈

① （明）性冲说、慧广编集：《无幻禅师语录》卷 1，《嘉兴大藏经》第 25 册，第 59 页中。

② （明）明雪说、寂蕴编：《入就瑞白禅师语录》卷 11，《大藏经补编》第 26 册，第 791 页中。

③ （清）如玺说、兴林等编：《方融玺禅师语录》卷 3，《大藏经补编》第 249 册，第 835 页中。

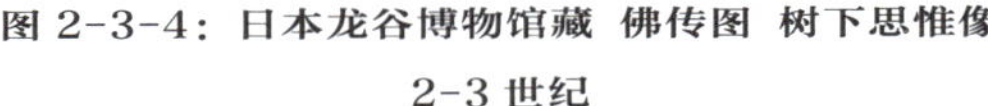

图 2-3-4：日本龙谷博物馆藏 佛传图 树下思惟像 2-3 世纪

图 2-3-5：美国佛利尔美术馆藏 太子思惟菩萨像（背面） 北齐（550-577）

现思惟的相状。[①] 这种起源于犍陀罗美术的半跏趺坐姿与菩萨信仰的兴起相关。日本龙谷博物馆藏 2-3 世纪佛传图中的《树下思惟像》（图 2-3-4）、美国佛利尔美术馆藏北齐《太子思惟菩萨像》造像碑（图 2-3-5）就表现了这一思惟造像形制。

在上面《树下思惟像》（图 2-3-4）佛传图中，释迦太子居于造像构图的中心，半跏趺坐于树下作思惟（沉思）状，这是表现佛传图中太子“树下观耕”的场面。关于“树下观耕”的佛传故事，西晋竺法护译《普曜经》卷 3《坐树下观犁品·第八》云：

> 尔时太子年遂长大，启其父王，与群臣俱行至村落；观耕犁者，

---

① 需要说明的是，不是所有思惟造像在细节上都符合上面的描述，比如在后面例举的观音思惟造像时就呈现出差异性，但大体上是符合思惟状这一神态特征。

见地新墒虫随土出，乌鸟寻啄。菩萨知之故复发问，问其犁曰："此何所设？"答曰："种谷用税国王。"菩萨叹嗟，乃以一夫令民忧扰，畏官鞭杖加罚之厄，心怀恐惧怱怱不安，人命甚短忧长无量，日月流迈，出息不报就于后世；天人终始，三恶苦患不可称载；五趣生死轮转无际，沉没不觉毒痛难喻；入山成道，乃度十方三界起灭危厄之患。观犁者已更入游观，时菩萨游独行无侣，经行其地，见阎浮树荫好茂盛，则在彼树荫凉下坐，一心禅思三昧正定，以为第一。①

犍陀罗时期佛传图中"树下观耕"场景浮雕表现的是释迦太子首次在阎浮树下进入思惟、禅定的画面。犍陀罗太子思惟造像样式传入中国后，并以此样式造作了大量的太子思惟像。如美国佛利尔美术馆藏北齐《石雕菩萨七尊像》造像碑背面雕刻有《太子思惟菩萨像》（图 2–3–5）就是其中一例。在浮雕图中，太子半跏趺坐于阎浮树下，马吻其足。造像利用异时同图法，兼具了佛传图中"树下观耕"与"告别驭者、爱马"的场景。

（2）思惟观音菩萨像

犍陀罗时期除了制作太子思惟像，还发展出了持莲观音思惟菩萨像。日本松岗美术馆藏 3–4 世纪《半跏思惟观音菩萨像》（图 2–3–6）、美国大都会博物馆藏斯瓦特出土 7 世纪《观音菩萨半跏思惟像》（图 2–3–7）、印度巴特那博物馆藏哈斯拉克（加雅）出土 10 世纪《半跏观音像》（图 2–3–8）就是其中三例。

从右面三幅雕塑图像可以看出，观音思惟像明显受到了释迦太子思惟像的造型样式影响。② 三尊观音思惟像手中均持有莲花。除早期思惟观音菩萨头冠中化佛不明显之外（图 2–3–6），另外两幅思惟像头观中有明显的化佛（无

---

① （西晋）竺法护译：《普曜经》卷 3《坐树下观犁品·第八》，《大正藏》第 3 册，第 499 页上、中。

② 这三幅图像中，尽管哈斯拉克（加雅）出土的《半跏观音像》（图 2–3–8）的思惟相不明显，但仍是受到了太子思惟像的造像影响。

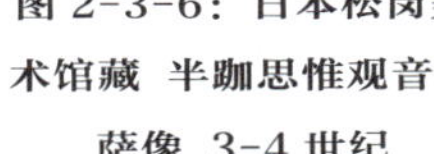

图 2-3-6：日本松岗美术馆藏 半跏思惟观音菩萨像 3-4 世纪

图 2-3-7：美国大都会博物馆藏 斯瓦特出土观音菩萨半跏思惟像 7 世纪

图 2-3-8：印度巴特那博物馆藏 哈斯拉克（加雅）出土 半跏观音像 10 世纪

量寿佛）。由此，笔者得出结论，这些思惟观音造像与当时印度本土的观音信仰流行有关。[①] 此外，这三尊思惟观音菩萨像的左足下垂，右足并没有像太子思惟像一样放在左足上，而是呈现游戏坐姿，与密教如意轮观音造像样式非常相似。正如日本学者宫治昭认为的那样：

> 如意轮观音菩萨像吸收了思惟相的因素，说明作为反复思考救济众生的姿势已成传统，并继续蔓延到观音菩萨中。
>
> ……
>
> 后笈多朝（6 世纪中叶至 8 世纪中叶）以后，印度造有许多密教系观音像……将其简单分为多臂观音、变化观音、狭义密教系观音……变化观音是对观音化现多种姿态救济众生这种信仰的称谓，

① 除了冠中阿弥陀化佛，手持莲花菩萨被认为是辨识观音造像身份的主要标志之一。

图 2-3-9：敦煌壁画 如意轮观音 盛唐
（采自《中国敦煌壁画全集 6 · 盛唐》）

图 2-3-10：大藏经万佛图鉴 如意轮观音
（采自李淼、刘群主编《大藏经万佛图鉴》）

具体指不空索、十一面、千手、如意轮、马头、准胝这种特别图像的观音。[①]

根据图像风格学意义，思惟观音菩萨像明显影响了后笈多朝的密教如意轮观音造像。从前面的三幅思惟观音菩萨像就可以看到太子思惟像、观音思惟像与密教中的如意观音像之间造像风格的承继关系。

① ［日］宫治昭著，贺小萍译：《弥勒菩萨与观音菩萨——图像的创立与演变》，载《敦煌研究》2014 年第 3 期，第 68-73 页。

（3）如意轮观音与水月观音图像

如意轮观音即如意轮菩萨，又称大梵深远观音，为密宗所传六观音之一。如意轮观音以其多手分别持如意宝珠和宝轮，故名如意轮，密号为持宝金刚。如敦煌壁画中的《如意轮观音》（图2–3–9）与《大藏经万佛图典》中的《如意轮观音》（图2–3–10）①就是典型的例子。在这两幅如意轮观音图像中，除了头光和身光，整个主尊观音还映衬在一个犹如一轮满月的硕大圆形白光当中。②事实证明，这个圆形的白光就是后来水月观音月轮图像符号的来源。

除此之外，笔者还收集到一幅9世纪末期敦煌文书中的如意轮观音图像（图2–3–11）。根据笔者辨识，左上榜题为："□□□供养 南无大悲救苦观世音"。图像的下方榜题文："时唐大顺三年岁次壬子十二月甲申朔三日孙沙智□□滕明华奉为□□法涞□□□绘救苦观世音菩萨一躯永元供养"。③榜文中标明了供养图像绘制的时间为唐大顺三年（892），正值唐朝末年。除了交待图绘的具体时间，题文中还记录了画师的姓名，实为罕见。在图像下方两侧绘制有6个供养人，分别是四个僧人与一对夫妇，并对应标注供养人的姓名。6个供养人中除了右中"普净"名字可以辨识之外，其他的都难以辨识。从供养人的身份看，僧徒与俗众共同供养大悲观世音菩萨（如意轮观音），体现了当时密教观音信仰的流行。图像中主尊观音面如满月，头戴宝冠，宝冠中有化佛（无量寿佛）；有头光与身后华丽的背光（如意轮）；袒胸，细腰，佩戴瓔珞、臂钏，是典型的菩萨装样式；左手持念珠自然下垂，右手托净瓶，半跏趺坐于金刚莲花座上；前方是莲池，左右各生出一枝莲花，左足踏一小莲台。整幅图像呈现出典型的西域密教造型风格。从考古图像学角度观察，并结合图上的文字描述和后面即将讨论的水月观音图像仪轨可知，这是一幅具有年代标记的如意轮观音图像，对于考察晚唐时期如意轮观音的

---

① 李淼、刘群主编：《大藏经万佛图典》，太原：山西古籍出版社，1995年，第91页。

② 不是所有如意轮观音背后都有一个涵盖整个主尊的亮色圆光，特此说明。

③ 文字中□表示图像中漫漶或难以辨识的文字。

图 2-3-11：大英博物馆藏 海外藏敦煌文书 如意轮观音 唐大顺三年（892）

图 2-3-12：美国佛利尔博物馆藏北宋赵宏造石板水月观音像　绍圣二年（1095）

图 2-3-13：黑水城遗址出土　木刻《普门品》卷首页　水月观音像（局部）　西夏
（采自周心慧主编《中国古代佛教版画集》）

形制具有重要价值。同时，根据上文所例举敦煌如意轮观音图像，结合下文有关北宋《宣和画谱》中收录的如意轮观音绘画图录，可知如意轮观音图像已经成为唐代佛教画家关注和创作的重要题材。

从上文所例举的三幅如意轮观音图像的结构与风格观察，可以明显看到三幅图像与古印度思惟观音菩萨之间的承继关系。同时，也可以看出如意轮观音与唐五代以来流行的水月观音在形制上直接相关联。如美国佛利尔博物馆藏北宋绍圣二年（1095）赵宏造石板《水月观音像》（图 2-3-12）和黑水城遗址出土的西夏时期木刻《普门品》卷首页《水月观音像》（图 2-3-13），与《大藏经万佛图典》中如意轮观音图像（图 2-3-10）造型十分相近。图 2-3-12 和图 2-3-13 这两幅水月观音图像中的观音形象均容纳于硕大的圆形月轮之中，与图 2-3-9、图 2-3-10 两幅如意轮观音的造像样式基本一致。

将上面两幅水月观音图像与前面三幅如意轮观音图像比较可以看出，水月观音游戏坐于“巨大”的“月轮”之中，主尊观音完全容括于月轮之内。

经文献证明，“月轮”图像符号实际上是来自盛唐以来密宗修行中的一道基础法门——“月轮观”[①]，而并非观音菩萨的身光，在后文的论述中还将会进行证实。

（4）北宋《宣和画谱》中载录的思惟菩萨像、如意轮观音菩萨像

北宋《宣和画谱·第二》“道释二”中，一共罗列了唐代以吴道子[②]等为首的10位佛像画家和3位道教像画家。经统计，画谱对这10位佛像画家作品的收录情况如下：吴道子93幅、翟琰4幅、杨廷光14幅、庐楞伽150幅、赵德齐1幅、范琼9幅、常粲14幅、孙位27幅、张南本3幅、辛澄25幅，共计340幅。[③]在这340幅佛像画中，以思惟菩萨像、观音菩萨像（包括大悲、白衣观音菩萨像等）、如意菩萨像为例：思惟菩萨像3幅，观音菩萨像14幅，如意轮菩萨像4幅。从上面的统计数目观察，太子思惟菩萨像仅3幅，观音菩萨像则高达14幅之多，这说明唐代显教观音菩萨信仰的盛行。同时，随着开元三大士入唐，密教经典得到大量翻译，相关的密教修行图像也为社会所需。《宣和画谱》中出现密教观音如意轮菩萨像仅4幅，说明密教如意轮观音信仰在当时并未广泛流行，与之相关的水月观音名号没有确立亦在情理之中。[④]笔者以为，以上画家所绘的“思惟像”、显教“观音菩萨像”与密教“如意轮菩萨像”题材，客观上为周昉创制“水月体”观音图像作了充分的铺垫。

在上面10位佛像画家中，以吴道子为例进行考察，在《宣和画谱·第二》中云：

> 吴道玄，字道子，阳翟人也，旧名道子……至于画圆光，最在后，转臂运墨，一笔而成，观者喧呼，惊动坊邑，此不几于神耶……道玄供奉时为内教博士，非有诏不得画，官止宁王友。今御府所藏

① （唐）善无畏撰：《无畏三藏禅要》，《大正藏》第18册，第945页中。

② 吴道子（680–759），字道玄，唐代著名画家，画史尊称画圣，御用画家（内教博士）。

③ （北宋）赵佶等：《佛教绘画史料》卷2《宣和画谱·第二》，《大藏经补编》第18册，第157–168页。

④ 从图像形制上考察，周昉“水月体”图像与如意轮观音图像非常相似。

九十有三：……《观音菩萨像》二、《思维菩萨像》一、《宝印菩萨像》一、《慈氏菩萨像》一、《大悲菩萨像》三、《等觉菩萨像》一、《如意菩萨像》一……①

据《宣和画谱》记载，吴道子作为中唐御用画家、拜内教博士（唐宫廷画家官职），文中描述了他善于画佛像圆光的特长，甚至非有诏不得画。《宣和画谱》所录吴道子的作品中，有2幅《观音菩萨相》、1幅《思惟菩萨像》、3幅《大悲菩萨像》和1幅《如意菩萨像》。在这些画作中，大悲菩萨像（特指密教观音千手千眼观音像）与如意轮观音像的粉本与印度的密教图像传入中国直接相关。唐代周昉的活动年代比吴道子更晚，因此笔者推测，《宣和画谱》中的《如意菩萨像》（包括吴道子绘《如意菩萨像》）应当是后来周昉创作"水月体"观音像的粉本来源之一。

此外，笔者还收集到一幅赵宋时期佚名画家《如意轮观音图》（局部）（图2-3-14）和一幅民国画家傅心畬《水月观音》（局部）（图2-3-15）图像。通过对二者的比较，可以发现他们在图像风格上的必然联系。两幅观音图像除了坐姿略有差别外，背景中硕大的月轮、岩石（金刚座）、林泉等图像元素基本一致。由此可以证明二者在图像风格学上的关联。

在上面《宣和画谱》所列举的画家中，除了吴道子画《如意轮菩萨像》1幅之外，还有杨廷光画《如意轮菩萨像》1幅、辛澄画《如意轮菩萨像》4幅。由于目前他们三人的作品实物均已不存，故而此处不再作讨论。

北宋宣和年间（1119-1125）由宋徽宗为首主持编撰的宫廷绘画藏品著录《宣和画谱》中，并没有看到以"水月观音"为名目的绘画图录，然而收录有思惟像、观音像、如意轮菩萨像等绘画条目。因此，笔者推测，在北宋宫廷画家的知识体系中，如意轮菩萨像与水月观音像也许仅是名号不同而实际内容一致的图像品类，抑或水月观音这一名号在当时并未流行。还有一种

---

① （北宋）赵佶等：《佛教绘画史料》卷2《宣和画谱·第二》，《大藏经补编》第18册，第161页。

图 2-3-14：宋 佚名 如意轮观音图（局部）
东京国立博物馆藏

图 2-3-15：民国 傅心畬 水月观音（局部）
（采自 2023“儒风——纪念溥心畬先生逝世六十周年”展览，香港邦瀚斯拍卖行提供图片）

可能，在当时画家眼中，水月观音指的就是如意轮观音。尽管以上推测没有得到相关的文献证实，但可以明确的是，北宋宣和时期收录的作品中并没有张彦远《历代名画记》中提到的周昉“水月体”观音图像。因此笔者怀疑，可能在张彦远时期“水月观音”这一名称还没有确立下来，仅是一种图像风格（水月体），而风格与名称（号）是两个不同的概念范畴。

通过上文对水月观音图像传统的详细论述，可以发现水月观音图像最早可以溯源到 2–3 世纪犍陀罗时期的太子半跏趺坐思惟造像样式。随着观音信仰在古印度的流行，中印度秣菟罗地区观音造像亦受到犍陀罗太子思惟造像的影响，从而产生了莲花手思惟观音像。在古印度后笈多王朝时期（6 世纪中叶至 8 世纪中叶），这些莲花手观音像直接影响到了这一时期密教如意轮观音的造像仪轨与风格。正是古印度后笈多王朝密教如意轮观音像在东亚（特别是中国）的传播，直接影响了唐代周昉“水月体”观音图像样式的产生。在下面的行文中，笔者将详细讨论东亚水月观音图像样式制作的文本依据与密教如意轮观音制像仪轨之间的密切关联，从而厘清水月观音造像仪轨文本的复杂来源。

3. 文本依据

关于水月观音制像仪轨的文本依据，当下学者有诸多不同看法。其中王惠民认为是来自伪经《水月观音经》与密教经典《千手观音经》。[①] 经笔者研究证实，水月观音图像仪轨的文本依据与这两部佛经几乎没有关联。值得关注是，有两篇学术论文《水月观音与藏传佛教观音像之关系》[②]《藏传佛教持莲花观音像考》[③] 是从宗教仪轨与造像样式的关系入手，来考察水月观音和莲花手“空行观音”的造像样式之间的关系。文中认为“唯识学”与《了本生死经》《般若心经》是“水月观音”仪轨样式的经典出处。事实上，水月观音虽然与藏传佛教中的莲花手空行观音图像风格与样式有着一定关联，但是其图像制作的文本依据与“唯识学”及《了本生死经》《般若心经》没有丝毫关系，因此该观点不能成立。另外，有学者在《水月观音图像的创作依据》中认为周昉是依照《八十华严》文本制作水月观音的。同时还认为，唐五代以后随着水月观音图像的发展，《千手经》与《大唐西域记》成为新的补充文本依据。[④] 这些观点在学界比较具有典型性，代表了当下学者的通常观点。尽管如此，到目前为止，学界仍然没有令人信服的证据来清楚解释水月观音图像仪轨制作的文本由来。

---

① 王惠民著:《敦煌佛教图像研究》，杭州：浙江大学出版社，2016年，第140-151页。同时参看王惠民：《敦煌写本〈水月观音经〉研究》，载《敦煌研究》1992年第3期，第93-98页，下转第31页。

② 李翎：《水月观音与藏传佛教观音像之关系》，载《美术》2002年第11期，第50-53页。

③ 李翎：《藏传佛教持莲花观音像考》，载《藏学学刊》2010年第1辑，第262-281页。

④ 孟翠翠：《水月观音图像的创作依据》，载《南京艺术学院学报》2011年第4期，第68-72页。

事实上，周昉及其以后的水月观音画家所依据的文本非常复杂，呈现出多个文本糅合的现象。依据上文对水月观音图像传统的溯源，笔者发现由于水月观音与密教如意轮观音在图像风格上的密切关系，从而推测水月观音图像制作的参考文本主要来自于唐代密宗金刚智（669–741）所译《观自在如意轮菩萨瑜伽法要》，同时还结合了东晋难提（生卒年不详）所译《请观世音菩萨消伏毒害陀罗尼咒经》、唐代菩提流志（571–727）译《如意轮陀罗尼经·如意轮陀罗尼经坛法品》、唐代宝思惟译（生卒年不详）《观世音菩萨如意摩尼轮陀罗尼念诵法》、唐不空（705–774）译《观自在如意轮菩萨瑜伽》等相关内容。与此同时，水月观音制像仪轨的相关文本除了以上密教经典外，还参照了显教经典《华严经》文本。从早期的水月观音图像考察，其制像仪轨呈现出非常复杂的依据来源，具有典型显密糅合的视觉样式。宋元以来，随着水月观音逐渐本土化与女性化，密教的视觉特质才随着文人山水观音绘画的流行而不显见。

由于目前唐代周昉时期的水月观音图像没有遗存可供参照，笔者则以下面三幅水月观音图像作具体的图像学分析，并考察其制像文本依据。第一幅为法国巴黎吉美博物馆藏绢画五代《水月观音菩萨》（图 2–3–16），这是目前发现最早的水月观音图像遗存；第二幅同样为法国吉美博物馆藏纸本五代《水月观音》图像（图 2–3–17）；第三幅为黑水城遗址出土西夏时期（1038–1227）木刻《普门品》卷首页《水月观音像》（见前文图 2–3–13）。此处以两幅“早期”的水月观音图像与一幅相对“晚期”的水月观音图像进行并置考察，具有典型的图像学价值。在下面的论述中，笔者将三幅画中的图像元素进行比较，并对照经文出处展开讨论。

（1）杨枝与净水

在上面五代《水月观音》图像（图 2–3–16）中，出现了观音菩萨左手持“净瓶（水）”、右手持“杨枝”的典型观音形象。杨枝与净水的文本依据来自东晋难提译杂密经典《请观世音菩萨消伏毒害陀罗尼咒经》（简称《请观音

图 2-3-16：法国吉美博物馆藏 17775 号绢画
水月观音菩萨　五代

图 2-3-17：法国吉美博物馆藏纸本
水月观音图像　五代

经》）：

尔时毗舍离人，即具杨枝、净水，授与观世音菩萨。[①]

《请观音经》中提到了毗舍离人以杨枝与净水授与观世音菩萨。因此，笔者判断，此文本即为上图水月观音手中持物“杨枝”与“净水”的直接制像依据，也意味着该图像具有密教的性质与意味。

（2）宝冠有化佛、臂带宝钏、着七宝璎珞天衣

在上面三幅图中，观音头戴宝冠，宝冠中有化佛（无量寿佛）。在图 2-3-16 与图 2-3-17 两幅图像中，观音臂带宝钏、着璎珞天衣，其文本依据来自唐

① （东晋）难提译：《请观世音菩萨消伏毒害陀罗尼咒经》卷 1，《大正藏》第 20 册，第 34 页下。

代菩提流志译《如意轮陀罗尼经·如意轮陀罗尼经坛法品》第五：

> 于花台上画如意轮圣观自在菩萨，面西结加趺坐。颜貌熙怡身金色相，首戴宝冠冠有化佛。菩萨左手执开莲花，当其台上画如意宝珠，右手作说法相。天诸衣服珠珰环钏，七宝璎珞种种庄严，身放众光。①

由此可见，引文对如意轮观音的描述已经完整忠实地呈现在了这两幅水月观音的制像仪轨当中。

（3）足踏莲花

在法国吉美博物馆藏17775号绢画五代《水月观音菩萨》图像（图2-3-16）中，观音左足踏莲花。同样在法国吉美博物馆藏纸本五代《水月观音》图像（图2-3-17）中，观音右足踏莲花。足踏莲花的文本依据来自唐代宝思惟译《观世音菩萨如意摩尼轮陀罗尼念诵法》卷1云：

> 其菩萨形相造思惟之形，有六臂，其左上作金轮之手，中手执莲花，下手按山，右手作思惟相，中手执如意珠，下手执念珠。以右足以三十二叶莲花为坐。②

经文中原本描述的是如意轮观音思惟形象，在图2-3-16、图2-3-17中观音的坐姿均为半跏趺坐思惟菩萨状，二图均作单足（左足或右足，经文中为右足）踏莲花（三十二叶）。因此，《观世音菩萨如意摩尼轮陀罗尼念诵法》成为水月观音图像足踏莲花的重要文本依据。而在黑水城遗址出土西夏时期木刻《普门品》卷首页《水月观音像》（图2-3-13）中，观音虽未足踏莲花，但右手持念珠，在《观世音菩萨如意摩尼轮陀罗尼念诵法》卷1中有“下（左）

---

① （唐）菩提流志译：《如意轮陀罗尼经·如意轮陀罗尼经》卷1，《大正藏》第20册，第193页中、下。

② （唐）宝思惟译：《观世音菩萨如意摩尼轮陀罗尼念诵法》卷1，《大正藏》第20册，第203页中。宝思惟，活动于693–721年。参见黄心川主编：《南亚大辞典》，成都：四川人民出版社，1998年，第59页。

手执念珠”的描述，只不过在图 2–3–13 中呈现为右手了。

（4）手按光明山

黑水城遗址出土的西夏时期木刻《普门品》卷首页《水月观音像》（图 2–3–13）中，观音左手按地。这一手势动作的设计在五代赵宋以来的多幅水月观音图像中均有出现。其文本依据除了《观世音菩萨如意摩尼轮陀罗尼念诵法》卷 1 中“下手按山”的描述外，还有唐不空译《观自在如意轮菩萨瑜伽》卷 1 中六臂如意轮观音“左（手）按光明山，成就无倾动”[①] 的描述。事实上，此图中水月观音是两臂如意轮观音左手按地的呈现。同时，这里提及的光明山，是指《六十华严》中的光世音道场光明山，也是《八十华严》中的观音道场补怛洛迦山。

（5）月轮

在上面三图中，水月观音身后都出现了“巨大”的“月轮”。[②] 在目前的研究成果中，很多学者往往把水月观音背后的月轮与身光相混淆。根据密教经文资料，水月观音背后的硕大“圆光”实际上是呈现秘密法门“月轮观想”的图像符号。其文本依据在唐不空译《观自在如意轮菩萨瑜伽》中云：

> 行者如是观，坐于月轮中。身流千光明，项背皆圆光，复想心月轮。以是能坚固，无动观已身。[③]

根据所引经文可知，图像中的硕大“圆光”其实是指“心月轮”，是一种密宗禅观法要。“月轮观”，又称净菩提心观，是密教修行的基础法门。

关于密宗禅观“月轮观”法门，唐代善无畏（637–735）在《无畏三藏禅要》中云：

① （唐）不空译：《观自在如意轮菩萨瑜伽》，《大正藏》第 20 册，第 208 页下。

② 很多学者普遍认为观音身后的亮色圆轮是身光，而不是月轮，以此造成误读。

③ （唐）不空译：《观自在如意轮菩萨瑜伽法要》卷 1，《大正藏》第 20 册，第 209 页上。

行者应当安心静住，莫缘一切诸境。假想一圆明犹如净月，去身四尺，当前对面不高不下，量同一肘圆满具足，其色明朗内外光洁，世无方比。[①]

上文《无畏三藏禅要》中阐述的法要实际上是密宗修行法门“月轮观”。对于密宗“月轮观”的修持法门，唐代般若（734 — ?）译《大乘本生心地观经》云：

凡夫所观菩提心相，犹如清净圆满月轮，于胸臆上明朗而住。若欲速得不退转者，在阿兰若及空寂室，端身正念结前如来金刚缚印，冥目观察臆中明月，作是思惟，是满月轮五十由旬无垢明净，内外澄澈最极清凉，月即是心，心即是月。尘翳无染妄想不生，能令众生身心清净，大菩提心坚固不退。[②]

引文中，般若详细地阐述了“月轮观”修行法门的具体方法。联系到水月观音图像，可知图中硕大“月轮”正是“月轮观”的修持观想对象。

总之，水月观音图像中观音背后的“月轮”是作为密宗修行法门观想的法相之用，是密宗禅修者观想中的“月轮”心相，而不是通常意义上菩萨身后的概念性圆光或身光。

（6）山岩、涧水、金刚座

在上图2-3-16、图2-3-17中，观音背景均出现山岩、涧水、金刚座（岩石）等图像符号。山岩、涧水的文本依据来自唐不空译《观自在如意轮菩萨瑜伽》中云：

山间及流水，清净阿兰若。随乐之涧谷，离诸危怖难。随力严

---

① （唐）善无畏撰：《无畏三藏禅要》卷1，《大正藏》第18册，第945页中。

② （唐）般若译：《大乘本生心地观经》卷8，《大正藏》第3册，第328页下。

供具，行人面于西。[①]

文中提及了如意轮观音所处的自然环境，实际上为水月观音所借用。此外，水月观音背景中的山岩与涧水很容易让人联想到《六十华严》中善财童子所参观音道场光明山时的描述：“（善财童子）渐渐游行，至光明山，登彼山上，周遍推求，见观世音菩萨住山西阿，处处皆有流泉、浴池，林木郁茂，地草柔软，结跏趺坐金刚宝座。”[②] 由此可见，《六十华严》光明山的地貌实际上与《观自在如意轮菩萨瑜伽》中“山间及流水，清净阿兰若，随乐之涧谷”较为相似，也有一种可能，《观自在如意轮菩萨瑜伽》中描述的场景是以《六十华严》中的文本为参考依据撰写的。

（7）竹

在上图 2–3–16、图 2–3–17 中，均出现了竹子这一重要图像元素。特别是唐代张彦远《历代名画记》卷 3 中描述：“周昉画水月观自在菩萨掩障，菩萨圆光及竹。”引文中特别强调了水月观音中“竹”的图像元素。通过翻检藏内经典，没有发现竹在观音图像中的文本依据。因此，笔者认为是周昉在以两臂如意轮观音为粉本完成水月体人物形象后，由刘整[③]（《历代名画记》卷 3“刘整成色”）接着完成人物背景时，新添加了“竹”的图像元素。“竹”在中国儒家文化中喻意士大夫知识分子虚怀若谷、高风亮节的操行品格。竹元素在水月观音图像中出现，使得水月观音在借鉴密教如意轮菩萨图像的同时还兼具了儒家文化的图像意蕴。带有“竹”这一图像元素的水月观音在五代以后逐渐向东亚传播，在朝鲜和日本也能找到相关的图像证据。[④]

根据以上对水月观音图像中七个主要元素的文本依据考察，笔者现以表格直观地进行说明，兹罗列如下（表 2–3–1）：

---

① （唐）不空译：《观自在如意轮菩萨瑜伽》，《大正藏》第 20 册，第 207 页上。

② （东晋）佛驮跋陀罗译：《大方广佛华严经》卷 50，《大正藏》第 9 册，第 717 页下，718 页上。

③ 参见（唐）张彦远著，俞剑华注释：《历代名画记》，上海：上海美术出版社，1964 年，第 203 页。

④ 参见［韩］尹敏璨：《中韩水月观音图像比较研究》，南京艺术学院博士论文，2013 年。

表 2-3-1：水月观音图像仪轨的文本来源 ①

水月观音样式	引文	出处
杨枝与净水	“尔时毗舍离人，即具杨枝、净水，授与观世音菩萨”	（东晋）难提译《请观世音菩萨消伏毒害陀罗尼咒经》（简称《请观音经》）卷1
宝冠有化佛、臂带宝钏、着七宝璎珞天衣	“于花台上画如意轮圣观自在菩萨，面西结加趺坐，颜貌熙怡身金色相，首戴宝冠冠有化佛。菩萨左手执开莲花，当其台上画如意宝珠，右手作说法相，天诸衣服珠璫环钏。七宝璎珞种种庄严，身放众光”	（唐）菩提流志译《如意轮陀罗尼经·如意轮陀罗尼经坛法品》第五
足踏莲花	“以右足以三十二叶莲花为坐”	（唐）宝思惟译《观世音菩萨如意摩尼轮陀罗尼念诵法》卷1
手按光明山	1.“下手按山” 2.“左（手）按光明山，成就无倾动”	1.（唐）宝思惟译《观世音菩萨如意摩尼轮陀罗尼念诵法》卷1 2.（唐）不空译《观自在如意轮菩萨瑜伽》卷1
月轮	1.“行者如是观，坐于月轮中。身流千光明，项背皆圆光，复想心月轮。以是能坚固，无动观已身” 2.“行者应当安心静住，莫缘一切诸境。假想一圆明犹如净月，去身四尺，当前对面不高不下，量同一肘圆满具足，其色明朗内外光洁，世无方比” 3.“凡夫所观菩提心相，犹如清净圆满月轮，于胸臆上明朗而住。若欲速得不退转者，在阿兰若及空寂室，端身正念结前如来金刚缚印，冥目观察臆中明月，作是思惟，是满月轮五十由旬无垢明净，内外澄澈最极清凉，月即是心，心即是月。尘翳无染妄想不生，能令众生身心清净，大菩提心坚固不退”	1.（唐）不空译《观自在如意轮菩萨瑜伽》卷1 2.（唐）善无畏译《无畏三藏禅要》卷1 3.唐代般若译《大乘本生心地观经》卷1
山岩、涧水、金刚座	1.“山间及流水，清净阿兰若。随乐之涧谷，离诸危怖难。随力严供具，行人面于西” 2.“（善财童子）渐渐游行，至光明山，登彼山上，周遍推求，见观世音菩萨住山西阿，处处皆有流泉、浴池，林木郁茂，地草柔软，结跏趺坐金刚宝座”	1.（唐）不空译《观自在如意轮菩萨瑜伽》 2.（东晋）佛驮跋陀罗译《六十华严》卷45
竹	“周昉画水月观自在菩萨掩障，菩萨圆光及竹”	（唐）张彦远撰《历代名画记》卷

以上，笔者对三幅水月观音的制像仪轨进行了仔细比对，找到了相对应的经典依据，澄清了当前学界一直悬而未解的学术问题。水月观音制像仪轨文本依据的杂糅性与复杂性，体现了水月观音图像形制的复杂性。此外，水

① 图像样式以法国吉美博物馆藏17775号绢画五代《水月观音菩萨》（图2-3-16）与法国吉美博物馆藏纸本五代《水月观音图像》（图2-3-17）为例进行考察。

月观音的图像功能除了成为宗教修持观想法物之用，在世俗层面亦有审美意义方面的效用。特别是元明以来，水月观音呈现出世俗化的美人特质，已经离宗教月轮观想法门的意义越来越远。

综上所述，唐五代以来的水月观音图像实际上是以古印度补怛洛迦山观音道场为背景，其制作依据主要是密教经典中如意轮观音的图像仪轨文本，并杂糅了多部密教经典文本。随着水月观音图像的演进，在具体的制像过程中，样式上又出现了新的变化，除了在图像中添加入中国本土的竹元素，历代画家还逐渐添加了其它元素符号，诸如：韦驮菩萨、善财童子、龙女、白鹦鹉、薝卜、龙王、夜叉等等。水月观音图像在演进过程中除了需要回应《华严经》中的文本描述，同时也表现出更加文人化（画）、世俗化，并逐渐去魅化的特征，成为社会民众普遍接受的美人化图像。

（三）南海观音图像

如果说最初的水月观音图像是以古印度东南的观音道场补怛洛迦山为背景进行绘制，并带有6-7世纪印度密宗如意轮观音造像仪轨的元素，那么中国南海观音图像则是在水月观音图像的基础上，结合本土文化背景产生的具有中国文化特色的山水观音图像。南海观音的道场从水月观音（如意轮观音）道场印度东南补怛洛迦山，“化现”到了中国的普陀洛迦山。同时，南海观音彻底完成了观音菩萨由男到女的性别转化。从水月观音到南海观音，其身份及图像样式的演变，高度体现了中国观音菩萨信仰的彻底本土化与世俗化的事实。

1. 释名相

南海观音的名相在佛教经典及诸多佛教词典中均没有找到相关解释。不过顾名思义，将南海观音理解成“守护南海之观音”或“南海守护神之观音”亦可通。因此，在对名相的考察中，需要勘定“南海”这一地理空间名词对应的具体位置。关于南海的地理位置及其范围，早在《大唐西域记》卷10中有提到："秣剌耶山东有布呾洛迦山……山顶有池，其水澄镜，流出大河，周流绕山二十匝，入南海。"① 此处提及的南海指的是印度之南的海域，今属印度洋的广阔海域。其上左右分属阿拉伯海和孟加拉湾（参见图2-3-18）。需要说明的是，印度之南海与中国南海观音之南海地理各不相属。关于中国之南海，元代盛熙明《补陀洛迦山传》卷1中云："南海海深幽绝处，碧绀嵯峨连水府。号名七宝洛伽山，自在观音于彼住。"② 此处的南海指的是中国浙江普陀洛迦山所处的东海海域（参见图2-3-18）。关于南海的概念，在中国早期文献《左传》中楚王曰："君（齐桓公）处北海，寡人处南海，唯是风马牛不相及也，不虞君之涉吾地也，何故？"③ 先秦时期的楚国，其地域并不临海，此处"南海"是泛指南方僻远之地。古以"四海之内"为"天下"，"南海"则为"天下"之南端。比《左传》较晚的文献《史记》有载："（始皇巡游）上会稽，祭大禹，望南海。"④ 根据会稽（今浙江绍兴）的地理分属可知，《史记》中载的"南海"是指今东海海域。另据南宋郭彖（约1165－？）撰《睽车志》载，在南宋绍兴年间（1131－1162），宁波商人"泛海十余日，抵一山……于此立刹，亦谓南海。"⑤ 从宁波商人"泛海十余日"推测应该是指船往南行了十多天，当是到了福建、广东沿海一带，此域也称作"南海"。根据上面文献，综合古代"南海"的多个不同所指，本书"南海观音"中的"南海"地域实际是囊括了今东海海域和广东沿海的南海海域在内的广袤海域。

---

① （唐）玄奘述、（唐）辩机撰：《大唐西域记》卷10，《大正藏》第51册，第932页上。

② （元）盛熙明撰：《补陀洛迦山传》卷1，《大正藏》第51册，第1139页中。

③ （春秋）左丘明撰：《左传·僖公四年》。

④ （西汉）司马迁著：《史记·秦始皇本纪》。

⑤ （南宋）郭彖撰：《睽车志》。

此外，北宋丁谓（966–1037）诗作《朱崖[①]》云："且作观音菩萨看，海边孤绝宝陀山。"[②]同时北宋魏泰（生卒年不详）《东轩笔录》卷三也载其事："丁晋公至朱崖，作诗曰：'且作白衣菩萨观，海边孤绝宝陀山。'"[③]虽然魏泰转引丁谓诗文有些许出入，"观音菩萨"变换成了"白衣观音"，至少可以说明自北宋以来崖州出现观音信仰是确实的。崖州在今三亚市西部，其沿海海域为"南海"。

根据以上文献分析可知，"南海观音"可以理解为以今浙江普陀洛迦山观音道场为中心的中国古代广袤"南海"海域的守护神。这片海域，正是唐宋以来海上丝绸之路的航海范围。至于《大唐西域记》卷10中记载的古代印度南海观音道场，尽管与中国普陀洛迦山空间上相距甚远，但并不妨碍普陀洛迦山成为古印度南海观音的化现之处。

2. 文学作品、禅僧语录中的南海观音

南海观音在中国家喻户晓，诸多文学作品中可见其身影。最著名者如明代吴承恩（约1501–1582）《西游记》第六回写道："话表南海普陀珞珈山大慈大悲救苦救难灵感观世音菩萨，自王母娘娘请赴蟠桃大会，与大徒弟惠岸行者，同登宝阁瑶池。"[④]小说中南海观音可以说是个举足轻重的角色。这意味着南海观音崇拜至少在明代已经形成。另有明通俗神话小说《南海观音全传》[⑤]，描写妙善公主由仙女转世，受尽折磨，在香山修炼道法成功，救人于困危的情节故事。故事灵感来源于民间文学《香山宝卷》。[⑥]《香山

① 朱崖，亦作"珠崖"，即崖州，位于今三亚市西部。自南北朝起建制崖州，宋朝以来历代的州、郡、县治均设在当时的崖州城内。

② 转引自宗力、刘群编：《中国民间诸神》，石家庄：河北人民出版社，1986年。

③ （北宋）魏泰撰：《东轩笔录》卷三。

④ （明）吴承恩著：《西游记》第六回，北京：人民文学出版社，2000年，第63页。

⑤ 《明清善本小说丛刊初编》影印明刊本，北京大学图书馆藏，嘉庆十年（1805），大经堂刊本。

⑥ 濮文起主编：《民间宝卷》卷10，出自周燮藩主编《中国宗教历史文献集成》，合肥：黄山书社，2005年，第157–212页。

宝卷》中描写的妙善公主是南海观音信仰形成的重要文本来源。

在禅宗语录记载中，《云外云岫禅师语录》云："上堂。半夜劈破太空，太阳正照白昼。掩却万象，生铁一团。二俱列下，别有商量。南海观音菩萨，端坐水月道场。"① 引文暗示了南海观音与水月观音之间的关系。另在《憨山老人梦游集》卷 33 录《南海观音大士赞》一首："碧海苍崖，黄花翠竹。鱼鳖蛟龙，夜叉鬼窟。随类现形，沿流出没。如空在地，无处不足。此是观音自在身，不枉称为过去佛。"② 赞诗中描写了南海观音所处的道场环境。还有《东坡禅喜集》卷 9 云："南海观音真奇绝，手持串珠一百八。始知求己胜求人，自念观世音菩萨。"③ 据此，在南海观音图像中常能看到观音手持串珠的手印样式。

3. 普陀洛迦山

中国的南海观音道场"普陀洛迦山"，在明代《重修普陀山志》卷 2 中云：

> 在昌国东海中，今属定海县，去郡城约三百里，去县约二百余里。山周围约四十余里，东望小洛伽山，南望月岙山，西望舟山，北望霍山。"补陀洛伽"，盖梵名也，华言"小白华"。《华严经》所云"补怛洛迦"，乃善财第二十八参观音菩萨说法处。又《传记》称"东大洋西紫竹旃檀林"者是也。又扁"海岸孤绝处"。一名"梅岑"，以梅子真于此炼药，故名。元吴莱、明屠隆作记。④

通过上面《重修普陀山志》中关于地理形貌的描述得知，普陀洛迦山位于"海岸孤绝处"，正是前文丁云鹏所作《五相观音图》（图 2-2-4）中绘制的图景。

① （南宋）释云岫撰、（小师）士慘编：《云外云岫禅师语录》，《卍续藏经》第 72 册，第 169 页下。

② （明）通炯编辑：《憨山老人梦游集》卷 33，《卍续藏经》第 72 册，第 706 页下。

③ （明）徐长孺编：《东坡禅喜集》卷 9，《碛砂大藏经》第 3 册，第 776 页上。

④ （明）周应宾撰：《重修普陀山志》卷 2，《中国佛寺史志汇刊》第 9 册，第 103-104 页。

综上所述，普陀洛迦山南海观音道场不是一时形成的，而是经过了漫长的历史演变，是观音文化不断累积的结果。经过印度佛教漫长的东传过程，古印度东南的补怛洛迦山经过“漂移”化现到了新的观音圣地，确立了著名的中国普陀洛迦山观音道场。因此，厘清中国普陀洛迦山观音道场与印度补怛洛迦山观音道场之间的内在逻辑关系，成为中国观音道场确立的关键。古印度补怛洛迦山与中国普陀洛迦山，二者之间客观上有着道场地形地貌与地理位置特征的相似性：同是地处海滨的宗教道场，均处海上贸易的要冲位置。因此，南海观音作为古代中国海上贸易守护神角色的设定非常明显。

（1）南海观音的行迹

普陀洛迦山不同时期出现的观音信仰行迹，是普陀洛迦山观音道场确立的基本前提。据明代高僧木陈道忞《普陀山梵音庵释迦文佛舍利塔碑》记载：“去明州（今宁波）薄海五百里，复有补怛洛迦山者，则普门大士化迹所显，以佛菩萨慈悲喜舍因缘故，自晋之太康（280—290）、唐之大中（847—860），以及今上千龄，逾溟渤，犯惊涛，扶老携幼而至者不衰。”①引文说明观音行迹从西晋太康到唐大中再到明代木陈道忞之时已千年有余，其间流传不息。又据元大德《昌国州图志》载：“普慈寺，始东晋，时仅一小庵，以观音名。”普陀山在昌国县②内，因此东晋普济寺观音庵也是较早出现在普陀山的观音行迹。同时，南宋昌国知县王存之《普慈禅院新丰庄请涂田记》中有载：“县内有普慈禅院，依山瞰海，实东晋韶禅师道场，缁素过海礼宝陀、九峰、万寿、必驻锡焉。”③可见普慈禅院与普慈寺为同一观音院。由此可知，普陀山观音的行迹在东晋时期确已出现，至南宋亦有记载。同时，最著名者当数与日本僧慧锷相关的“不肯去观音”圣显故事。据《重修普陀山志》卷2载：“梁贞明二年（916），日本僧慧谔得观音相于五台山，将迎归本国，舟触新螺礁，

① （明）木陈道忞撰：《普陀山梵音庵释迦文佛舍利塔碑》。

② 昌国县为浙江省舟山市古县名。

③ （南宋）王存之撰：《普慈禅院新丰庄请涂田记》。

莲花当洋，舟蔽不前，谔祷曰：‘使我国众生无缘见佛，当从何所建立精蓝？’有顷，舟向潮音洞泊焉。有居民张氏目睹斯异，遂舍所居，筑室奉之，号为‘不肯去观音院’。”[①]“莲花当洋”又叫莲洋，处在舟山本岛与普陀山之间。如今的“不肯去观音院”就建在潮音洞旁边。因此可以认为，“不肯去观音”圣迹的确认，是普陀山观音道场确立的关键因素。

总之，普陀洛迦山观音行迹最早可以追溯到西晋太康时期，明代高僧木陈道忞《普陀山梵音庵释迦文佛舍利塔碑》记载当是重要的证据。直到梁贞明二年与日本僧慧锷相关联的“不肯去观音”圣迹的确认，为普陀洛迦山观音道场的确立增添了重要的巡礼之地。从古到今，观音的行迹在普陀山流传不止。

（2）观音道场的地貌与地理位置

关于印度南海观音道场补怛洛迦山地理形貌在唐玄奘《大唐西域记》中有详细记载：

> 国南滨海有秣剌耶山，崇崖峻岭，洞谷深涧……秣剌耶山东有布呾洛迦山。山径危险，岩谷敧倾。山顶有池，其水澄镜，流出大河，周流绕山二十匝入南海。池侧有石天宫，观自在菩萨往来游舍。其有愿见菩萨者，不顾身命，厉水登山，忘其艰险，能达之者盖亦寡矣。而山下居人祈心请见，或作自在天形，或为涂灰外道，慰喻其人，果遂其愿。从此山东北海畔，有城，是往南海僧伽罗国路。闻诸土俗曰：从此入海，东南可三千余里，至僧伽罗国（唐言执师子，非印度之境）。[②]

---

① （明）周应宾撰：《重修普陀山志》卷2，杜洁祥主编《中国佛寺史志汇刊》第9册，第135-136页。

② （唐）玄奘述、（唐）辩机撰，季羡林等校注：《大唐西域记校注》，北京：中华书局，1985年，第859-862页。

从玄奘的记载来看，印度补怛洛迦山的地貌和地理位置有着以下特征：地貌险绝、难以到达（“山径危险，岩谷敧倾”“能达之者盖亦寡矣”）；地处海滨（“山东北海畔，有城，是往南海僧伽罗国”）。关于印度补怛洛迦山的海滨地理位置前文已有提及，这里不再重复论述。

关于中国普陀洛迦山观音道场，元代龟兹人盛熙明《补陀洛迦山考》有载：

> “补陀洛伽”者，盖梵名也，华言“小白华”。《方广华严》言善财第二十八参，观自在菩萨与诸大菩萨围绕说法，盖此地也，然世无知者。始自唐朝梵僧来睹神变，而补陀洛伽山之名遂传焉。盘礴于东越之境，窅茫乎巨浸之中。石洞嵌巖，林峦清邃。有道者居之，而阿兰若兆兴焉。似非好奇探幽、乘桴浮槎者，罕能至也。①

从上面引文看，中国补（普）陀洛伽（迦）山的地貌特征呈现为：地势险绝、难以到达（“窅茫乎巨浸之中。石洞嵌巖，林峦清邃”“乘桴浮槎者，罕能至也”）；地处滨海（“盘礴于东越之境”），东北海域可通往朝鲜、日本诸国。

因此，通过上面古印度南海补怛洛迦山观音与中国普陀洛迦山南海观音圣地地貌及空间位置比较，可以发现二者无论在地貌环境还是地理位置特征方面均极为相似（参见图 2-3-18）。

从所引地图（图 2-3-18）看，印度补怛洛迦山地处半岛海滨，东临孟加拉湾，处于古代天竺（今印度）通往东南方向狮子国（今斯里兰卡）的地理要冲位置。中国普陀洛迦山地处海岛，往东北为朝鲜半岛和日本。二者的不同之处在于：印度补怛洛迦山地处半岛，而中国普陀洛迦山处在孤绝海岛上。正如《重修普陀山志》卷 2 云：

> （普陀洛迦）山周围约四十余里，东望小洛伽山，南望月岙山，

① （明）周应宾撰：《重修普陀山志》卷 4，杜洁祥主编《中国佛寺史志汇刊》第 9 册，第 271-272 页。

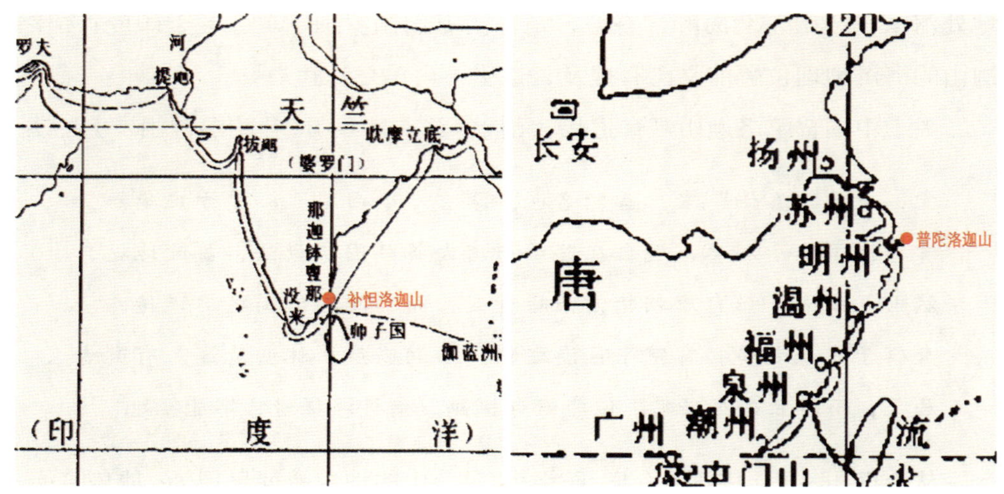

图 2-3-18：唐代印度补怛洛迦山与中国普陀洛迦山的相对位置图
（采自彭德清主编《中国航海史》第 133 页）

> 西望舟山，北望霍山……又扁（偏）“海岸孤绝处”，一名“梅岑”，以梅子真于此炼药，故名。①

上面引文是对普陀洛迦山地理空间“海岸孤绝处”等特征的描述。因此，根据观音具有三十三化身的神异特质，观音道场从印度补怛洛迦山化现到有着相似地理特征的中国浙江普陀洛迦山则具有合理性。从中印观音道场的相似性比较表格可见一斑（表 2-3-2）。

---

① （明）周应宾撰：《重修普陀山志》卷 2，杜洁祥主编《中国佛寺史志汇刊》第 9 册，第 103-104 页。

表 2-3-2：古中印观音道场相似性比较

地理属性	补怛洛迦山	普陀洛迦山
国家	印度	中国
形成时间	公元 1 世纪前后	13-16 世纪
地貌特征	“山径危险，岩谷敧倾”；“能达之者盖亦寡矣”（《大唐西域记》）	“窅茫乎巨浸之中。石洞嵌巖，林峦清邃”“乘桴浮槎者，罕能至也”（明周应宾撰《重修普陀山志》卷 4）
地理位置	“国南滨海有秣剌耶山……从此山东北海畔，有城，是往南海僧伽罗国路。闻诸土俗曰：从此入海，东南可三千余里，至僧伽罗国（唐言执师子，非印度之境）”（《大唐西域记》）	“盘礴于东越之境”（明周应宾撰《重修普陀山志》卷 4）；“自是海东诸夷，如三韩、日本扶桑、阿黎、占城、渤海数百国，雄商巨舶，繇此取道放洋”（元盛熙明述《补陀洛迦山传》）；“既而创县，名为昌国，意其东控日本，北接登莱，南亘瓯闽，西通吴会，实海中之巨障，足以昌壮国势焉。”（元冯福京等编《昌国州图志》卷 1）
地形特征	大陆半岛；临海滨	海岛；海岸孤绝处
海上邻国	“僧伽罗国”（《大唐西域记》）	“三韩、日本、扶桑、占城、渤海数百国”（元盛熙明撰《补陀洛迦山传》）

通过解读上表，可以发现古代印度补怛洛迦山观音道场和中国普陀洛迦山观音道场地理特质之间具有“天然”的相似性。需要强调的是，中国普陀洛迦山道场确立的时间正值古印度佛教的衰亡期间。因此，可以暗示印度佛教在东传过程中，观音道场从古印度补怛洛迦山转移到中国普陀洛迦山，具有空间和时间逻辑上的双重“必然性”。另外，在笔者看来，二者地理位置的相似性并不是普陀洛迦山观音道场确立的主要因素，更深层次的原因则是古代海上贸易与文化交流对观音作为海上护法神崇拜的功利需求。

4. 古代海上贸易的守护神

无论是印度补怛洛迦山还是中国普陀洛迦山，二者所供奉的都是古代海上贸易与文化交流的守护神，而中国普陀洛迦山南海观音道场无疑是东亚信众拜谒观音的圣地。根据本书前文描述，《法华经·普门品》中描绘了观音对海难的救助场景。经文中描述的景象与早期印度史诗《罗摩衍那》中古代印度人漂洋过海到楞伽岛进行贸易往来的冒险场景相回应。有学者认为，“在古代印度，补怛洛迦山被视为观音菩萨的驻地，最初的起源明显与海上贸易的危难救度需求有关，这从其所处的位置为海上交通之要道以及佛教救难信仰传统都可以明显看出。”① 进而认为，古代印度人因与僧伽罗国之间的海上贸易而视观音为海上守护神，并以补怛洛迦山为观音道场，是符合现实逻辑的。

接下来考察中国古代海上贸易如何以普陀洛迦山为地理中心影响到南海观音道场的形成。据元盛熙明撰《补陀洛迦山传》载：“自是海东诸夷，如三韩、日本扶桑、阿黎、占城、渤海数百国，雄商巨舶，繇此取道放洋。”② 由此可见，普陀洛迦山正处在海上诸国贸易的要冲位置。另据元大德年间（1297–1307）冯福京等编《昌国州图志》卷 1 载：“（舟山群岛）既而创县，名为昌国，意其东控日本，北接登莱，南亘瓯闽，西通吴会，实海中之巨障，足以昌壮国势焉。”③ 元代的昌国县自然包括普陀洛迦山在内，其重要的地理位置关涉到诸国的贸易往来，普陀洛迦山实为唐宋以来中国与东亚诸国贸易往来“海上丝绸之路”的要冲。在唐代明州港④ 开放之后，“海外杂国贾舶交至”⑤。明州港的地理辐射范围也自然包括普陀洛迦山在内（参见图 2–3–18 中的标注）。关于普陀洛迦山南海观音信仰与海上贸易之关系，有学者研究认为：

> 宋神宗元丰三年（1180），王舜封使三韩还朝，奏闻观音灵异之事，神宗题“宝陀”寺额，梅岑山终于被普陀洛迦山所取代。在此前后，海外诸国如高丽、日本、扶桑、阿黎、占城等国雄商巨舶，由此取道放洋，遇风涛、寇盗者，无不望山归命，以求安全。普陀山观音灵异之事不胫而走，传于海东，这是再自然不过的事。⑥

---

① 李利安：《论古代印度的补怛洛迦山信仰》，载《人文杂志》2019 年第 9 期，第 62–64 页。

② （元）盛熙明撰：《补陀洛迦山传》卷 1，《大正藏》第 51 册，第 1137 页上。

③ （元）冯福京等编：《昌国州图志》卷 1。

④ 宁波港是中国最古老的港口之一，春秋时期称句章港，唐朝称明州港，元朝称庆元港，明朝开始称为宁波港。

⑤ 参见（南宋）罗濬等撰：《宝庆四明志》。

⑥ 王连胜：《普陀山观音道场之形成与观音文化东传》，载《浙江海洋学院学报（人文社科版）》2004 年第 3 期，第 56 页。

王连胜把普陀洛迦山观音信仰与东亚诸国海上贸易联系了起来，并指出观音显灵对遭受海难、寇盗的救助。

总之，根据文献和学者的研究，普陀洛迦山南海观音道场的形成，与唐宋以来中国与东亚诸国的海上贸易往来有着密切的关系，南海观音确已成为中国古代海上贸易的守护神。同时，印度补怛洛迦山观音观音道场的形成亦与僧伽罗国（斯里兰卡）之间的贸易往来密切相关。因此，古印度补怛洛迦山观音道场与中国普陀洛迦山南海观音道场之间有着诸多地理、商贸同构上的联系。

5. 观音图像

中国本土普陀洛迦山观音道场的形成，同时伴随着南海观音图像的产生。与水月观音相比较，南海观音的一个显著特征是呈现了彻底的女性化。一些学者观察发现，南海观音与传统的补怛洛迦山观音（早期水月观音样式）不同，补怛洛迦山观音至今尚存大量已被确认的木刻雕像，例如在阿姆斯特丹瑞克博物馆展出的一件十二世纪观音木雕，蓄髭且袒胸（图 2-3-19）。[①] 呈现早期观音雄健的男性化特征。

从展出文物可以看到，补怛洛迦观音呈现的是男性特征。这种特征是早期印度蓄髭观音的遗留风格。这里的补怛洛迦观音实际上就是早期水月观音图像样式。法国吉美博物馆藏 17775 号绢画五代《水月观音菩萨》图像（图 2-3-16）中亦是蓄髭男性观音形象。

对比而言，南海观音则完全本土化、女性化、美人化了。如明代画家丁云鹏《南海观音》（局部）（图 2-3-20）即是个明显的例子。图中南海观音面如满月，头带圆光（也可能是水月观音图像中的月轮），头发覆肩，乘

① ［美］于君方著，释自衎译：《南海观音：现身南海度化善财、龙女》，载《香光庄严》2000 年第 61 期，第 96-97 页。

图 2-3-19：木雕补怛洛迦观音 阿姆斯特丹博物馆藏 12 世纪
（采自［美］于君方著《南海观音：现身南海度化善财、龙女》）

着波涛，踏着蛟龙，左手持净瓶，右手执杨枝。① 整个形象犹如一个风姿绰约的贵妇，满带世俗化气息。另外，南海观音除了站立姿势（图 2-3-20），还有宛如水月观音游戏的坐姿，一幅晚清滑县木版年画《南海观音》（图 2-3-21）就是其中一个范例。在这幅木版年画中，观音呈现为民俗画特色：

① 南海观音持物与前文早期水月观音相同。由此可以看出观音图像在演变过程中图像元素的承续与挪用。

图 2-3-20：明　丁云鹏　南海观音（局部）
（采自羲之编撰《明代著名画家丁云鹏》）

图 2-3-21：清　滑县木版年画　南海观音
（采自冯骥才主编《中国木版年画集成·滑县卷》）

头戴密宗特色的五叶冠，左手施说法印，右手持如意自然下垂，游戏坐于金刚台座；头戴圆光，身旁左后方站立一只鹦鹉胁侍，鹦鹉前摆放两颗寿桃；观音右后边置有净瓶，净瓶中插有杨枝；画面下方中间为波浪，象征南海，波浪上置元宝和钱币；左右站立善财、龙女二胁侍，带头光。此外，观音背后有竹叶，是对水月观音图像元素的挪用。上面两幅图像的特征正如一些学者所认为的那样：

南海观音与水月观音、白衣观音通常很难区分清楚。她坐在岩

> 石上，身后有竹子与一轮满月围绕着，插有杨柳枝的净瓶，不是在她手上，就是放在身旁，有一名男童与女童随侍在侧，有时也会将它描绘成乘着波浪或立在鳌头上。最后，一定可以看到有只叼着念珠的白鹦鹉盘旋在她的右上方……国剧《天女散花》也将南海观音的图像做了如下的概述：普陀宫殿，观音满月脸，善财童女站两边，白鹦净瓶，杨枝甘露水，广度众生，离苦渊。[①]

引文中所描述的与下面两幅南海观音图像所展现的内容，除了“鳌头”“念珠”等细微差别外，其他图像元素特征基本吻合。此外，在晚清滑县木版年画《南海观音》中出现了大量民俗化元素，如寿桃（象征长寿），元宝、方孔圆形钱币（祈求财富），胁侍善财童子（财神），呈现出典型的民俗艺术特色。由此可见，南海观音图像与水月观音图像之间存在着密切的承续关系。

根据上面的论述，笔者发现南海观音在明清时期已经发展出了“完整”的图像样式。这些图像样式主要表现为：主尊观音呈半跏趺坐（游戏坐、个别为站立姿势）；糅合了头光、金刚座（岩石）、净瓶、杨枝、海水、善财童子、龙女、（白）鹦鹉、念珠、竹、祥云等图像元素。

在明清时期，还发展出一种南海观音“全相图”样式，该样式在图像中还配置了韦驮菩萨作为观音的护法神。例如清代木版画《南海观音全相》（图2-3-22）、《全相观音图》（图2-3-23）。这样的图像结构样式几乎成为清代以来南海观音“全相图”的标准样式。所谓南海观音全相图标准样式，是指在绘制中参照了相对固定的粉本。从这两幅南海观音“全相图”可以看出对“标准”样式的挪用。两幅“全相图”除了善财、龙女的位置互有调换，图2-3-23中多了一箧经书之外，其余图像结构几乎一致。这样的“标准”全相图样式在清代以来的民间社会广泛传布。

---

① ［美］于君方著，释自衎译：《南海观音：现身南海度化善财、龙女》，载《香光庄严》2000年第61期，第97页。

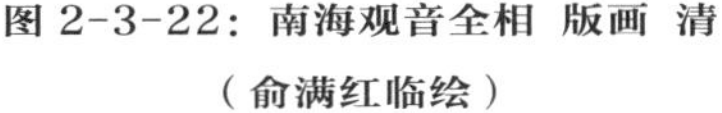

图 2-3-22：南海观音全相 版画 清
（俞满红临绘）

图 2-3-23：全相观音图 版画 清
（俞满红临绘）

南海观音与水月观音图像之间的承续关系，主要体现在三个方面：其一，学理上的衔接关系，即二者都是以《华严经》中塑造的观音道场补怛洛迦山为基本原型进行图像样式的创制。其二，无论是古印度的补怛洛迦山观音，还是中国的普陀洛迦山南海观音，两者都同属海上救难的身份特质，都是古代航海交通的守护神。其三，从图像学角度观察，由于中国普陀洛迦山与印度补怛洛迦山在地理形貌上的相似性，使得印度补怛洛迦山化现到中国普陀洛迦山在逻辑上成为可能。因此，补怛洛迦山的“水月观音”与普陀洛迦山的“南海观音”，二者本质上都是源于古代印度佛教的菩萨信仰，同是源于《华严经》中补怛洛迦山的观音信仰，这一点是毋庸置疑的。

第三章　折叠偶像

隋唐之际，随着佛教义学的高度发展，特别是中唐时期密宗的传入与盛行，信众对佛经与佛像的需求空前提高。而雕版印刷技术的施用，促成了佛教版画图像的生产。这些版画图像往往作为佛经的插图，置于经卷首页，或上图下文，或置于经页中心，或置于经页四周。与传统的壁画、帛画、绢画、纸画不同的是，佛教版画图像可以进行大量复制、折叠和携带，并且成本低廉，解决了社会普罗大众对偶像崇拜的巨量需求。这些便携的、廉价的、可复制的且可折叠的图像内容主要是以佛教中的神祇为主，因此，笔者把这些佛教版画神祇图像统一称之为“折叠偶像”。

“折叠偶像”不同于以往的“个性化”手绘神祇图像，这些佛教“折叠偶像”大量以山水题材的版画图像样式呈现。因此，本章讨论的佛教版画山水中的“折叠偶像”，包括佛经山水观音插图、图谱册页中的山水观音图像。这些山水观音图像，其构成样式既有中心对称式的偶像图式，也有非中心对称构图的样式。因此，就本书主旨而言，以“折叠偶像”指称佛教版画图像中的观音神祇，目的是对本章山水观音图像作研究边界的界定。也就是说，本章“折叠偶像”讨论的范围将限定在“佛教版画山水观音图像”范畴：一方面强调物质性与媒介性（可折叠版画图像），另一方面强调题材样式（山水观音）。本章的研究主题“折叠偶像”是指佛教版画神祇图像，其中自然包括山水观音图像在内。基于这样的界定，对于讨论繁杂多样的“折叠偶像”提供了研究上的便利。

佛教版画图像之所以强调其“折叠性”，是与佛经刻印的装订形式密切相关。从印度本土贝叶书[①]梵箧装佛经，到中国手抄本卷轴佛经，再发展到唐代流行的经折装佛经，然后发展到宋代蝴蝶装册页经书，最后演变成现代书籍的装帧结构形式，完成了中国传统书籍结构样式向现代图书样式的演进。这一系列演进都与书籍的材料、书写形式、印刷方式紧密相关。由于文字、图像传播技术的变革，佛教偶像也从相对固定的仪式空间（石窟、寺院）挪移到可折叠、便携的移动空间，从“奢侈”的供养偶像转变为“廉价”的纸质版刻复制供养偶像。同时，这类版刻复制性折叠偶像除了供养寺院、塔庙之外，亦进入到千家万户庶民百姓家庭。隋唐以来印制的大量佛教版画图像当中，观音图像是其中重要的偶像题材。版画山水观音图像的大量涌现，自然是与观音类经典的刻印传播密切相关。这些版画观音图像除了普遍印制在《法华经·普门品》《华严经·入法界品》《千手观音经》刻经中，还作为书籍插图大量出现在民间观音文学、感应故事、百科知识等众多版刻印刷品之中。

如果说这些佛经版画插图的刻印发起者主要是以寺院、官方组织与商业书坊为主体，那么木版年画山水观音图像的刻印则是以民间个体作坊为单元展开生产。从功能上讲，寺院、官方组织与商业书坊发起的刻经初衷旨在弘扬佛法或文化传播，那么民间木版年画的刻印则主要是为了烘托岁时节日气氛（虽然也带有偶像崇拜的因素），带有纯粹的民俗化功能性质。因此，在本章的研究中，民间木刻年画观音也将纳入“折叠偶像”范畴进行讨论。

宋元以来，随着活字雕版印刷技术的成熟，图像生产以繁荣的经济为支撑，催生了以浙江、福建、四川等地为中心的全国性刻印作坊，形成了发达的图书印刷产业。这些刻印作坊雇佣了精良的刻工，他们传承了祖上世代相

---

① 贝叶书，也叫贝叶经，是古印度早期书籍载体之一，主要用来记载佛教经典及宫廷文献资料。贝叶书用贝多罗树叶制作而成，选取贝多罗嫩叶，经过水煮、晾干、打磨、裁切、穿孔后即可进行撰写。一片贝叶最多可以撰写七八行，最后用木质夹板作为封面及封底，中间用绳串结。参见肖东发、于文编著：《中外出版史》，北京：中国人民大学出版社，2010 年，第 161 页。

袭的雕刻、印刷技术。熟练的刻工以高超的刻印技术最终保证了作品的精良品质。这些精良的刻印作品除了在国内广泛传播，还大量流向海外，如朝鲜、日本、东南亚等地。为此，中国的印刷技术为亚洲各国乃至西方国家的“全球化”文化传播作出了不可低估的贡献。

一、佛经插图

佛经版画插图，是对佛教经文、义理的变相或诠释。早期的佛经版画插图，是捺印性质的图章佛像。这些捺印佛像主要以纸张为材料，并成为早期经折佛经中的装饰性插图。随着佛教义学在唐代达到鼎盛，佛经的翻译也达到空前规模，早先的卷轴装佛经已经不能适应翻阅与体量的需求。经折装佛经装帧形式的产生，使得众多的佛教经卷得以海量刻印。早期佛经中只能通过壁画、绢画等形式瞻仰的偶像如今可以通过刻印纸媒折叠的形式进行存放和收藏。在这些“折叠偶像”中，山水观音版画插图成为“折叠偶像”中的重要组成部分。

（一）经折装佛经

通过上文可知，佛经插图依托于经折装、蝴蝶装样式，可以通过折叠、展阅的形式进行观赏。由于这些刻印图像主要施用于宗教供养、观想与诠释佛经之用途，故而图像中的神祇大多具有偶像性质，同时也具有很强的审美属性。尽管如此，仍然有一些佛经插图是以卷轴或单页的样式出现。据相关学者研究，敦煌所出刻本中的一些版画插图，上半多为观音或其他佛像，下半为经文，多为偈赞，有时整页为一版印成，也有的图像和经文各为一版。还有的许愿书用手工彩印涂色，甚至有些上端粘有挂钮，以便挂在墙上（观想和供养）。[①] 因此，佛经版画图像与经文在刻经中排版的位置显得比较灵活——上图下文或整版图像。同时，个别图像还可以置钮悬挂，亦可单独赋彩。

唐代经折装佛经是专门为适配佛经的雕版印刷而产生的。佛经在经折装广泛施用之前，主要有两种装订方式：其一是卷子，即传统的卷轴装，同时兼及少数折叠卷子；其二是梵箧经书，即是从印度携入中国的贝叶梵箧装。卷轴装佛经其媒介主要是缣帛和纸张，往往采用卷子的方式存放。其优势是便于收藏，同时也适合不断地书写。因其存放形式，“卷”也成为了佛经的计量单位。 但是卷子的缺点在于阅读困难，阅读过程中两端容易翻卷。正如元代吾衍《闲居录》所云：“古书皆卷轴，以卷舒之难，因而为折。久而折断，复为簿帙。原其初，则本于竹简绢素云。” [②] 以《金刚经》卷轴（图 3-1-3）为例，该佛经卷轴长达 487.7 厘米，用七张纸粘贴连缀而成。可以想象，翻阅如此长卷的经书，阅读体验是不太理想的。[③] 在经折装样式之前也有折叠存放的样式，俗称“折叠卷子”，尽管该样式不是主流。例如长沙东郊子弹库出土的十二神像帛书，就是经过 8 次折叠后存放在一个竹匣中。[④]

梵箧装佛经是由印度带入的，指的是贝叶经（参见前文注释“贝叶书”）。丁福保编《佛学大辞典》“梵夹”条：“梵夹，杂名。又曰经夹，又云梵箧，多罗叶之经卷也。《通鉴》‘唐懿宗于禁中自唱经，手录梵夹’。注曰：‘梵夹，贝叶经也，以板夹之。’” [⑤] 梵箧装佛经的形式与后来的经折装佛经样式比较相似。如果结合前文论及的折叠卷子，不难推测梵箧与折叠卷子的结构形式是卷轴装佛经向经折装佛经改进的过渡样式。

随着唐代雕版印刷技术日臻成熟，经折装佛经克服了卷轴装易折难卷舒

---

① 参见肖东发：《佛教传播与雕版印刷术的发明——中国古代出版印刷史专论之一》，载《编辑之友》1990 年第 1 期，第 78 页。

② （元）吾衍撰：《闲居录》。

③ 与具有页码标注的经折装相比，超长经卷进行分段式分时阅读会显得极不方便。

④ 商承祚：《战国楚帛书述略》，载《文物》1964 年 9 期。

⑤ 丁福保编：《佛学大辞典》“梵夹”词条。

的缺点而开始流行。由于雕版的特点是一页一版，有固定的尺寸，文字部分为版心，文字边缘空白部分为版口。这样的版面形式意味着改变了过去手抄卷轴佛经的版面可以“无限”延长（直到一卷佛经抄写结束）的特性。雕版佛经的段落由单一刻版进行区隔，经折装由此应运而生。唐代经折装佛经的产生是伴随佛经印刷技术日渐成熟而出现的。

据学者统计，目前多数敦煌经折装写本都收藏在巴黎和伦敦的敦煌特藏库中（共 263 种），其中绝大多数又是藏文文献（共 232 种）。伯希和特藏中的经折装写本多达 151 种，分别被编为伯希和敦煌汉文写本（P·编号）11 卷和藏文写本（Pt·编号）140 卷。斯坦因特藏中共有 20 种汉文和 92 种藏文经折装写本。[①] 由此可见，隋唐以后经折装样式的出现，不仅仅局囿于汉文，藏文亦同样流行。

由于经折装的便利与流行，再加上宋元以来蝴蝶装对经折装的再次改进，使得佛经的印刷自唐五代以来盛况空前。中国古代《大藏经》雕印时间从北宋到清代，地域从中国到朝鲜、日本，据学者统计，数量相当可观（参见肖东发《中国古代大藏经雕印情况一览》《汉文大藏经国外刻印本一览》）。[②] 这些佛经刻印均以经折装等册页形式呈现，大量的山水偶像插图则被“折叠”藏于其中。

（二）早期佛经插图

佛经自从使用雕版刻印传播以来，就以“图文并茂”的形式呈现。这些插图大多放置在经首，或上图下文，或经文中心，或经文四周。甚至有学者认为，佛像的印刷比佛经的刻印还要早些，捶拓和印章的结合点即是佛像，

---

① ［法］谢和耐、苏远鸣等著，耿昇译：《法国学者敦煌学论文选萃》，北京：中华书局，1993，第 580 页。

② 肖东发：《汉文大藏经的刻印及雕版印刷术的发展——中国古代出版印刷史专论之二（下）》，载《编辑之友》1990 年第 3 期，第 66-67 页。

图 3-1-1：捺印一佛二菩萨梵文经咒 敦煌 南齐 中国国家图书馆藏

其时约在 7 世纪初期。① 事实上，拓印与捺印佛像的时间可能更早，远在唐代之前。目前发现一幅南齐时期（479–502）的捺印《一佛二菩萨梵文经咒》版画图像，就是典型例子（图 3-1-1）。这幅版画图像印于《杂阿比昙心论卷十》背面，图中有方形篆书朱文"永兴郡印"字样。根据《南齐书》卷 15 记载，永兴郡始置于南齐隆昌元年（479），属宁州，在今云南省境内。南

① 肖东发：《佛教传播与雕版印刷术的发明——中国古代出版印刷史专论之一》，载《编辑之友》1990 年第 1 期，第 77 页。

齐于公元 502 年灭亡后，永兴郡这一建制不再延续。[①] 由此可知，佛教捺印版画插图的出现远远早于隋唐雕版刻印佛经。由于纸张材料不易保存，这幅鲜有的南齐时期捺印版画佛像对于研究中国早期版刻佛像具有重要的价值。

除此之外，目前能收集到的早期佛教捺印版画插图均出现在盛唐（约 9 世纪）时期。其中一件《佛说随求即得大自在陀罗尼神咒经》呈现为偶像居中心并以手印环绕文字四周的曼荼罗结构图式（图 3-1-2）[②]。据研究，此件版刻图像还略早于咸通九年（868）的《金刚经》插图。根据尺寸考察，文字与四周的手印均为雕印工艺完成。此件佛经图像的发现证明唐朝以来因密宗流行而对陀罗尼经咒大量刊印需求的事实。有学者研究指出，比此件印本佛像略晚的另一雕版印刷品群体陀罗尼经咒也大量刻行。佛教密宗咒语刻本在公元 8 世纪形成一个出版高峰，其数量竟以百万计。[③] 例如“天平宝字八年（764），日本称德天皇下令雕印百万《陀罗尼经咒》，分藏在 100 万个高 13 厘米的小木塔中，再分送 10 所大寺院保存……五代时期，吴越国王钱俶于显德三年（956）雕造《一切如来心秘密全身舍利宝箧印陀罗尼经》（简称《宝箧经》）印数达 84000 卷。”[④] 佛教经文记载中的阿育王造 84000 舍利佛塔，如果每个佛塔都需要藏入经像，那么手抄肯定难以满足如此巨大数量的需求，只有进行大量复制性刻印才能达成这一宏愿。五代时期钱俶所造的舍利佛塔就是模仿阿育王造塔，并印制了同样数目的《宝箧经》藏入塔内进行供养。可以认为，唐朝密宗的流行对经咒、经像的巨量需求，从另一个

---

① 参见中国美术全集编辑委员会编：《中国美术分类全集·中国版画全集》第 1 卷《佛教版画》图版一，图版说明第 1 页。

② 参见中国美术全集编辑委员会编：《中国美术分类全集·中国版画全集》第 1 卷《佛教版画》图版三，图版说明第 1 页。

③ 肖东发：《佛教传播与雕版印刷术的发明——中国古代出版印刷史专论之一》，载《编辑之友》1990 年第 1 期，第 78 页。

④ 参见肖东发：《佛教传播与雕版印刷术的发明——中国古代出版印刷史专论之一》，载《编辑之友》1990 年第 1 期，第 79 页。

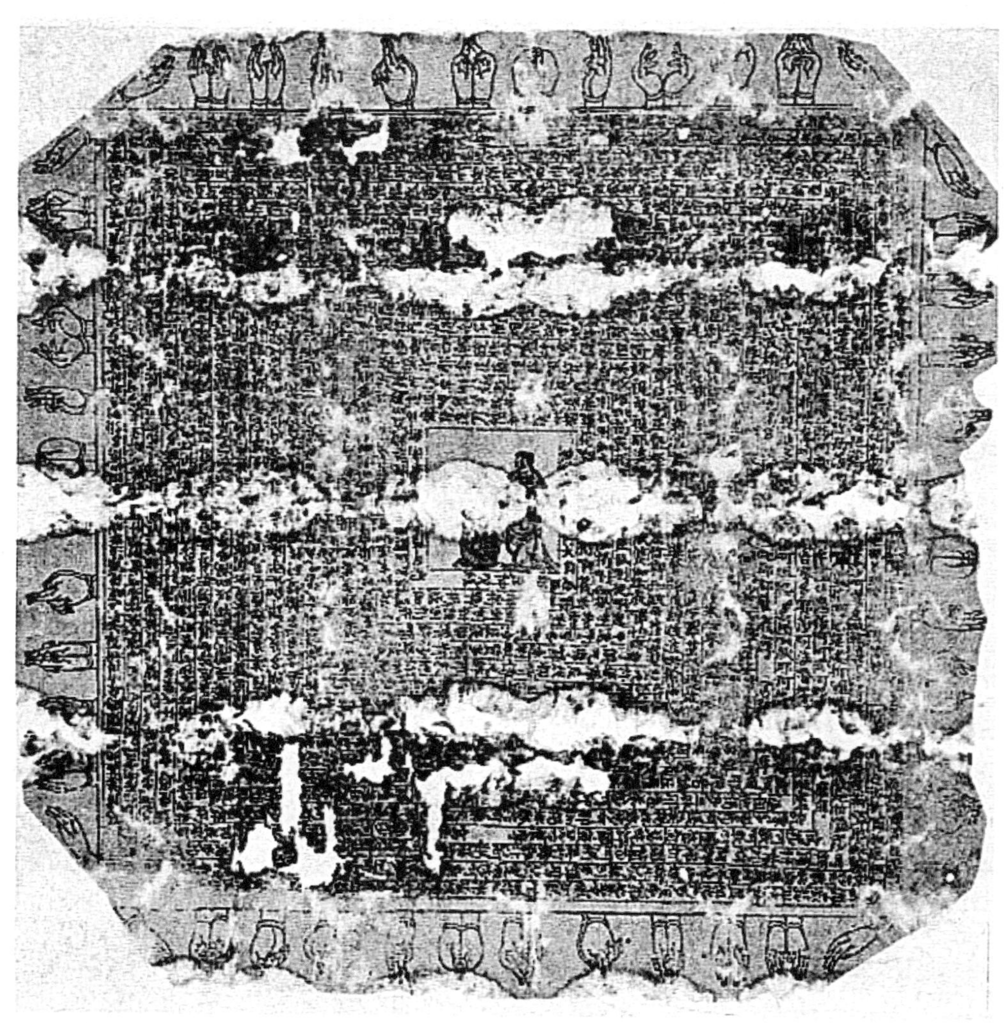

图 3-1-2：佛说随求即得大自在陀罗尼神咒经 纸本单页
西安陕西文物研究中心藏 35x35cm 约 9 世纪

图 3-1-3：《金刚般若波罗蜜经》插图　英国伦敦国家图书馆藏
23.7x28.5cm（原经卷长 487.7cm）　唐咸通九年（868）

侧面促进了佛教版画刻印的迅速发展。从实物角度来看，在《中国美术分类全集・中国版画全集》第 1 卷《佛教版画》中所收录的唐代佛教版画观音图像遗存中，梵文经咒类版画至少占据 7 件之多。① 同时，佛教对梵文经咒的刻印一直延续到两宋以后，现有的实物遗存充分说明了经咒刻印对佛教版画印制的影响。

接下来讨论目前最为知名的一件晚唐咸通九年（868）《金刚般若波罗蜜经》（简称《金刚经》）版画卷首插图（图 3-1-3），这件《金刚经》插图

① 参见中国美术全集编辑委员会编:《中国美术分类全集·中国版画全集》第 1 卷《佛教版画》图版一至七，图版说明第 1-3 页。

被公认为目前现存唐代最为精美的佛教刻印图像。

《金刚经》插图经卷1900年发现于敦煌莫高窟藏经洞，1907年被英籍匈牙利人斯坦因劫去，现藏于英国伦敦国家图书馆。该版刻插图置于经卷之首，左上方榜题雕刻“祇树给孤独园”字样。插图中心突出者人物为释迦牟尼，他的周围是“诸大比丘众”与“千二百五十人”弟子。画面左下方双手合什呈跪姿的白须老者是须菩提，他仰视着佛陀，正在向佛陀请谒佛法。此版刻插图最有价值之处在于经卷末尾注明了刊刻日期和赞助人名字：“咸通九年四月十五日，王玠为二亲敬造普施。”这样的题记，在唐代佛经插图中极为鲜见。此幅版刻插图线条繁密、细腻，体现了唐代雕版技术的高超水平。有学者认为，唐代代表作《金刚经》刻品书籍的出现，是经过了早期捺印佛像、经咒刊刻两个阶段二百余年技术积累与发展的结果。① 事实上，从早期具有明确纪年的南齐捺印《一佛二菩萨梵文经咒》版刻图像到唐咸通九年（868）雕刻精美的《金刚经》插图经卷刊印，经历了近四百年时间的技术累积，这是一段漫长的岁月。

由于刻印纸张媒介不易保存的特质，笔者把五代之前的佛经版画均视为早期印刷品，这些遗存稀少罕见，显得异常珍贵。据《中国美术分类全集·中国版画全集》第1卷《佛教版画》所收录的北齐至五代佛教版画统计有：北齐时期佛教版画1幅；唐代时期木刻版画22幅（其中7幅处于唐末五代之间，统计上暂归属于唐代）；五代时期木刻版画仅12幅。② 周心慧编著《中国古代佛教版画集》收录北齐至五代时期的佛教版画有：北齐时期石刻版画1幅；隋代时期石刻版画1幅；唐代时期木刻版画15幅；五代时期木刻版画10幅；

---

① 肖东发：《佛教传播与雕版印刷术的发明——中国古代出版印刷史专论之一》，载《编辑之友》1990年第1期，第79页。

② 参见中国美术全集编辑委员会编：《中国美术分类全集·中国版画全集》第1卷《佛教版画》，图版说明第1–12页。

还有 1 幅时代不明。[①] 需要说明的是，这两部佛教版画集所收录的作品有重复的图像。从以上统计数据可知：唐代之前存世的佛教版画作品极为稀见。中国早期的佛教版画主要集中出现在唐五代时期，其数量亦非常有限。通过观阅这些遗存图像，我们可以了解到这一时期雕刻技术已经臻至成熟，为宋代雕版技术的突破性发展奠定了物质与技术基础。

（三）观音版画图像

与敦煌横卷宏大叙事式舆图山水观音相比较，折叠性的版画观音图像呈现为独立性的册页结构样式。这种折叠性册页图像结构由于受到雕版自身固定版面尺寸的限制，不可能再延续宏观性舆图山水观音样式。因而，基于图像复制技术的重大革新，从宏观性手绘舆图山水观音图像向折叠式版画山水观音图像结构样式的转变势在必行。

目前所能观察到的古代佛教版画观音图像主要有三种类型：

第一种类型为经变、供养、陀罗尼版画插图。其中“经变”插图是对佛经内容的忠实呈现；供养像是作消灾祈福的功用；陀罗尼则兼具消灾辟邪、祛病灭烦的作用。从目前的图像遗存考察，这类观音图像的印制从唐代到明清几乎没有间断，反映了中国古代观音崇拜的巨大社会需求。

第二种类型是版画观音图谱画册，诸如《慈容五十三现》《观音菩萨三十二相》等。这类观音图像带有图谱检索的性质，版本众多，往往由知名画家绘制、良工刻印。个别观音图像样式具有强烈的世俗化倾向，带有社会风俗画的性质，与偶像式观音样式形成鲜明对比。

第三种类型是百科知识、宝卷类版画插图。明代百科类图书如《三才图会》，宝卷类图书如《香山宝卷》《白衣观音菩萨送婴儿下生宝卷》《伏魔宝卷》等，这些书中均出现有观音版画插图。这些百科知识、文学宝卷类书籍插图

① 周心慧主编：《中国古代佛教版画集 · 一》图版第一至二八，北京：学苑出版社，1998 年。

中的山水观音图像目前存量不多，而且比较分散，收集难度很大。在下面的研究中，笔者将对这三类版画观音图像逐一进行论述。

1. 经变、供养、陀罗尼观音版画插图

《中国美术分类全集·中国版画全集》第 1 卷《佛教版画》中收录的资料表明，法国国家图书馆藏的 1 幅晚唐时期捺印水月观音图像（图 3–1–4），是目前发现较早的观音版画遗存。[①] 这幅捺印水月观音图像于 1900 年首次发现于敦煌藏经洞。图像纵 23.4 厘米，横 108.5 厘米，每列三身，共约六十余身。英国国家图书馆藏 4 幅捺印水月观音图像：1 幅三排八列二十身；1 幅三排四列共计十二身；1 幅纵 19.2 厘米，横 23.2 厘米，约存八身；1 幅纵 28.7 厘米，横 59.2 厘米，约存三十六身。俄罗斯科学院东方研究所圣彼得堡分所存 4 幅单身，皆残损。下图捺印水月观音版画图像（图 3–1–4）是根据英国藏编号为 S.P252 号的单尊水月观音捺印图像合成的。图中捺印水月观音像游戏坐于莲台上，侧身向左；右腿结跏趺坐，左腿下垂，足踩莲花；左手上扬（手印不明）；右手自然下垂；上身向左倾斜，着天衣，佩璎珞，带头光；身后右臂后边竖一枝含苞欲放的莲花。[②] 根据前文笔者对水月观音造像仪轨的讨论，此幅版画捺印图像定名为水月观音，笔者表示质疑。主要理由是该图像没有岩石（金刚座）、竹等典型图像符号，因而图像表现的很可能是如意轮观音或莲花手观音。同时北宋《宣和画谱》中还尚未收录有唐代的水月观音图像，仅在画史中出现过唐周昉创的“水月体”观音。根据密教经典中的造像仪轨，笔者进一步认为此幅捺印观音图像极有可能是如意轮观音。由于如意轮观音与水月观音有着几乎相同的造像仪轨，因而单从图像结构上很难作出区别。综上，笔者仍然把类似水月体的如意轮观音视为经变类观音图像。

---

① 笔者认为此图也可能是如意轮观音图像。

② 参见中国美术全集编辑委员会编：《中国美术分类全集·中国版画全集》第 1 卷《佛教版画》图版十，图版说明第 4 页。

图 3-1-4：捺印水月观音 英国国家图书馆藏 每尊 7.9x4.8cm 晚唐（827-907）

除了上面例举的唐代捺印观音图像之外，还有密教类观音图像（供养、经变插图、陀罗尼）与普门品类观音图像（主要以经变插图为主）。经过当下学者孜孜不倦的努力，古代版画资料的收集成果宏富。比如《中国美术分类全集 · 中国版画全集》（全 6 册）第 1 册《佛教版画》、周心慧主编《中国古代佛教版画集》（全 3 册）、《中国佛教版画全集》（全 82 册）①、《中国佛教版画全集补编》（全 26 册）② 等，这些画册中收录了一定数量的观音题材版画。在下面的研究中，笔者将以《中国美术分类全集·中国版画全集》第 1 卷《佛教版画》（后面简称《中国版画全集·佛教版画》）为图像资料样本展开分析和讨论。

笔者根据年代、图像编号、图像名称、图像类型与图像出处，对《中国版画全集·佛教版画》中收录的历代观音图像进行了分类整理，现列表如下(表3–1–1)：

表 3–1–1:《中国版画全集·佛教版画》收录的历代观音图像

年代	图版编号与图像名称	图像类型	图像出处
晚唐（约 827–906）	十 捺印水月观音	供养像	英国国家图书馆藏 4 件、法国国家图书馆藏 1 件、俄罗斯科学院东方研究所圣彼得堡分所藏 4 件
	一六 圣观自在菩萨千转灭罪陀罗尼	陀罗尼	英国国家图书馆藏 1 件、法国国家图书馆藏 2 件
五代后晋开运四年（947）	二四 大慈大悲救苦观世音菩萨	供养像	上海博物馆藏 1 件、法国国家图书馆藏 8 件、法国吉美博物馆藏 1 件
	二六 大慈大悲救苦观世音菩萨	供养像	法国国家图书馆藏 3 件、英国国家图书馆藏 1 件
五代至北宋	三〇 圣观自在菩萨	供养像	上海博物馆藏 1 件、法国国家图书馆藏 4 件、英国国家图书馆藏 4 件
五代	三二 千手千眼观世音菩萨曼荼罗	供养像	中国国家图书馆藏 1 件、法国吉美博物馆藏 1 件
北宋开宝七年（974）	三八 应现观音像（日本镰仓时摹本）	供养像	照片由日本久原文库藏（原作不存）
北宋大观二年（1108）	五八 佛顶心观世音菩萨大陀罗尼经	经变插图	中国国家图书馆藏 1 件
南宋嘉定十七年（1224）	七八 如意轮观音菩萨坐像	供养像	日本奈良圆兴寺（极乐坊）
南宋绍定（约 1230）	八〇、八三、八四 观世音菩萨普门品	经变插图	中国国家图书馆藏
南宋嘉熙（约 1240）	八五 观世音菩萨普门品	经变插图	中国国家图书馆藏

① 翁连溪、李洪波主编：《中国佛教版画全集》（全 82 册），北京：中国书店，2014 年。

② 翁连溪、李洪波主编：《中国佛教版画全集补编》（全 26 册），北京：中国书店，2017 年。

西夏	九七 汉文妙法莲花经观音普门品	经变插图	俄罗斯科学院东方研究所圣彼得堡分所藏
西夏仁宗大庆、人庆、天盛间（1141–1167）	一〇二、一〇三、一〇四 圣观自在大悲心总持功能依经录等三经合刊	经变插图	俄罗斯科学院东方研究所圣彼得堡分所藏
西夏	一一五 西夏刻印汉文高王观世音经	经变插图	俄罗斯科学院东方研究所圣彼得堡分所藏
	一一七 图解本西夏文妙法莲花经观音普门品	经变插图	敦煌研究所藏
元大德（1297–1307）	一三八、一三九 大悲经忏	陀罗尼	中国嘉德 2004 年秋拍品第 2549 号（两件套）
	一四七 碛砂藏释加牟尼佛与观世音菩萨	经变插图	图见碛砂藏插图
元刻明初印（1331–1398）	一六五 妙法莲花经观世音菩萨普门品	经变插图	图见 1995 年岭南美术出版社《观音百图》16 页（收藏者不明）
元后期（1328–1368）	一六六 妙法莲花经观世音菩萨普门品	经变插图	日本龙谷大学藏
明初（1368–1425）	一七〇 妙法莲花经观世音菩萨普门品	经变插图	中国国家图书馆藏
明洪武二十八年（1395）	一七二、一七三 妙法莲花经观世音菩萨普门品	经变插图	中国国家图书馆藏（郑振铎旧藏）
	一七四、一七五 妙法莲花经观世音菩萨普门品	经变插图	中国国家图书馆藏南宋理宗绍定间（约 1230）刊本、俄罗斯科学院东方研究所圣彼得堡分所藏西夏刻印汉文本、敦煌研究所藏西夏刻印西夏文本
明永乐三年（一四〇五）	二〇〇、二〇一、二〇二 佛顶心观世音菩萨大陀罗尼经	陀罗尼	中国国家博物馆藏
明永乐十年（1412）	二〇三 佛说高王观世音经	经变插图	中国国家博物馆藏
明永乐（1403–1424）	二〇六、二〇七 妙法莲花经观世音菩萨普门品	经变插图	中国国家图书馆藏（郑振铎旧藏）
明宣德七年（1432）	二一四 出相观世音菩萨普门品	经变插图	日本黑田源次藏
明宣德八年（1433）	二一五 墨印敷彩出相观音经	经变插图	收藏者不详
明宣德（1426–1435）	二一六 白衣大悲五印心陀罗尼经残页	陀罗尼	1985 年宁夏同心县康济寺塔发现，图见《西夏佛塔》图版二二七（文物出版社 1995 年版）
明宣德八年（1433）	二一九、二二〇 妙法莲花经观世音菩萨普门品	经变插图	中国嘉德 2007 年秋古籍拍品第 1661 号

明正统四年（1439）	二二三　佛顶心大陀罗尼经咒	陀罗尼	北京中鸿信1999年秋古籍善本拍卖第16号
明正统十二年（1447）	二二五　大佛顶心出相陀罗尼经	陀罗尼	傅增湘旧藏
明正统景泰间（1436-1456）	二二九　佛顶心陀罗尼经	陀罗尼	中国书店2002年春拍品第156号
明正成化十三年（1477）	二四一、二四二　佛顶心陀罗尼经	陀罗尼	北京瀚海1966年春古籍善本拍卖第642号
明正成化二十一年（1485）	二四四　妙法莲花经观世音菩萨普门品	经变插图	中国艺术研究院图书馆戏曲图书专室藏（傅惜华旧藏）
明弘治四年（1491）	二五三　佛顶心陀罗尼经	陀罗尼	中国嘉德2000年秋古籍善本拍品第613号
明万历十八年（1590）	二六三　出相观世音菩萨普门品	经变插图	中国书店2002年秋古籍善本拍品第18号
明万历三十年（1602）	二六五、二六六　出相观世音菩萨普门品	经变插图	图见《文物》1987年第8期周绍良文插图（原件佚失）
明万历（1573-1619）	二七七　观世音菩萨三十二相	图谱册页	木刻原雕版安徽省博物馆藏
明天启（1621-1627）	二七九　朱印千手千眼观世音菩萨大悲咒	陀罗尼	北京万隆古籍文献2001年春拍品第16号
清康熙三十五年（1696）	二九〇　妙法莲花经观世音菩萨普门品	经变插图	北京大学藏翻刻后印本
清康熙（1662-1722）	三〇二、三〇三　慈容五十三现图	图谱册页	上海图书馆藏明刊本
清乾隆二十四年（1759）	三一八　叶衣观自在菩萨经	陀罗尼	北京故宫博物院藏
清嘉庆四年（1799）	三二九、三三〇　观世音应化灵异图像	图谱册页	北京大学图书馆藏
清同治七年（1868）	三三七　妙法莲花经观世音菩萨普门品图证	图谱册页	有上海佛学书局1997年据石印本影印的《妙法莲花经观世音菩萨普门品图证》通行
清光绪二十二年（1896）	三四五　善财童子五十三参图赞	图谱册页	有北京通教寺1999年朱印本、成都古籍书店2000年影印本

上表中一共罗列了观音版刻图像59件，其中供养观音像7件，陀罗尼观音插画14件，经变观音像30件，图谱册页8件。仅从这些样本考察，可以发现观音经变（特别是《普门品》经变）图像数量占据一半以上，可见《普门品》经典的重要影响力。表中陀罗尼观音图像仅次于《普门品》经变图像，达到14件之多，这反映出社会民众出于消灾降福的功利需求而对陀罗尼供养的极高热情，同时也反映出宋元以来密教对民众的强烈吸引力。

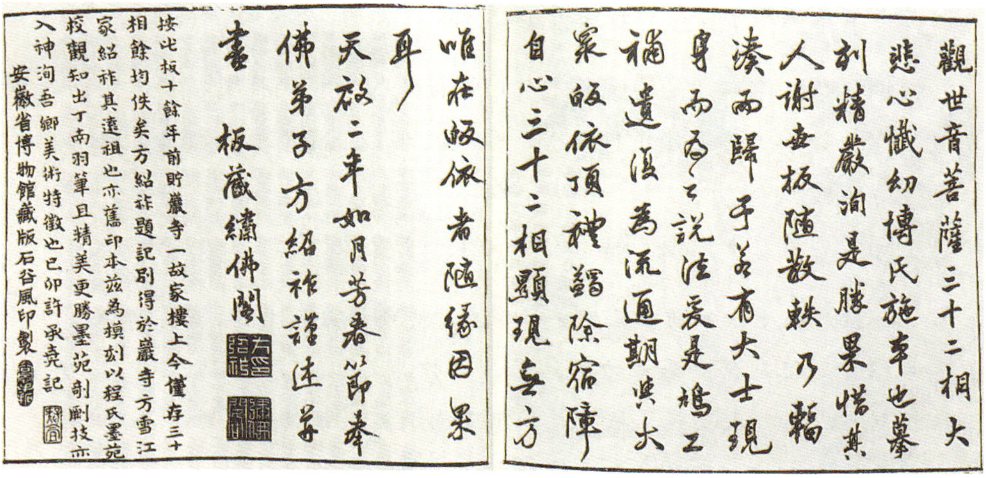

觀世音菩薩三十二相大悲心懺幼博氏施本也摹刻精嚴洵是勝果惜其人謝世板隨散軼乃輯湊而歸予若有大士現身而為之說法爰是鳩工補遺復為流通期與大衆皈依頂禮蠲除宿障自心三十二相顯現無方

唯在皈依者隨緣因果耳天啟二年如月芳春之節奉佛弟子方紹祚謹述并書　板藏續佛閣

按此板十餘年前得巖寺一故家樓上今僅存三十相餘均佚矣方紹祚題記則得於巖寺方雪江家紹祚其遠祖也亦舊印本茲為摹刻以程氏墨苑校觀知出丁南羽筆且精美更勝墨苑剞劂技亦入神洵吾鄉美術特徵也已卯許承堯記

安徽省博物館藏版石谷風印製

图 3-1-5：《观世音菩萨三十二相大悲心忏》雕版方绍祚序并许承尧记影印
（采自明丁云鹏绘《慈容五十三现》）

2. 观音版画图谱

目前现存的观音图谱当以明代丁云鹏绘《观音三十二相》《慈容五十三现》（传）为典型代表作，下面依次进行讨论。

版画《观音三十二相》图谱是依据《普门品》中观音三十三现而绘制的，图谱完整名称为《观世音菩萨三十二相大悲心忏》（简称《观音三十二相》）。《观音三十二相》雕版现藏于安徽博物馆。目前仅存五块，双面刻绘，每面三版，其中另附一单面雕刻，雕版上刻有天启二年方绍祚序和民国二十八年许承尧（1874–1946）序（见序言影印图 3-1-5）。笔者将图右边方绍祚序文录出如下：

观世音菩萨三十二相大悲心忏，幼博氏施本也。摹刻精严，洵是胜果。惜其人谢世，板随散佚，乃辑辏而归予。若有大现身而为之说法，爰是鸠工补遗，复为流通，期与大众皈依顶礼，蠲除宿障自心，三十二相显现无方，唯在皈依者随缘因果耳。天启二年如月芳春节奉佛弟子方绍祚谨述并书。板藏秀佛阁。[①]

根据方绍祚序言“幼博氏施本”可知，此版为明代制墨名家程大约[②]所赞助。序文作于天启二年（1622），说明《观音三十二相》雕版至少在天启年间已经刻成。

上图《观音三十二相》雕版（图3-1-5）左边为民国许承尧的序文：

按此板十余年前贮岩寺一故家楼上，今仅存三十相，余均佚矣。方绍祚题记别得于岩寺方雪江家，绍祚其远祖也。亦旧印本。兹为模刻，以《程氏墨苑》校观，知出丁南羽笔，且精美更胜《墨苑》。剞劂技亦入神，洵吾乡美术特征也。己卯许承尧记。[③]

由序文题末“己卯”可知此文记录于民国二十八年（1939）。根据许承尧的鉴定，此版画的粉本出自明代知名佛画家丁云鹏（1547–1628，字南羽）手笔。据许承尧言，《观音三十二相》雕版存有三十相，遗失二相，雕版剞劂（雕刻）技艺高超。

从民国二十八年许承尧作序文起，经过几十年，现藏于安徽博物馆的《观音三十二相》雕版所存五块，正好是序文中“岩寺一故家楼上”所存的观音三十相刻版（与安徽博物馆所藏雕版“仅存五块，双面刻绘，每面三版”契合）。

根据笔者对《观音三十二相》图谱的观察，版刻图像线条流畅，精美细腻，具有丁云鹏佛画的典雅风格，可惜的是版刻缺失了二相，甚为遗憾。又根据安徽博物馆另藏有民国二十八年方光远抄录许承尧的序文，与许承尧原《记》文略有差异，却更为详细，兹录于下：

① 参见（明）丁云鹏绘：《慈容五十三现》（外一种），杭州：浙江人民美术出版社，2016年，第146–147页。

② 程大约，明万历至天启年间在世，字幼博，又名君房、士芳，岩寺人。

③ 参见（明）丁云鹏绘：《慈容五十三现》（外一种），杭州：浙江人民美术出版社，2016年，第147页。

> 按此三十二相今仅存三十相，得于岩寺，枣木板，共五方。两面刻，每面三相，合成三十。末板两项并题跋已阙。上方绍祚题记得于岩镇方雪江家。绍祚乃雪江远祖也。亦明刊印本，尺寸与相合，以此题记证知，此本为程幼博遗物。又以《程氏墨苑》图绘比较证知为丁南羽笔，且精妙更胜于《墨苑》，非圣华（笔者注：丁云鹏号“圣华居士”）不为能。圣华画佛，姜二酉称其如入维摩室，与诸佛菩萨对语，眉睫鼻孔皆动，李龙眠、赵松雪未能远过。剞劂出黄，虬村黄氏，技亦入神，所谓下真迹一等，真可宝也。民国二十八年许承尧记方光远书。①

方光远对许承尧《记》的“抄录”提供了更丰富的信息，交代了此雕版的刻工为虬村黄氏。关于虬村黄姓刻工可见于《虬川黄氏宗谱》，②后文有详细讨论（图3–1–6）。③

根据上图可以发现，版印图谱线条流畅、细腻，虬川黄氏刻工忠实地呈现了丁云鹏的绘画风格与水平，最大限度地还原了墨本线描粉本的艺术风貌。

接下来讨论另一部观音版画图谱《慈容五十三现》。

观音版画图谱《慈容五十三现》据传亦为丁云鹏绘制。郑振铎先生对此图谱评价颇高：“南方刻的《慈容五十三现》，写的是观世音幻形度世的种种图像，崇祯间（约1644）的原刻本精美极了，差不多可以说是各式各样的美女图集，集合了古今绘刻仕女画的技巧，而一一呈现于此。”④根据郑振铎先生对《慈容五十三现》刻绘图谱的评价来看，这些图像类似美女图集，来源于绘刻仕女画的技巧。明清以来，观音美人化是观音信仰世俗化的一大特征，这些美人图的样式大多来自唐宋以来的宫廷仕女绘画粉本。因此，郑

---

① 转引自郝颜飞：《刻绘双绝〈三十二观音〉雕版》，载《文物鉴定与鉴赏》2013年第3期，第46–47页。
② 刘尚恒：《〈虬川黄氏宗谱〉与虬村黄姓刻工》，载《江淮论坛》1995年第5期，第105–112页。
③ 参见（明）丁云鹏绘：《慈容五十三现》（外一种），杭州：浙江人民美术出版社，2016年，第147页。
④ 参见（明）丁云鹏绘：《慈容五十三现》（外一种），杭州：浙江人民美术出版社，2016年，第151页。

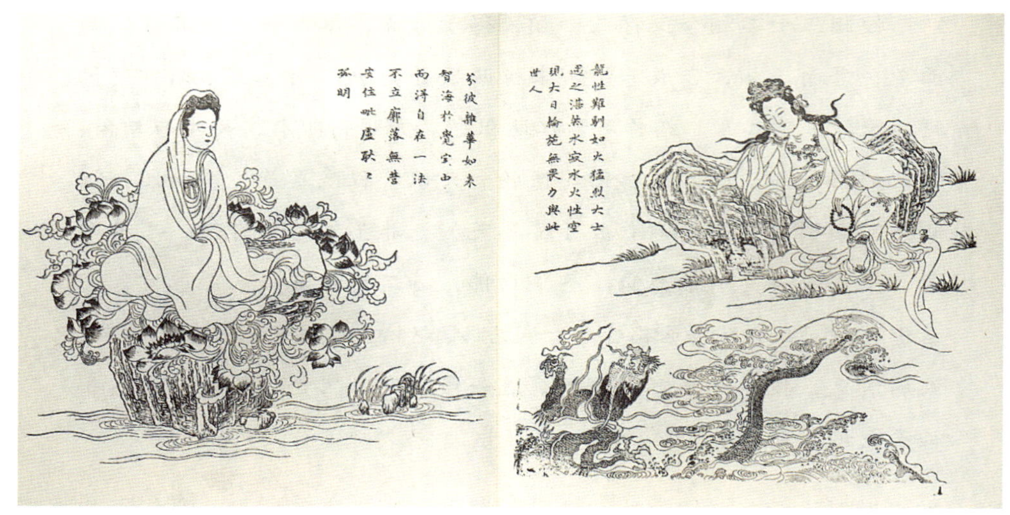

图 3-1-6：《观音三十二相》图谱 明 丁云鹏绘 程大约辑刻 虬川黄氏雕刻
（采自明丁云鹏绘《慈容五十三现》）

振铎的评价可谓看到了图像承续的本质。

根据上文《慈容五十三现》与《观音三十二相》图谱的比较可以发现，前者依据的粉本与后者部分相关[①]，而且增添了一些外来化相。最典型的例子如“慈容五十一现”画面（图 3-1-7），观音化身为一个西洋男子。[②]根据郑振铎的说法，“（《慈容五十三现》）有好些画法，是十分新鲜的，有很大的创造性价值，不应该仅仅当它为宗教的宣传画来看。其中，还有一幅西洋男子像，也说是观世音的幻像之一。其实，确是从西洋（英或法）的木

① 经过比对发现，《慈容五十三现》部分图像来自《观音三十二相》的构图，只是有略微差别。这里不作详细例举。同时，《慈容五十三现》的雕刻质量比虬川黄氏刻制的《观音三十二相》稍逊。参见（明）丁云鹏绘：《慈容五十三现》（外一种），杭州：浙江人民美术出版社，2016 年。

② （明）丁云鹏绘：《慈容五十三现》（外一种），杭州：浙江人民美术出版社，2016 年，第 104–105 页。

图 3-1-7：观音图谱《慈容五十三现》之“慈容五十一现”　明　丁云鹏绘（传）刻工不明
（采自明丁云鹏绘《慈容五十三现》）

刻某大臣的肖像翻刻的，只不过在图旁，照例地点缀上鹦鹉、净瓶、杨枝而已。”[①] 郑振铎描述的就是上图观音图谱《慈容五十三现》第五十一现中呈现为观音幻化西洋男子图像。图中除了净瓶、杨枝、白鹦鹉，图像的右下部分还雕刻了善财童子。画面的构图采用了椭圆形镜面样式，这是典型的西洋风格。

在上图“慈容五十一现”右边还刻有一首配诗，这是《慈容五十三现》通行的图文配置样式。兹录刻文于下：

① （明）丁云鹏绘：《慈容五十三现》（外一种），杭州：浙江人民美术出版社，2016 年，第 151-152 页。

慈容五十一现

楼阁玲珑弹指间，蜃楼海市不同班。

法轮周匝全无碍，如是我闻第一关。

根据配诗，可以发现诗文与西洋男子观音幻化图像几乎没有直接关联。诗文只是带有佛学意境的通常文句而已。从图像学角度观察，事实上至少在明代，中国绘画艺术与欧洲绘画艺术就已经有着某种程度的交汇与借鉴了。相关的图像证据较多，这里不作论述。另外，《慈容五十三现》中的数字“五十三”，是为了呼应《华严经·入法界品》中“善财童子五十三参”的数字而设，仅为一种附会，没有实际意义。需要补充说明的是，《慈容五十三现》图谱目前在上海图书馆藏有明刊本，约刻于万历天启间（1621-1627），刻有“大雄弟子”睢阳侯褒喜印乐施”字样（例举的图像属于明刊本）；同时，《慈容五十三现》图谱还有康熙年间戴王瀛刻本（郑振铎旧藏此本），现藏中国国家图书馆。①

明清以来，与观音相关的“善财童子五十三参”图谱版画刻印一直没有间断，如清光绪二十二年（1896）印本、北京通教寺1999年朱印本、成都古籍书店2000年影印本，这三个不同时间的印本就是显著例子。清光绪二十二年（1896）《善财童子五十三参图赞》（图3-1-8）印本图中显示的即是善财童子第二十八参在补怛洛迦山参拜观音的场景。②此版本具有典型的《芥子园画谱》山水画风格，画面表现丰富细腻、人物众多，略显程式化。

总之，观音版画图谱是明清社会以来观音图像刻绘的一个重要题材。其中《观音三十二相》《慈容五十三现》《善财童子五十三参图赞》等以图文并茂的方式普及佛学知识，以回应社会民众的信仰需求，由此催生了观音刻

---

① 参见中国美术全集编辑委员会编:《中国美术分类全集·中国版画全集》第1卷《佛教版画》图版三〇二、三〇三，图版说明第102页。

② 参见中国美术全集编辑委员会编：《中国美术分类全集·中国版画全集》第1卷《佛教版画》图版三四五，图版说明第116页。

图 3-1-8：版画 善财童子五十三参图赞 第二十八参补怛洛迦山观音清光绪二十二年（1896）
（采自宋孤云居士绘《善财童子五十三参图赞》）

绘图谱的大量印行。

3. 知识、宝卷类版画观音插图

知识、宝卷类书籍版画插图中亦散见有一些观音图像。这些知识类书籍如《三才图会》《劝诫图说》《三教同源录》《释世源流》以及民间宝卷类书籍等，均出现了版画观音图像。这些图像既有教内的，也有教外的。下面

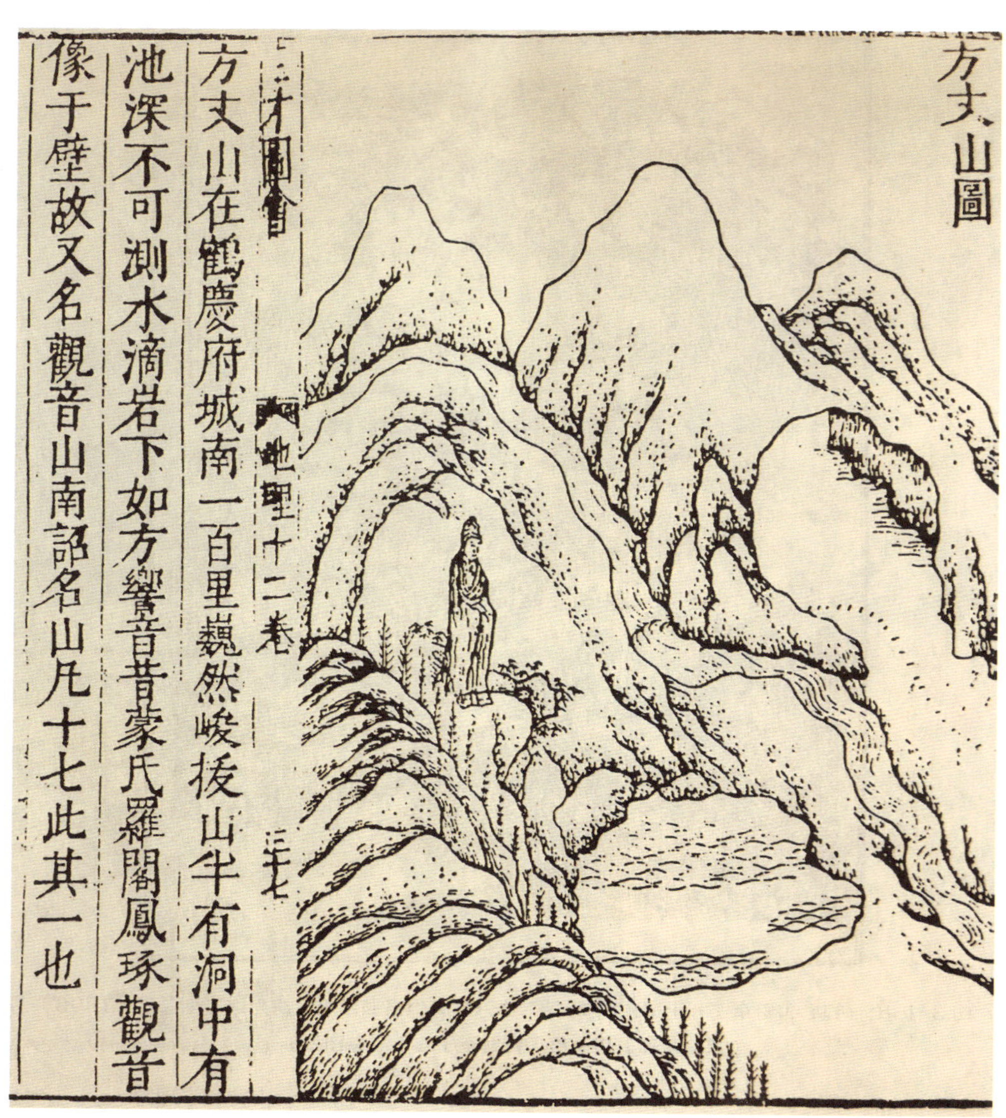

图 3-1-9：《三才图会》插图 方丈山图 明代

（采自明王圻、王思义撰《三才图会》插图）

图 3-1-10：销释白衣观音菩萨送婴儿下生宝卷 插图（笔者修图） 清刻本

分别进行简单讨论。

明代百科知识式图录类书《三才图会》[①]中收录了一幅山水观音《方丈山图》（3-1-9）。这幅《方丈山图》是作为插图出现在知识图书中的。插图中观音菩萨站在山岩之上，岩下“池深不可测”。通过版画图像文字介绍可知，方丈山位于南诏国内，此山又名观音山，是南诏十七山之一。这是一幅典型的版刻山水观音图像。

除知识类图书中出现的观音版画外，宝卷类民间文学如《香山宝卷》《销释白衣观音菩萨送婴儿下生宝卷》《伏魔宝卷》等文本中亦有零星的观音版画插图出现。如《销释白衣观音菩萨送婴儿下生宝卷》中的一幅“送子”主题插图（图 3-1-10）[②]，从图像内容考察，具有明显的世俗性特征。图中观

① （明）王圻、王思义撰：《三才图会》（又名《三才图说》）。

② 翁连溪、李洪波主编：《中国佛教版画全集》第 79 卷，北京：中国书店，2014 年，第 84、85 页。

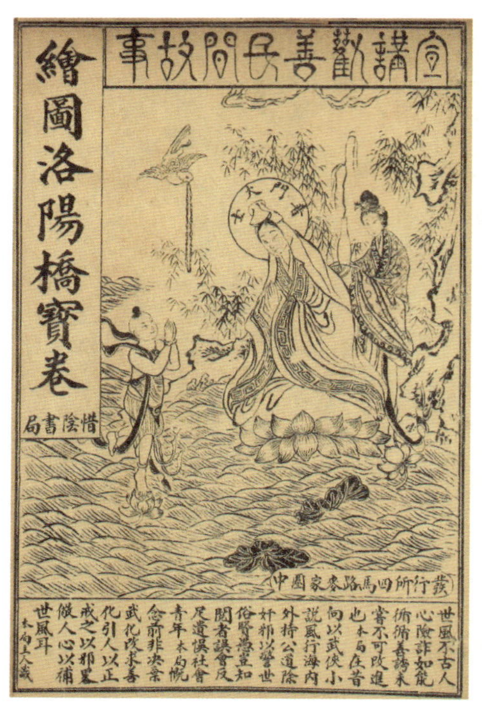

图 3-1-11：香山宝卷 卷首扉页插图 同治十年（1871）刊本

图 3-1-12：关帝伏魔宝卷注解 插图 光绪二十二年（1896）刊本

音乘着祥云怀抱男婴，善财、龙女乘祥云位于观音左右、（白）鹦鹉飞于画面左上侧（观音前方），画面右侧为金刚座和莲台、修竹，图像左侧有一张供桌，左下方一对夫妇双膝下跪，双手合什，虔诚地求子，他们欢喜地迎接观音的到来。图像的构成样式采用了普陀山南海观音的图像结构，观音作为偶像主尊居画面正中，侧脸朝下。图像配置的“竹、松、金刚莲花座、善财、龙女、鹦鹉、祥云”等图像元素在明清时期的南海观音图像中成为惯常。

笔者此处例举了两幅民间宝卷中的版画观音插图：其一，民间文本《香山宝卷》（同治十年，1871）刊本中，刻印了 1 幅南海观音版画插图（图

3-1-11）；[①]其二，《关帝伏魔宝卷注解》光绪二十二年（1896）刊本中，刻印了1幅版画观音插画（图3-1-12）。[②]这两幅插图的结构均属于南海观音图像样式。人物配置方面所不同的是，光绪二十二年刊本中的插图，观音身后多了两个手举“观音菩萨”名幡的女童，右上方还多了一尊韦驮菩萨。

以上，笔者简单讨论了知识类书籍与宝卷类民间文学书籍中的版画观音插图。事实上，这些版画观音插图是比较多的，鉴于相关资料收集困难，这里仅例举上面4幅图像予以佐证。此处或许不能以点带面，期望在以后的研究中有更多的图像资料出现。

二、民间观音年画

民间木版年画是中国民俗传统文化的典型载体，而观音年画是其中重要的题材之一。观音木版年画大多以南海大士、送子观音、天地全神（含观音）等题材为基本内容。其中观音的胁侍善财童子还独立出现作为民间的招财童子，成为民间财神中的一员，受到民众普遍欢迎。

（一）年画小识

中国民间的岁时年画起源很早，其宗教原理可以追溯到远古时期人类的自然崇拜和神灵信仰观念，其本质属于巫术崇拜。以中国远古时期留下的狩猎岩画为例，这些图像以动物、人物为基本内容，表现狩猎的场面（下图3-2-1）[③]。在贡布里希看来，原始人对图画威力的普遍信仰从所留下的悠久古迹中可见端倪。原始狩猎者认为，只要他们画个猎物图——大概再用他

① 翁连溪、李洪波主编：《中国佛教版画全集》第79卷，北京：中国书店，2014年，第192页。

② 翁连溪、李洪波主编：《中国佛教版画全集》第79卷，北京：中国书店，2014年，第216页。

③ 此岩画发现于内蒙古砂口格尔敖包沟山崖之上。参见王伯敏著：《中国绘画通史》（上册），北京：生活·读书·新知三联书店，2018年，第20页。

图 3-2-1：内蒙古阿拉善岩画 原始时期 笔者制

们的长矛或石斧痛打一番——真正的野兽也就俯首就擒了。[①] 贡布里希提到的这种图像巫术观念，类似于英国人类学家弗雷泽所说的交感巫术中“同类相生”与“果必同因”的“相似律”巫术原理。[②] 图 3-2-1 表现的则是原始人类的狩猎场面。在原始人看来，从这些岩画图像中取得的狩猎成果，可以帮助他们在现实中获得猎物。

① ［英］贡布里希著，范景中译：《艺术的故事》，北京：生活·读书·新知三联书店，1999 年，第 42 页。

② ［英］弗雷泽著，徐育新等译：《金枝》，北京：大众文艺出版社，1998 年，第 19 页。

相似的巫术原理同样反映在中国民俗岁时年画中，门神年画就是个典型的例子。东汉王充（27– 约 97）《论衡・订鬼》篇中引古籍《山海经》云：

> 沧海之中有度朔之山，上有大桃木，其屈蟠三千里，其枝间东北曰鬼门，万鬼所出入也。上有二神人，一曰神荼，一曰郁垒，主阅领万鬼；恶害之鬼，执以苇索而以食虎。于是黄帝及作礼，以时驱之，立大桃人，门户画神荼、郁垒与虎，悬苇索以御；凶魅有形，故执以食虎。①

引文中以神荼、郁垒、虎等为图像置于门户，能令凶魅现行。这是因为神荼、郁垒、虎在现实中属于“勇毅、强悍”之物，能降住世间害人的凶魅，这是典型的交感巫术原理，这种原理几乎存在于世界各地的原始宗教中。另《汉书・景十三王传》载：“广川惠王越，殿门有成庆画，短衣大袑长剑。”颜师古作注说：“成庆，古勇士也。”② 由此可见，王充提及的二神人“神荼”“郁垒”与《汉书・景十三王传》中“短衣大袑长剑”的“成庆画”抵御侵害的原理实属相同。同时，神人“神荼”“郁垒”也成为中国古代门神习俗年画图像的来源。然而，“年画”一词直到晚清道光年间（1821–1850）才开始出现。据李光庭《乡言解颐》载：“扫舍之后，便贴年画，稚子之戏耳。”③ 由此可见，年画概念的形成经历了漫长的过程。根据以上文献可以作出简单结论，年画民俗思想起源于汉代，过渡于唐宋，盛行于明清时期。笔者推测，唐宋时期印刷技术的日臻成熟，为年画在庶民社会的广泛传播提供了技术条件。

年画的题材种类非常丰富，包括门神类、吉庆类、风情类、戏曲类、符像类、杂画类等等。其中符像类年画是以佛、道、儒神像和道符图像为主要内容。在本书的研究中，笔者是以观音木版年画作为主要的讨论对象。

---

① （东汉）王充撰：《论衡・订鬼》。

② （东汉）班固撰：《汉书・景十三王传》。

③ （清）李光庭撰：《乡言解颐》。

（二）观音年画

观音木版年画属于符像类题材，主要用于驱邪、祈福。观音木版年画的形式主要包括“纸马”“神像画”“全神相”图像样式，观音身份性质涉及送子观音、南海大士、白衣观音等等。

1. 纸马观音

纸马属于旧俗祭祀所用的神像纸，祭祀完成即刻焚化，又称为甲马或神马。唐代《博异志・王昌龄》记载：“见舟人言，乃命使賫酒脯、纸马献于大王。”① 明代吴承恩《西游记》第四八回：“祝罢，烧了纸马，各回本宅不题。”② 从以上两条文献可知，纸马属于纯祭祀用品。这类观音纸马题材主要的特点是造型粗犷，极具民间特色。如民国时期河北内丘《南海大士》纸马（图 3-2-2）一组三身南海观音神像就是典型例子。图中三身观音以纯线条形式刻绘，色彩单一，线条粗犷。三身纸马观音虽然都命名为南海大士（“大士”是观音的别称），但在具体造型特征上还是有所差别。三幅图像比较而言，第一幅显得简单一些，第三幅最为复杂。这种纸马一般是以“刀”③ 为单位售卖，价格极其低廉，购买对象一般为底层庶民百姓。

此外，独立造型、色彩比较复杂的纸马观音图像亦很常见。如近现代河北内丘木版纸马《救苦救难观世音菩萨》（图 3-2-3），在造型表现上就比图 3-2-2 复杂得多。《救苦救难观世音菩萨》纸马以木版套色进行印刷，层次比较丰富。图像下方还刻绘有观音的左右胁侍善财与龙女，左上方刻有观音榜题。

---

① （唐）谷神子撰：《博异志・王昌龄》

② （明）吴承恩著：《西游记・第四八回》。

③ 一刀纸一般为 100 张，古时也有 25 张、70 张之说。

图 3-2-2：河北内丘木版纸马　南海大士　民国
（采自冯骥才主编《中国木版年画集成·内丘卷》）

在纸马观音图像中，送子观音题材特别受欢迎。送子观音的经典来源最初为《正法华经》卷 10 中观音能满足信众“求男求女”愿望的经文：“佛复告无尽意菩萨：……若有女人，无有子姓，求男求女，归光世音，辄得男女，一心精进自归命者，世世端正颜貌无比，见莫不欢，所生子姓而有威相，众人所爱愿乐欲见，殖众德本不为罪业。”① 经文中涉及到求子的内容，民间依此经典内容最终演化成送子观音题材。送子观音之所以广受民间欢迎，与中国古代儒家农业社会“延续香火”的文化观念相关，家族、缘于家庭的血统需要通过子嗣来延续。如清代纸马《白衣送子观音》图像（图 3-2-4）表

① （西晋）竺法护译：《正法华经》卷 10，《大正藏》第 9 册，第 129 页中。

图 3-2-3：河北内丘木版纸马 救苦救难观世音菩萨 近现代
（采自冯骥才主编《中国木版年画集成·内丘卷》）

图 3-2-4：纸马　白衣送子观音　清

（采自冯骥才主编《中国木版年画集成·绛州卷》）

现的主题就是对民间求子愿望的回应。

上图中纸马白衣观音同样采用了南海观音的构成样式，所不同的是观音怀中抱有一个孩童。需要引起注意的是，送子观音多以白衣观音命名。白衣

图 3-2-5：绛州木板年画纸马 （送子）观音菩萨（局部） 清早期
（采自冯骥才主编《中国木版年画集成·绛州卷》）

观音是三十三观音化身之一，见于密教经典。民间纸马借用白衣观音化身为送子观音，很明显是佛教显密思想杂糅的民俗文化现象。相似的纸马送子观音案例还见于一幅清早期绛州木版年画《（送子）观音菩萨》（局部）（图 3-2-5）。

在上图中，额文没有指明观音的具体化身身份，从图像内容可以判定这是民间送子观音图像。画面中观音居中，怀抱孩童，正面示人，呈现出一副庄严的神祇形象。善财、龙女二胁侍居观音两侧，鹦鹉、净瓶半隐于硕大的圆形背光之后，表现为典型的偶像式对称构图。画面中的送子观音从“南海

图 3-2-6：绛州木版年画　白衣观音　清
（采自冯骥才主编《中国木版年画集成·绛州卷》）

之滨”迁移到了帐幔之中，具有浓郁的民间装饰特色。整个构图仍然属于南海观音图像构成样式范畴。

上图是一幅绛州木版纸马《白衣观音》（图 3-2-6），图像内容不全，笔者猜测，其表现的主题应该也是白衣送子观音。可见，白衣观音往往成为民间送子观音的主题神祇。

关于白衣送子观音在前文《销释白衣观音菩萨送婴儿下生宝卷》插图中（图 3-1-6），画面更加复杂，情节丰富，除了具备完整的南海观音图像配置外，画面左下角还形象地增加了一对求子的供养人夫妇。因此，我们可以把这类观音题材统一称为“白衣送子观音”。由此可见，白衣送子观音题材除了在纸马年画中呈现，还出现在个别民俗文学插图中。

2. 神像画观音

除了纯祭祀用的观音纸马题材，还有节庆性质强烈、装饰意味浓厚的独立观音神像年画。这类观音年画题材造型相对细腻，色彩丰富，对比鲜明，往往采用套色印刷，红黄绿相间，体现出民俗喜庆岁时年画特色。具体例子如下面这幅河北武强《南海大士》年画（图 3–2–7）。

图 3-2-7：民间木版年画 南海大士 河北武强 近现代

（采自一蝉著《善财童子——宋元黑地绘白“童子拜观音”纹梅瓶图像研析》）

图 3-2-8：朱仙镇木版年画 吉星高照 线稿图（采自冯骥才主编《中国木版年画集成·朱仙镇卷》）

图 3-2-9：朱仙镇木版年画 天地全神 线稿图（采自冯骥才主编《中国木版年画集成·朱仙镇卷》）

前文例举的年画构图沿用了通行的南海观音构图样式，采用正面偶像的结构形式。观音左右两侧站立善财、龙女胁侍二童子。念珠、净瓶、鹦鹉、莲花、竹子、岩石、祥云等图像元素为通用的南海观音图像元素标志。

3. 全神相观音

在观音神祇岁时年画类型中，还有一种“全神相”组合图像。在这类图像中，观音不是作为主尊出现，而是与道教天尊、儒教师尊、民间神祇共同组合成一种深受民众欢迎的诸神集合图像。如上图中朱仙镇木版年画《吉星高照》天地全神线稿图（图 3-2-8）、朱仙镇木版年画《天地全神》线稿图（图 3-2-9）就是这类“全神相”组合图像。

在上面两图中，观音均不是作为独立主尊出现，而是以“众神集合”配角的形式出现在画面中。在《吉星高照》（图 3–2–8）中，观音居于图像的最上排中间位置，观音面前有莲花，背后有竹子，善财、龙女居于画面两侧最边缘位置。观音左右侧的两位神祇应该是文殊菩萨和普贤菩萨，与观音一道组合成华严三大士。在《天地全神》（图 3–2–9）中，画面上部最中间位置应该是密教神祇千手观音菩萨，左上角为南海观音菩萨，其左侧置有净瓶，身后两侧分别是善财童子和鹦鹉。总之，上面两幅图像是中国民间年画中非常流行的“全神相”图像样式，观音在其中仅承担了个别神祇角色，图像中神祇大集合满足了民众对多样神祇崇拜的功利化需求。这种功利化的集合多神祇崇拜成为中国乡土民间宗教信仰的基本底色。

（三）招财童子

在中国民间木版年画中，还有一个重要的类型，即童子图像。在这些纸马童子年画中，以观音的胁侍弟子善财童子较为知名。善财童子从南海观音图式中独立出来成为广受民众欢迎的招财神祇——招财童子。招财童子之所以受到欢迎，跟佛教中善财童子的身世相关（见前文论述）。另外，善财在《善财龙女宝卷》中是道教神祇赐福天官座下的弟子。下图为笔者收集到的一幅梁平木版年画纸马《招财童子》（图 3–2–10），该画面具有鲜明的民间纸马特色。

下图善财童子作为观音的胁侍弟子独立出来成为主尊，并更名为“招财童子”，更加符合民众对财富的功利诉求。画面中招财童子头梳双髻，带有民间儿童的典型装扮特色。图像表现以线条刻印，与上文中纸马《南海大士》（图 3–2–2）表现风格相似。图像介质为质量粗糙的普通红纸，成本低廉，符合民间纸马成批量印刷的基本特质。

图 3-2-10：梁平木版年画纸马　招财童子　近现代
（采自冯骥才主编《中国木版年画集成·梁平卷》）

三、观音图像生产

唐宋以来，雕版印刷业的蓬勃发展加快了文化传播速度并改变了文化传播方式。以前低效的手抄传播改由高效的印刷复制传播，这一技术的变革，使得文化消费不再是过去官方、士族享有的特权，实现了大众社会层面的广泛普及。据《世界图书》统计："我国从两汉至五代，共出图书二万三千多部，二十七万多卷，而仅宋代出书就达一万一千多部，十二万四千多卷，几近于宋以前历代出书总数的一半。"[①] 如果以上数据可靠，说明宋代的图书出版呈爆发性增长。宋代图书出版业的发达，与活字印刷技术的使用直接相关。

关于古代图书印刷出版流通的程序，需要了解几个重要的生产环节。其一，刻印作坊的选择。刻印作坊专门承接书籍的刻绘、印刷环节，直接把单一手抄文本转变为复制文本，从而便于广泛传播。同时，作坊中优秀的刻印工匠是完成客户委托的有力保障。其二，赞助人环节。赞助人是为刻本提供资金支持的人。没有赞助人的资金支持，图书的出版是无法进行的。其三，产品的去向。印刷完成的书籍需要进行分销或传播流通，到达阅读者（消费者）手中。因此，一本图书经过创作、缮写、赞助、刻印、流通等一系列环节，才最终走完它的全部流程。在下面的研究中，笔者将以观音版画图像为媒介展开对上述各个环节的讨论。

（一）虬川黄氏刻工

在"不计其数"的佛教版画刻绘作品中，很少留有版刻作坊的名号，更别说刻工之名了。尽管"很少"，但亦非没有踪迹可循。宋元以来，无论是官刻还是私刻，大多沿用了五代刻书的体例，需要记载缮写人的姓名。同时，雕版上的刻工姓名皆记于版心，或在上方或在下方。例如在《中国版画全集·佛教版画》图版九七《汉文妙法莲花经观音普门品》（西夏）中，竖栏内题"杭州宴家重开大字观音普门（下缺）"，题文表明经文刻绘的作坊字号为"杭州宴家"，刻工坊号位于版心竖栏位置。[②] 自古以来由于社会对技艺行业的

---

① 高信成著：《中国图书发行史》，上海：复旦大学出版社，2005年，第45页。

② 中国美术全集编辑委员会编：《中国美术分类全集·中国版画全集》第1卷《佛教版画》图版九七，图版说明第33页。

轻视，工匠身份地位低微，造成众多技艺高超的刻工寂寂无闻。尽管有“物勒工名，以考其诚”的古训，一些古代刻工亦在所刻书的版心下方，或序、跋、目录之末尾，署上自己的名字，以便同雇主计算工酬，并示职责，然而事实上大多数刻工的署名往往漫不经心，变化多端，有名无姓，有姓无名，同音借代，简化省略……不一而是，要弄清他们的事迹生平更是难上加难。这种现象导致当下学者对古代刻工群体研究困难重重。

在下面的行文中，笔者将以明代佛画家丁云鹏绘《观音三十二相》版画图谱为例来考察其刻印的各个环节情况。

1.《观音三十二相》的绘刻

根据前文方绍祚述于明天启二年（1622）的题记可知，版画图谱《观音三十二相》的绘刻至少在天启年间已经完成。据“幼博氏施本”可知该图谱的赞助人为明代制墨名家程大约。又据民国许承尧的序文可知，《观音三十二相》图谱旧版存放于“岩寺[①]一故家楼上”。序文中还有言：“以《程氏墨苑》校观，知出丁南羽笔，且精美更胜《墨苑》，剞劂技亦入神。”也就是说，以《程氏墨苑》[②]对比《观音三十二相》，可知后者亦出自丁云鹏手笔，但精美度比《程氏墨苑》更胜一筹。序文尽管称雕版“剞劂技亦入神”，但仍没有交代刻工的情况。再据民国二十八年（1939）方光远抄录许承尧的序文，“剞劂出黄”交代了刻工为黄氏，并盛赞“虬村黄氏技亦入神，所谓下真迹一等，真可宝也”。[③]由上可知，赞助人程大约、图绘者丁云鹏、虬村黄氏刻工，成为版画《观音三十二相》图谱作品生产环节的关键人物。

明代佛画家丁云鹏（字南羽）很早就参与了版画的绘图工作。除了《观音三十二相》之外，他还是《程氏墨苑》的主要绘图者。《程氏墨苑》中佛

① 岩寺位于安徽歙县，是明代木版雕刻的重镇。

② 《程氏墨苑》为明代程大约辑刻，佛画家丁云鹏为主要绘图者。

③ 参见郝颜飞：《刻绘双绝〈三十二观音〉雕版》，载《文物鉴定与鉴赏》2013年第3期，第44页。另，虬村，又作虬川，原名仇村，在安徽歙县之西。

教版画《三生图》《金乌》中就有“南羽”的钤印。[①] 笔者通过观察《程氏墨苑》中图绘线条风格，几乎与《观音三十二相》版画图谱如出一辙，这不仅体现了画家高超的绘画水平，同时也体现了刻工精湛的刻绘技艺。因此，无论从时间（万历至天启间）还是地域（徽州歙县岩寺）来考察，程大约、丁云鹏、虬村黄氏、《观音三十二相》版画图谱这四个因素并置在一起，意味着赞助人、画家、刻工与刻印绘本在整个图像生产流程之间形成了一系列的逻辑关系。

2. 黄氏刻工

明万历年间，徽州剞劂（雕刻）业发达，镌刻图书的技术全国一流，其中徽州歙县虬川黄氏刻工的技艺远近闻名。周芜《徽派版画史论集》中有《黄姓刻工考证》和《黄氏所刻书目》专篇。《黄姓刻工考证》录《虬谱》中黄氏 21 世至 26 世全部男丁字号、行年以及 27 世至 33 世外迁的黄姓男丁和当时已知有刻书书目的黄姓刻工，总计 33 人；《黄氏所刻书目》录自明正统至清道光初黄姓刻工所刻书目 241 种，涉及黄姓刻工 189 人。[②] 由此可见虬川黄氏家族刻工从业队伍之庞大，同时表明家族代际之间技艺的有序传承。此外，据郑振铎《中国古代木刻画史略》中强调，徽派的木刻画家，以黄氏一族最为著名。吴氏《状元图考》云：“绘与书双美矣，不得良工，徒为灾木。属之剞劂，即歙黄氏诸伯仲，盖雕龙手也。”[③] 歙县黄氏刻工技艺之精良可见一斑。

黄氏刻工所镌刻的作品较为繁多，时间从明到清均有记载，部分作品罗列如下：

黄鋋万历十年（1582）刻郑之珍撰《新编目莲救母劝善戏文》。

---

① 徐小蛮：《徽派名作〈程氏墨苑〉中的佛教版画》，载《江淮论坛》1994 年第 1 期，第 82 页。

② 参见周芜著：《徽派版画史论集》，合肥：安徽人民出版社，1983 年。材料转引自刘尚恒：《〈虬川黄氏宗谱〉与虬村黄姓刻工》，载《江淮论坛》1995 年第 5 期，第 106 页。

③ （明）顾鼎臣、顾祖训撰：《明状元图考》（全 5 册），明万历三十五年（1607），（明）吴承恩、黄文德刻崇祯增修本。转引自郑振铎著：《中国古代木刻画史略》，上海：上海书店，2006 年，第 100 页。

黄组约万历十年刻了《孔圣家语》。[①]

黄鏻于万历三十二年（1604）刻墨谱《程氏墨苑》。

黄鍚于万历四年左右（1576）刻《闺范图说》。

黄镐于万历三十四年（1606）刻《古列女传》。

黄应组刻《坐隐图》和《孔圣家语图》。

黄应光、一楷、一彬、一凤等刻《北西厢》《琵琶记》《浣纱记》。

黄德时刻《玉簪记》《泊如斋博古图》，与德懋合刻《考古图》。

黄一中、建中刻陈老莲绘《博古牌》《水浒牌》等。

黄一遇刻汪晋毂《黄山图》。

黄昇中刻《徽州府志》山水图十六幅，与方中合刻康熙本《休宁县志》山水图十一幅等。

黄仕瑄、黄仕瑗、黄鑣、黄钢、黄鍊、黄锐、黄钺、黄鉚等人有刻绘嘉靖版《徽州府志》中的插图。[②]

根据上面黄氏部分刻工的姓氏名字考察，“黄铤、黄镐、黄鏻、黄鍚、黄鑣、黄钢、黄鍊、黄锐、黄钺、黄鉚”等人的名字偏旁都有个“金”字，这是刻意与雕刻行业的属性相关联。名字中镌着雕刻祖业的烙印，这是从事剞劂业的祖辈、父辈们对后辈从业者的殷殷寄望。

虬川黄氏刻工的雕绘工序中，往往具有严密的分工，其中刻绘插图和刻绘文字的是不同的刻工。如弘治本《徽州府志》与嘉靖本《徽州府志》的插图与文本即分别由不同的刻工镌刻。[③]

最后需要交代的是，徽派虬川黄氏刻工不仅善于镌刻文字，他们还是徽派版画的创立者，他们本身也是版画创作的木刻艺术家，有着“新安黄氏”

① 参见郑振铎著：《中国古代木刻画史略》，上海：上海书店，2006 年，第 101 页。

② 转引自蒋元卿：《徽州黄姓刻工考略》，载《江淮论坛》1980 年第 4 期，第 110–111 页。

③ 蒋元卿：《徽州黄姓刻工考略》，载《江淮论坛》1980 年第 4 期，第 108 页。

和“古歙黄氏”之称。[①] 从某种层面上说，他们中的个别人物已经突破了传统工匠的角色，具有了“现代”艺术家的底色。

（二）赞助人

上文以明代程大约赞助的《观音三十二相》版画图谱为例详细介绍了虬川黄氏刻工的情况。下面着重探讨观音版画的相关赞助人。以佛画的版刻委托为例，赞助人（包括团体）的身份比较复杂，既有官方机构，也有寺院，还有个体功德主。目前相关资料遗存中，一些标注有赞助人信息的观音版画作品显得尤其珍贵。笔者同样以《中国版画全集·佛教版画》中收录的历代观音图像为样本，择拣出其中具有赞助人信息的观音图像进行讨论，罗列如下。

图版三二《千手千眼观世音菩萨曼荼罗》，五代。图像边饰下端分别刻“弟子道照”“雕刻印施”字样。[②] 可知该观音图像的赞助人兼功德主的身份是法号“道照”的出家僧人。

图版三八《应现观音像》（日本镰仓时摹本），北宋开宝七年（947）。陀罗尼真言后题“天下大元帅吴越国王钱俶印造”。[③] 根据题文可知该观音图像的赞助人为北宋吴越国王钱俶。

图版五八《佛顶心观世音菩萨大陀罗尼经》，北宋崇宁元年（1102）。经末有“崇宁元年石处道同妻梁氏镂版印施”。[④] 从题文考察，该经的赞助人为一对姓石、梁的夫妇。

图版七八《如意轮观音菩萨坐像》，南宋嘉定十七年（1224）。纸背墨书“贞

① 蒋元卿：《徽州黄姓刻工考略》，载《江淮论坛》1980 年第 4 期，第 109 页。

② 中国美术全集编辑委员会编：《中国美术分类全集·中国版画全集》第 1 卷《佛教版画》图版三二，图版说明第 11 页。

③ 同上，图版三八，图版说明第 13 页。

④ 同上，图版五八，图版说明第 20 页。

应三年六月日女竹”。[①] 从题记只知道观音图像是贞应三年六月前印制的，“女竹”字样不知道是否为人的名字还是其他标记，赞助人身份不明。

图版一〇二至一〇四《圣观自在大悲心总持功能依经录等三经合刊》，西夏仁宗大庆、人庆、天盛年间（1141–1167）。后续发愿文是西夏仁宗为纪念其父亲崇宗皇帝李乾顺而写的。[②] 很明显此经刊印的赞助人为西夏仁宗皇帝。

图版一七二、一七三《妙法莲花经观世音菩萨普门品》，明洪武二十八年（1395）。载发愿文为“洪武乙亥岁京都应天府沙福智刊”。[③] 沙福智应该就是赞助人或召集人。

图版二〇〇至二〇二《佛顶心观世音菩萨大陀罗尼经》，明永乐三年（1405）。经末题记“大明国北京羽林前卫弟子张福先同妻郑氏惠连……造三生经一百卷……永乐三年正月初一日施”。[④] 赞助人为羽林前卫军张福先与妻郑氏惠连。从印刷数量来看，一百卷还是很多的。

图版二〇三《佛说高王观音经》，明永乐十年（1412）。经末题记“奉佛信士男善人刘福顺命工刊造……永乐十年岁在壬辰八月吉日施”。[⑤] 赞助人为刘福顺。

图版二一四《出相观世音菩萨普门品》，明宣德七年（1432）。题记：“……京都顺天府奉三宝弟子，志慕大乘法，所有净资，刊造大藏经，印施广流……宣德七年秋九月初九弟子智凯，焚香陈所愿”。[⑥] 赞助人为寺院僧徒。

图版二一六《白衣大悲五印心陀罗尼经残页》，明宣德（1426–1435）。

---

① 中国美术全集编辑委员会编：《中国美术分类全集·中国版画全集》第1卷《佛教版画》图版七八，图版说明第26页。“贞応”为日本年号，处于后堀河天皇时代，在镰仓幕府（1192–1333）执政期间。

② 同上，图版一〇二至一〇四，图版说明第35页。

③ 同上，图版一七二至一七三，图版说明第59页。

④ 同上，图版二〇〇至二〇二，图版说明第69页。

⑤ 同上，图版二〇三，图版说明第69页。

⑥ 同上，图版二一四，图版说明第73页。

经名下有“庆府印施”。[①] 庆府庆靖王朱㮵为皇族弟子，可见明朝皇族成为社会刻经的赞助力量之一。

图版二一九、二二〇《妙法莲花经观世音菩萨普门品》，明宣德八年（1433）。尾有宣德八年佛弟子范福奇施资刻经长跋。[②] 赞助人为佛家弟子范福奇。

图版二二三《佛顶心大陀罗尼经咒》，明正统四年（1439）。卷末莲花牌记内题“顺天府大兴县居贤坊居住信佛女许氏慧秀谨发诚心舍财印施《佛顶心大陀罗尼经》一十卷”。[③] 赞助人为信佛女许氏慧秀。

图版二二五至二二七《大佛顶心出相陀罗尼经》，明正统十二年（1447）。另印木记，题“奉佛信士何觉端同室人路氏惠秀，为祈子嗣，谨许《佛顶心陀罗尼经》一千卷，愿降吉祥感应。正统十二年二月吉日”。[④] 赞助人为信众何觉端同室人路氏惠秀。

二六三《出相观世音菩萨普门品经》，明万历十八年（1590）。经牌题“大明慈圣宣文明肃皇太后万历庚寅年正月吉日发心刊版印施”。[⑤] 赞助人为宣文明肃皇太后。

图版二六五、二六六《出相观世音菩萨普门品经》，明万历三十年（1602）。龙牌题“当今皇帝谨发诚心印造《出相观世音菩萨普门品经》一藏五千四十八卷，专为保佑圣体万万安增延万万寿消灾保安凡向时中吉祥如意，大明万历壬寅二月吉日印施”。赞助人为宫中皇室与群臣，他们的目的是为暴病的神宗祈福。[⑥]

---

① 中国美术全集编辑委员会编：《中国美术分类全集·中国版画全集》第1卷《佛教版画》图版二一六，图版说明第74页。

② 同上，图版二一九，二二〇，图版说明第75页。

③ 同上，图版二二三，图版说明第76页。

④ 同上，图版二二五至二二七，图版说明第77页。

⑤ 同上，图版二六三，图版说明第88页。

⑥ 同上，图版二六五、二六六，图版说明第89页。

图版二九〇《妙法莲花经观世音菩萨普门品》，清康熙三十五年（1696）。康熙十九年杭州陈延龄等捐资原刊。[①] 赞助人是陈延龄等人。

图版三一八《叶衣观自在菩萨经》，清乾隆二十四年（1759）。题“大清乾隆二十四闰六月初四，内府[②]刻本”。赞助人为皇家。[③]

图版三二九、三三〇《观世音应化灵异图像》，清嘉庆四年（1799）。清成亲王府诒晋斋刻本。赞助人是清成亲王府。[④]

在上面罗列的观音版画图像赞助人中，身份涉及各个阶层，不同职业，既有个人，也有团体。在个人方面，有皇帝、皇太后、文人、和尚、羽林军、普通居士；团体方面有皇室、群臣官员、寺院僧侣等。总之，这些观音版画的赞助人几乎涵盖了社会的各个层面。

（三）功用与流通

前面考察了观音版画的作坊刻工与赞助人，下面继续讨论这些产品图像的用途与基本流向。图像的功用与流通对于考察观音版画生产的各个环节具有重要意义。同时，也可以了解这些图像消费的出发点是基于宗教性功德供养还是出于世俗功能的普通图像消费性质。

1. 弘法

观音图像作为佛教印刷品，一部分散见于《大正藏》经文插图中。其中《大正藏》图像部存有为数不少的观音版画图像。根据《大藏经》版本遗存，目前至少发现有唐宋以来印刷的各种版本达 17 部之多。这些经藏刊刻的赞助力量既有官府，也有民间自发组织。刊刻历经的时间短则数年，长则百年。观

---

① 中国美术全集编辑委员会编：《中国美术分类全集·中国版画全集》第 1 卷《佛教版画》图版二九〇，图版说明第 98 页。

② “内府”即为清代的“内务府”，是清代掌管皇家事务的最高管理机构。

③ 同上，图版三一八，图版说明第 107 页。

④ 同上，图版三二九、三三〇，图版说明第 111 页。

音图像作为经藏的插图，主要用途是弘法。这些经藏一旦刊印之后，一般会分拨给重要寺院，或作官方收藏。另外，还有一些经藏也传播到海外，如朝鲜、日本等地。① 因此，观音图像在弘法方面是个重要的流通途径。

2. 功德供养与祈福

这一部分的图像主要是基于信众功德供养的用途进行流通印制。以密宗陀罗尼为例，唐宋以来的印刷量非常大，仅在五代时期，吴越国王钱俶于显德三年（956）雕造的《一切如来心秘密全身舍利宝健印陀罗尼经》印数即达 84000 卷。钱俶所施印的《陀罗尼经》主要是以功德供养目的瘗藏于佛塔。在本章表 3-1-1“《中国版画全集·佛教版画》收录的历代观音图像”统计中，观音图像一共收录 59 件，其中陀罗尼观音插画就占据 14 幅之多。这些《陀罗尼经》除了用于瘗藏佛塔积攒功德，还会通过焚化来消灾祈福。因此，这类陀罗尼印刷品主要是作为功德供养或祈福的用途而进行广泛流通与传播的。

此外，在前文关于“赞助人”的研究中，笔者罗列了《中国版画全集·佛教版画》中近 30 位赞助人施刻的观音图像。这些赞助人施刻观音图像之目的，绝大部分都是出于功德供养的意图。同时，这些版画观音图像也在不同社会阶层中进行流通，成为观音信仰全社会扁平化 ② 的传播媒介。

3. 岁时图像

岁时图像顾名思义是指藏家或图像消费者根据不同的时日、月份、季节悬挂或张贴不同的图像。在《长物志》中载：“岁朝宜宋画、福神及古名贤像。元宵前后宜看灯傀儡。正、二月宜春游、仕女、美、杏、山茶、玉兰、桃、李之属。三月三日宜宋画真武像。清明前后宜牡丹芍药。四月八日宜宋元人

① 参见肖东发：《汉文大藏经的刻印及雕版印刷术的发展——中国古代出版印刷史专论之二（下）》附表 1《中国古代大藏经雕印情况一览》、附表 2《汉文大藏经国外刻印本一览》，载《编辑之友》1990 年第 3 期，第 66-67 页。

② 这里所谓的“扁平化”，是指全社会不分阶层无差别共享化的观音信仰。

画佛及宋绣佛像……皆随时悬挂，以见岁时节序。”[1]由此可见，在明代社会，图像在世俗社会的悬挂颇为讲究。在《长物志》中，提到“四月八日”这一特殊日子“宜（悬挂）宋元人画佛及宋绣佛像”。农历四月八日是佛诞日，悬挂佛像再合适不过。关于节日的宗教意义杨庆堃认为：

> 节日也是决定社会价值的标志，因为节日庆典发挥了不断重申社区价值的功能……清明节的扫墓意味着对祖先供奉的责任。七夕是女孩子们祈求今后婚姻幸福的日子。鬼节象征着社区对那些无后的孤魂野鬼有香火供奉的责任。正如马林诺夫斯基敏锐地指出的那样：“宗教在文化价值认知上打下了它的烙印，并通过公共习俗来强化它。”[2]

由此可见，从宗教角度看节日是神圣时间，是对世俗时间的隔断。不同节日承载了不同的社会价值。因此，在神圣时间里，岁时图像实际上承担了公共习俗的文化价值功能。

在岁时图像中，民间最喜闻乐见的图像当数春节民间木版年画。年画所承担的民间习俗文化价值功能非常强大。这些岁时图像以家庭为单位，不同的神祇图像张贴在不同的空间位置，以满足民众世俗不同需求的美好愿望。引用杨庆堃的话说，“宗教对传统家庭的影响随处可见。走进任何一间屋子，迎面而来的是贴在门上的彩印或手绘的门神，门神的作用是保护家宅和家庭成员，辟邪驱鬼。挨着门的地方摆放着土地爷的供桌，土地爷保护全家平平安安，并且审视着家庭成员，恪守宗教道德和社会规范，约束自己的行为，而天官总供在院子里。给家庭带来财产和富裕的财神通常置于厅堂和正房里。不可不提的是灶王爷，灶王爷总供在做饭的炉子上边和旁边，他在年末要向

① （明）文震亨著，陈植校注：《长物志校注》，南京：江苏科学技术出版社，1984 年，第 333 页。

② ［美］杨庆堃著，范丽珠等译：《中国社会中的宗教：宗教的现代社会功能及其历史因素之研究》，上海：上海人民出版社，2006 年，第 99 页。

天上的最高层——玉皇大帝报告该家庭及其成员一年的行为举止，来决定这个家庭应该得到奖赏还是受到惩罚。在那些对宗教信仰非常虔诚的家庭里，还会供奉观音菩萨或其他神像，以保佑家庭幸福。”[①]杨庆堃的细致观察，为我们展现了丰富的岁时图像神祇——门神、土地爷、天官、灶王爷、玉皇大帝、观音菩萨或其他神像。神祇的功能不同，张贴的位置也不同。但他们总的功能是以“保佑家庭幸福”为旨归。

民间木版年画图像几乎在全国各地的作坊生产，其中自然包括观音木版年画，这些图像在庶民社会有着广泛的传播与流通。如前文所述，这些观音图像的样式如纸马，或作为独立的装饰图像，大都是庶民百姓以家庭为空间进行施用与传播。具体的文献、图像资料可以参见《中国木版年画集成》（22卷）中关于明清以来全国各地一些主要的年画生产地、作坊、以及图像的流通情况，[②]此处不再论述。

---

① ［美］杨庆堃著，范丽珠等译：《中国社会中的宗教：宗教的现代社会功能及其历史因素之研究》，上海：上海人民出版社，2006年，第41页。

② 冯骥才编：《中国木版年画集成》（22卷），北京：中华书局，2006年等（22卷本《中国木版年画集成》自2006年以来陆续出版）。

余论

行文至此，笔者将对全书作出基本的结论和补充论述。纵观全书，大体是以唐宋之际为基本分界线，山水观音图像呈现转变之势。这种“图像之变”，主要体现在以下三个方面：

第一方面，在唐宋时期科举制度勃兴，文人官僚阶层崛起的大背景下，以北宋苏轼为代表兴起了文人绘画，使得文人画家（包括职业画家）展开对山水观音的创作与描绘。经过元明时期的发展，文人画成为中国文化的一个特质。这种文人画图像以自然山水（田园）、园林苑囿为主题，以寄托文人的林泉之志。同时，宋元以来的山水观音绘画也与敦煌壁画舆图山水观音图像区分开来，形成了画面结构样式上的“空间之变”。

第二方面，唐宋以来，周昉创“水月体”观音绘画，使得观音从早先的壁画中分离出来，个别画家将其与唐宋宫廷仕女图像融合，具有独特的审美价值。同时，随着宋元以来文人画的兴起，观音与美人画融合，观音图像具了有美人化的特质，并逐渐褪去神圣气质，向世俗化方向演进。这种图像的演进呈现出观音神圣与世俗之间的“偶像之变”。

第三方面，随着隋唐佛教义学的鼎盛，雕版印刷技术的成熟与施用，催生了经文书写方式与传播的重大技术变革，从个性化手绘图像向复制化的雕版刻印图像形式转变。这种转变成为山水观音图像传播媒介形式的“物质之变”。

以上三个“图像之变”的因素，正是本书三个章节分别讨论的议题。同时，因山水与观音之间的互动关系而产生的“图像之变”牵涉到中国图像艺术史的发展脉络，主要体现在以山水作为背景与人物之间的互动关系。这种“图与底”[①]的关系涉及到中国早期的舆地图像、灵异山水、道教自然山水、桃花源图像传统、洛神图像传统、观音三十三化身图像等诸多复杂因素。这些杂糅化的因素使得观音的身份内涵呈现多样化的性格，这些多样化性格往往随着山水背景性质的演变而产生时代变化。观音的这些变化正是宋元以来佛教中国化、世俗化的典型呈现。

需要补充的是，基于山水观音“图像结构”与“物质形式”的变化，形成宋元以来文人山水观音绘画与复制性版画山水观音图像并存的现象。而文人个性化的山水观音绘画图像与大众化的版画山水观音图像之间形成“区隔化”的消费现象。这种区隔化消费是以明代时期兴起的“雅俗”文化之辩为背景展开的。[②]这将是本书需要补充讨论的话题。

最后，观音道场补怛洛迦山在中国的确立，是东亚各国海上贸易频繁交通的结果。观音圣地在东亚各国化现，成为“漂移”的补怛洛迦山。

一、山水观音图像之变

关于本书对“山水与观音：补怛洛迦山图像之变”的论述，下面将从“空间之变”“偶像之变”与“物质之变”三个方面展开讨论。这三个“图像之变”可以呈现出印度观音与中国山水结合的全过程，并不断演变发展成为中国本土化的山水观音图像。

---

① 图是指主要形象（本文主要指观音），底是指背景（这里指自然山水）。图与底的关系即是指观音与自然山水的关系。“图与底”观念借用了美国学者阿恩海姆《艺术与视知觉》中“‘图－底’关系”概念的陈述。参见［美］鲁道夫·阿恩海姆著，滕守尧、朱疆源译：《艺术与视知觉》，成都：四川人民出版社，1998年，第302-307页。

② 关于明代时期图像的雅俗之辩，还涉及文人画图像与职业画图像之间的关系，更涉及到个性绘画与复制版画图像之间的关系。通常认为，图书中的版画插图是为了满足民众的世俗品味而绘制的。因此，在本书中，不涉及传统意义上的文人画与职业画之间狭义的雅俗分辨，而主要是讨论绘画与版画之间个性与大众化差别的关系。

（一）空间之变

关于对空间的认识，法国学者米歇尔·德赛都（Michel de Certeau）对“地点”（place）和“空间”（space）两个概念的解读颇具新意：“地点（place）隐含着稳定的意味，因为两样东西不可能在同一地方。相比之下，只有当人们将方向（direction）、速度（velocities）、时间（time）三个变量考虑进去的时候，空间才存在。空间（space）隐含着行动的意味，而行动又需要主体去实施他。”① 米歇尔对地点与空间的认识理论，对于理解山水观音图像“空间之变”具有参考价值。补怛洛迦山作为观音的道场，最初从印度东南向东“漂移”化现到中国浙江普陀洛迦山，形成了中国本土化的观音道场，时间上历经了一千多年。因此，补怛洛迦山的空间涉及到“三个变量”的变化。同时，漂移的补怛洛迦山（空间）意味着变化中隐含着特定的“行动”（期间有译经、弘法等行为），特定的“主体”（高僧、文人）去实施了相应“行动”。因此，对于阐释补怛洛迦山“行动”与“主体”的内涵将必不可少。

印度补怛洛迦山“图像”的塑造最初出现在东晋佛驮跋陀罗译《大方广佛华严经》卷51和《大唐西域记》卷10中，经文内容通过“经变”成为忠实的经典图像，这是印度补怛洛迦山图像最初的样式。笔者认为，在中国塑造印度补怛洛迦山图像的最初推动者是佛陀跋陀罗。这是因为，没有他翻译的相关经文就不可能出现补怛洛迦山观音图像。随着印度补怛洛迦山图像（经变）的出现，以唐代周昉开创的“水月体”观音样式成为补怛洛迦山图像中国本土化的肇端。画家除了借鉴密教如意轮观音图像的造像仪轨，还增添了中国儒家文人意象的竹子等图像符号。根据文字、图像资料显示，周昉还结合了中国唐代发展起来的青绿山水表现技法，开创了当时最早的水月观音样式。基于空间的转变与文化的糅合，补怛洛迦山的图像样式逐步实现本土化，

① ［英］可格律著，孔涛译：《蕴秀之域：中国明代园林文化》，郑州：河南大学出版社，2019年，第116页。

图 y-1-1：吐蕃镇魔图 唐卡 西藏博物馆藏 起源于公元 7 世纪

从而促成观音图像的“空间之变”。此后，宋元时期普陀洛迦山道场确立，“南海观音”图像随之产生。从印度补怛洛迦山观音经变图像，到周昉创水月体观音图像，再到本土化的普陀迦山南海观音图像，其演变跨越了辽远的时空，形成了“漂移”的补怛洛迦山“空间之变”。①

补怛洛迦山图像“空间之变”的另一个重要因素是图像构成样式的转变，即山水观音图像从俯瞰式舆图化空间山水图像样式向桃花源山水、园林山水微缩化空间图像样式的转变。中国舆图山水样式是隋唐之前经变壁画的主要表现形式。这种舆图化山水样式也可以在西藏的唐卡艺术中看到，下图为七世纪唐卡《吐蕃镇魔图》（图 y-1-1），该图像以横向人体轮廓为框架边界，界内描绘了西藏的地理山川、建筑，以俯瞰“巨视化”的空间样式把整个西

① 补怛洛迦山“空间之变”的主要动因是观音信仰与中国文化结合进而实现本土化的体现。

藏的版图纳入到人体平面轮廓图像之中。很明显，《吐蕃镇魔图》是受到了中原舆图化青绿山水绘画样式的影响。

在本书中，笔者对舆图山水观音图像用了浓重的笔墨来进行讨论。随着宋元文人画的兴起，山水观音图像的样式逐渐脱离了壁画舆图样式，转变为主要以《普门品变》结合《华严经》补怛洛迦山经变图像为基础的综合图像样式。这种样式已经褪去了俯瞰“巨视化”的舆图特征，呈现为桃花源山水、园林山水的文人画样式风格。事实上，这种转变从唐末五代就开始了。唐末五代时期的青绿山水观音图像成为后来文人画山水观音的样式来源。在本书中，笔者罗列了多幅以自然山水、园林为背景的山水观音图像，呈现出典型的文人画山水观音图像样式。因此，从舆图山水观音到文人画山水观音图像的转变是补怛洛迦山“图像之变”的另一种“空间之变”的呈现。

另外，需要补充的是，唐宋之后，舆图性质的山水观音图像虽然还在延续，仍然以舆图壁画的样式呈现在恒定的宗教神圣空间中，但在逐渐减少。与此同时，山水观音图像的绘制一旦脱离了壁画、卷轴式媒介，出现在复制性的版画图像中，并以“折叠偶像”的样式被大量印制传播，则成为以书写与传播技术突破为动因的观阅形式的“空间之变”。如第三章“表 3-1-1《中国版画全集 · 佛教版画》收录的历代观音图像”中就收录了 30 余幅《观音经变》版画图像。由于受刻版尺寸结构的限制，这些独立的版刻经变图像已成为主流样式，舆图化样式的观音图像已经逐渐退出了公众视野，由此体现了观音图像另样的“空间之变”。

（二）偶像之变

从本书的研究来看，可以发现舆图样式的山水观音是以偶像神祇身份呈现的。巫鸿认为，偶像型图像成为世界上各种宗教艺术中表现神祇的通用方式：这种“开放性”的图画空间实际上以假设存在的画外膜拜者为前提，以神像与膜拜者的交流为目的。[①] 因此，偶像型的舆图山水观音主要是作为宗教性的礼拜图像施用。随着中国观音信仰的世俗化，观音图像逐渐经历了“去魅”的过程，由偶像神祇逐渐向凡夫俗子的特质转变。引用巫鸿的话说，观音的“去魅”化过程类似于西王母的“家庭化”（domestication）或“驯化”，西王母不再是象征永久幸福的独立女性或主宰宇宙的大神，她被纳入男尊女卑的家庭环境，成为第二性别的缩影。[②] 事实上，宋明以来，观音在文人画家笔下已经由早期的男性神祇演化为世俗美人。本书中论及的明代画家丁云鹏绘《观音三十二相》与《慈容五十三现》图像，几乎是明代社会流行的美人画鉴赏图册。图册中的观音不再以正面偶像的神祇身份示人，而是以不同侧面（甚至背面）、娇媚的身姿呈现供藏家品评。

根据本书的考察，美人化的观音图像来源有着悠久的文本传统。如《庄子》中藐姑射山之神人，其“肌肤若冰雪，绰约若处子。不食五谷，吸风饮露。乘云气，御飞龙，而游乎四海之外”，[③] 以及曹植《洛神赋》中的洛神，她们在中国古代男性心目中呈现为一个满足臆想的虚拟对象。洛神图像传统恰好是对这一文化现象的回应。观音的凡俗化、美人化也恰好承袭了洛神图像传统。山水观音从偶像神祇到美人图像的转变，一方面反映了宋明时期雕版印刷的爆发性增长，发达的商品经济与消费态势释放了世人被禁锢的本能欲望；另一方面从观音偶像崇拜到审美消费图像的变化，正好呈现了山水观音图像的“偶像之变”。

（三）物质之变

山水观音图像的“物质之变”，不仅涉及到图像本身的媒介材料，还涉

① ［美］巫鸿著：《中国绘画中的女性空间》，上海：生活·读书·新知三联书店，2019 年，第 52 页。
② ［美］巫鸿著：《中国绘画中的女性空间》，上海：生活·读书·新知三联书店，2019 年，第 59 页。
③ （战国）庄周等撰：《庄子》。

及到图绘材料与制作工具的物质性。把绘制图像的材料与物质工具纳入进来考虑，扩展了对图像生产过程的物质性认知。因而在下文中，图绘材料与制作工具的物质性成为山水观音图像“物质之变”的主要考察因素。本书第三章中，笔者以“折叠偶像”为题旨，主要是以纸媒版画山水观音图像为考察对象。在本小节中，笔者作了适当的扩展，将把壁画、缣帛绘画、纸质绘画等物质媒介山水观音图像纳入进来讨论。基于这样的考虑，笔者可以勾勒出这些媒材因不同材质呈现而带来的特殊图像内涵。这些媒材承载的丰富性内涵可以传达出信众对观音的信仰态度。客观上说，不同媒介的观音图像具有不同的流通空间与传播方式。同时，差异化的媒介观音图像还能体现信仰者的不同身份。在下面的论述中，笔者将以壁画、缣帛与纸质绘画、版画三种物质媒材进行简单评述。

1. 壁画

上文提及南北朝时期舆图山水观音图像主要是以壁画的形式呈现。壁画作为寺院的公共空间或私人墓室空间，其绘画的载体主要为开凿的石窟墙壁或墓室墙壁，相较于纸媒绘画而言，无论是图像空间、绘画物料，还是人力消耗方面，其总体投入均是天差地别。因此，壁画的赞助人需自身财力雄厚，绝非一般的底层庶民百姓可以为之。我们可以从敦煌壁画榜题中的一些供养人（赞助人）身份看出些许端倪。以敦煌壁画中的供养人翟氏家族（唐末五代时期）为例，其族众多成员出世为官，其中不少官员担任僧俗要职。[①]下图壁画即是敦煌翟氏家族中翟奉达与家人供养的莫高窟第220窟甬道北壁《新样文殊变》画像（图 y-1-2）。

① 陈菊霞：《敦煌壁画中的翟姓供养人》，载《形象史学研究》2016年02期，第53页。

图 y-1-2：莫高窟第 220 窟甬道北壁《新样文殊变》 供养人为翟奉达及家人 925 年
（采自郭祐孟著《“新样文殊”的前世今生》）

翟氏在敦煌一直是大家望族，著名的第220窟（“翟家窟”）由翟奉达的八代先祖翟通主持开凿，工程持续时间在公元642年至662年间。925年，作为翟氏继承人的翟奉达主持重修了第220窟，并且在甬道北壁绘制了这幅著名的《新样文殊变》（图y-1-2）。[①] 敦煌220窟中的壁画作为家窟供养，以固定空间壁画媒材作为供奉对象，体现了氏族显贵对信仰图像资源高度的“垄断性”与“权力性”。事实上，敦煌壁画中的绝大多数供养人具有优越的身份，其中皇族的参与亦不鲜见。可以想象，赞助供养如此“昂贵”的偶像，需要丰厚的物质条件（墓室壁画的赞助所耗费的资财与此大致类似）。

2. 缣帛与纸媒绘画

缣帛与纸质绘画在敦煌遗存中数量亦为不少，可以从当前中国与欧美的一些博物馆藏品中看到。从宋元以来的卷轴绘画考察，这类媒材虽然不算稀有，但是因为有知名画家（文人）的钤印，收藏人的身份也绝非是普通庶民百姓，他们很可能是艺术家的族人朋友，甚或富商显贵。这种具有“高雅品味”的媒材形式除了彰显艺术家的绘画技巧，附加更多的是画家的社会地位与声望。总的来说，这些绘画的价值与画家身份、顾主（藏家）的社会地位和经济水平相匹配。有文献记载，北宋初期的一位官员以白银五百两作“生日贺礼”为花卉画家赵昌祝寿，而后从他那里得到几幅画。[②] 以五百两白银的价值交换几幅画，可以看出画家赵昌的花鸟画作属于典型的文化奢侈品。十八世纪中叶扬州文人画家郑燮将作品润例张贴在门上，并标明了大、中、小幅作品的价格，同样体现了文化的奢侈性。[③] 总之，宋元以来，知名画家的画作价值均为不菲。可以想象，在此类媒材的绘画作品中，必然包括山水观音绘画。只是鉴于文献记载的缺乏，此处不作例举。

---

① 参见陈菊霞：《敦煌壁画中的翟姓供养人》，载《形象史学研究》2016年02期，第57页。

② 参见[美]高居翰著，杨贤宗等译:《画家生涯》，北京：生活·读书·新知三联书店，2015 年，第56 页。

③ 宋后楣:《从闽浙传统到浙派》，载《故宫博物院季刊》1989年第3期，第7页。转引自[美]高居翰著，杨贤宗等译：《画家生涯》，北京：生活·读书·新知三联书店，2015 年，第62页。

3. 版画

与之相反，具有复制性的版画媒材其物质成本相对低廉，附加价值也非常低。版画印制虽然会消耗巨量的刻印人力物力，然而一旦摊薄到单一印张上，印刷数量越多其成本则越低。从理论上来说，一旦刻版制作完成，便可以“无限”地印刷复制下去，其成本也就无限趋近于零。宋元时期雕版印刷技术日臻成熟，文字和图像可以通过大量的印刷进行广泛传播，极大地推动了文明的发展进程。在古代社会，印刷文本的生产相较于手抄誊写文本而言更加快速且成本更加低廉。版画图像消费的优势即在于此。以山西凤翔木版年画为例，民间年画艺人巨锐（1922–1986）在新中国成立后的年画年产量为 20 万张左右；常存仁（1924– ）在八十年代年画年产量为 10 万张左右；辛士刚（1925– ）新中国成立后年画印制年产量为 12 万张左右。[①] 凤翔年画年产量高，覆盖面广，价格低廉，其面向的消费者大都是乡村农户。在上世纪八十年代，一幅刻印的门神可能只需几分钱。全国其他地区的民间木版年画消费大抵如此。由此说明，图像复制技术的革新与普及催生出的版画这种图像媒材物质，为底层百姓的图像消费提供了可能性，这是由其自身的工艺成本决定的。

从达官显贵阶层对家窟壁画供养，到价格不菲的文人绘画收藏，再到庶民百姓对价格低廉的年画图像消费，不同的绘画媒介与绘画方式，甚至不同的画家身份，都会影响到不同阶层身份的消费者对图像的差异化消费。图像媒材、制作工具的“物质之变”，影射了社会不同阶层对应的不同消费图景。因此，从壁画图像供养到文人绘画收藏，再到复制性版刻年画图像的消费，正是体现了山水观音图像的“物质之变”。

① 冯骥才主编：《中国木版年画集成·凤翔卷》，北京：中华书局，2010 年，第 345 页。

二、雅与俗

宋元时期，文人山水画开始兴起，以苏轼与元四家[①]为首的文人画家成为宋元时期画坛的领袖人物。文人画的兴起，吸引了个别画家对山水观音绘画的创作。同时，在明清时期，图像消费也呈现出明显的区隔化[②]现象。这方面的相关研究可以参见笔者论文关于图像消费区隔化的讨论。[③]在明清时期的图像消费语境中，呈现出文人画家与职业工匠明显的区隔化色彩。明清以来，这种“区隔化”态势对中国社会民众的艺术观念产生了深远的影响。无论是文人画的兴起，还是图像消费的区隔化，牵涉到明清社会文化品味“雅俗之辩”的时代背景。雅与俗这一相对待的审美观念，成为这一时期文人生活的基本底色。在本节的论述中，笔者将以雅与俗的对待观念为主线，贯穿到文人山水观音图像、画家与工匠、图像消费的区隔化这三个方面进行讨论。

（一）文人山水观音图像[④]

关于文人山水绘画产生的社会环境，有学者指出，当贵族世袭制逐渐为“学而优则仕”的官僚体制所取代时，新兴的文人阶层从自然界万物内在的气韵流动中引申出“自由（悠游、逍遥）”的概念，先是用在个人风格的表

---

① 元四家一种说法指赵孟頫、吴镇、黄公望、王蒙四人（见明代王世贞《艺苑卮言·附录》），另一种说法指黄公望、王蒙、倪瓒、吴镇四人（见明代董其昌《容台别集·画旨》）。本书中笔者采用董其昌一说。

② “区隔化”一词概念出自法国思想家 P.Bourdieu（皮埃尔·布迪厄）著作 *Distinction: A Social Critique of the Judgment of Taste*，London，Routledge and Kegan Paul，1984.

③ 参见拙文《明清社会图像消费的区隔化：以绵竹木版年画为例》，载《美术大观》2019 年第 12 期，第 135-137 页。

④ 本书讨论的文人山水观音绘画不完全是传统意义上的文人业余画家的山水观音绘画，还包括职业画家创作的山水观音绘画，主要是与复制化的山水观音版画相对应。凡是本书提及的文人画皆属于此范畴，以与传统狭隘的文人画相区分。

述上——“自在（豪放不羁）”，后发展成为“自然状态的存在（不受约束，不加修饰）”的代名词。显然，这些概念都是与贵族化的矫饰相对的。晚唐和宋的文人们利用自然曲线潜在的喻义，将其化为己用，来支持他们反贵族的社会诉求，由此而得隐逸的山水观。[①] 笔者以为，这种“自然”与“自在”的隐逸山水观已成为宋元文人画发生的主要支撑观念。在本书的研究中，笔者对文人山水观音绘画的广义界定不仅包括文人画家创作的观音图像，还包括职业画家创作的观音图像。以当下研究者的眼光审视这些画作，他们之间的界限不需要如此分明，二者之间无需建立明确的边界。以著名佛像画家丁云鹏为例，尽管他在明代是当时公认的著名职业画家，但是他师法李公麟[②]，其画作间流露出古意，呈现出浓厚的古典气质。在笔者看来，这种古意是广义文人画的基本特质之一，而非狭隘地体现在笔触、笔法风格上的狭义文人画特色（如“逸笔草草”）。另一方面，文人画也意味着一种特权因素。正如柯格律所认为的那样，与其把在绘画中表达的文人思想看作是“中国艺术”的同义词，不如视其为仅有的和社会特权相关的视觉艺术门类，与其他的艺术共存并相互影响。[③] 因此，文人画概念的提出，实际上是文人对自身特权阶层身份的一种宣示。他们的绘画作品，往往被冠以“雅”的标签。下面将以画作的展示来进行阐述。

除了本书前文中例举的宋代《白描大士》（传）（图 x–1–2）、明代陈洪绶《莲池应化》（图 x–1–3）、清代佚名《海洞潮音》（选自无量寿佛会庆图册第八幅）（图 2–2–5）、台北“故宫博物院”藏宋代贾师古《大士像》（传）（图 2–1–3）、明代邵弥《莲华大士》（图 2–1–4）、明代丁云鹏《观音图》

---

① ［美］吴欣主编：《山水之境：中国文化中的风景园林》，北京：生活·读书·新知三联书店，2015 年，第 114 页。

② 李公麟（1049–1106），字伯时，号龙眠居士、龙眠山人，北宋时期舒州人，今安徽桐城，一说安徽舒城。李公麟在绘画创作上表现多样，包括道释、人物、鞍马、宫室、山水、花鸟等众多题材。

③ ［英］可格律著，刘颖译：《中国艺术》，上海：上海人民出版社，2013 年，第 146 页。

（图 2-1-12）《南海观音》（图 2-3-20）与《五相观音图》（图 2-2-4）、民国画家傅心畬《水月观音》（图 2-3-15）等 9 幅文人画作品外，笔者再例举 4 幅相关作品予以补充说明。

第一幅为南宋画家周季常[①]的《五百罗汉图轴·应身观音》（图 y-2-1）。[②]画作中五个罗汉围绕着十一面观音，外加三个世俗文人和一个童子，共计十位人物。画面人物的铺排设计，令人联想到宋代以来流行的文人雅集山水图。《五百罗汉图轴 · 应身观音》中描绘的是以观音为中心，罗汉与文士的雅集图景。“大士”是观音的别称，而“士”是对中国传统文人知识分子的称谓。由此可知，观音在中国本土化过程中，已经具有了传统文人的特质。在这幅画中，周季常是根据六观音[③]之一的十一面观音进行创作的。整个画面设色典雅，笔触细腻，层次微妙，带有南宋宫廷院画风格。其中的十一面观音明显具有文人化气质。尽管周季常被认为是民间专业佛像画家，但在笔者看来，他笔下呈现的这幅画作却营造了浓厚的文人气质，看不到“匠俗”的成分。

① 由于观音面向侧面，只能看到九个面，左边两个面被遮挡了。因此，这是十一面观音无疑。

② 周季常，生卒年不详，浙江宁波人，约活动于淳熙、绍熙、庆元年间（1178—1200），正史无传，南宋民间佛像画家。

③ 六观音分别是：圣观音、千手观音、马头观音、十一面观音、准提观音、如意轮观音。十一面观音是六观音之一，又称十一面菩萨、大光普照观音，是观世音菩萨的化身之一。

图 y-2-1：五百罗汉图轴 应身观音 南宋 周季常 美国波士顿博物馆藏

图 y-2-2：送子观音图 明 仇英 上海博物馆藏

笔者讨论的第二幅作品是上海博物馆藏明代画家仇英[1]（约 1497-1552）的《送子观音图》（图 y-2-2）。该画作是一幅精细的白描作品。[2]图中观音俨然一位贵妇，身处帷帐之中，游戏坐于床榻之上，怀抱孩婴，周围伺女环立。整个画面以白描手法表现，细腻入微，高贵典雅，技法臻于化境。从这幅画作的图像元素考察，明显属于都市园林绘画范畴。画面上方的

① 仇英，字实父，号十洲，原籍江苏太仓，后移居苏州，是明代的绘画大师，同时也被认为是明代最有代表性的画家之一。《中国古代书画图目索引》中共收录有仇英画作 47 幅，可见其遗存数量比较可观。参见段书安编：《中国古代书画图目索引》，北京：文物出版社，2001 年，第 3 页。

② 中国古代书画鉴定组编：《中国古代书画图目》第三册，1990 年，第 68 页。

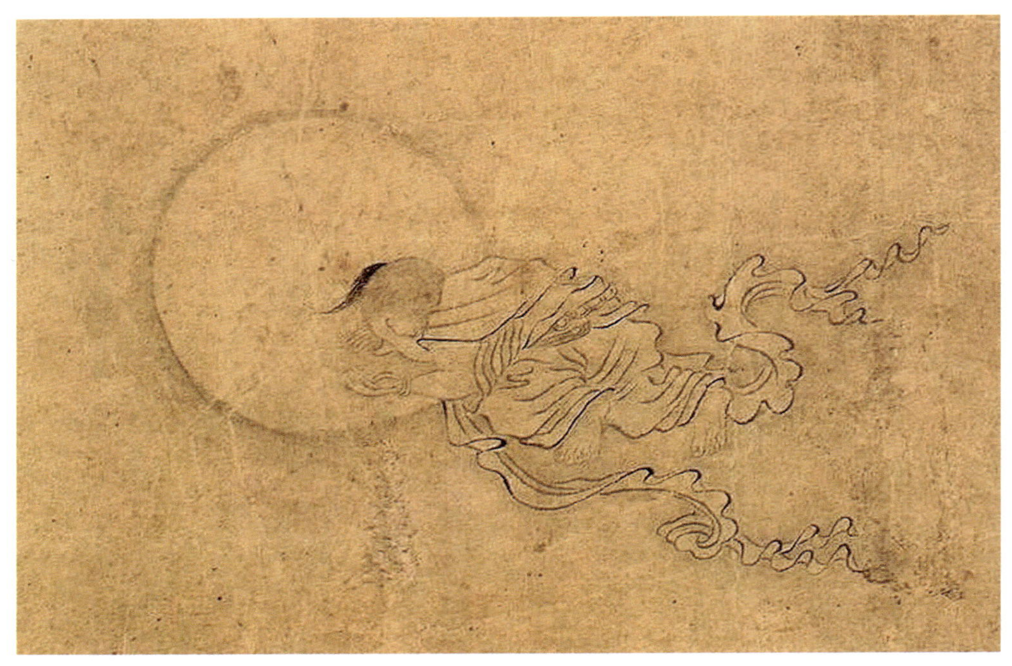

图 y-2-3：善财童子拜观音图（局部） 明 仇英
（采自一蝉著《善财童子——宋元黑地绘白“童子拜观音” 纹梅瓶图像研析》）

帷幔被云气所覆，寓意佛教净土或道教仙境，园林建筑象征天上宫苑。从观音装扮看，她身佩璎珞，面如满月，以一副宫廷美人的形象呈现在观者眼前。此画名为《送子观音》图，实是描绘人间世俗贵族妇人的生活图景。

上面这幅《善财童子拜观音》（局部）（图 y-2-3），据说是仇英的作品，收藏者不详。图中善财童子匍匐在地，带头光，表现天衣及披帛的线条流畅、简练，疏密有致。整幅图像为素色，仅以线条勾勒。画面格调高雅，具有古典绘画风格。

丁云鹏作为明代重要的佛教绘画艺术家，也是本书中例举的重要画家之一，创作了为数不少的观音图像。本书中例举的《观音三十二相》（图 3-1-6）《慈容五十三现·第五十一现》（图 3-1-7）版画图谱就是他的重要作品。

图 y-2-4：童子拜观音 明 丁云鹏
（采自羲之编撰《明代著名画家丁云鹏》）

他善于白描人物、山水与佛像，白描风格酷似李公麟。其绘画线条流畅，细若游丝，笔意之间，纤毫毕现。丁云鹏在宫廷供奉十余年，是仇英之后重要的人物画家。在《中国古代书画图目索引》中共收录有丁云鹏画作 63 幅。[1] 上面这幅《童子拜观音》（图 y-2-4）没有在《中国古代书画图目》收录当中。

① 段书安编：《中国古代书画图目索引》，北京：文物出版社，2001 年，第 2 页。

画中观音居于左下侧，打破了传统偶像居中的构图范式。善财童子双手合什立于下方，右侧站立韦陀菩萨与持剑天王两位护法。这幅画作的线条风格与仇英《送子观音图》相比较，有一定的相似性。

总之，由于知名画家对观音图像创作的参与，丰富了文人山水观音图像的内容，此处所举 4 例南宋与明代职业画家的作品以作为本书的补充。

（二）画家与工匠

松江画派画家董其昌（1555—1636）① 提出了文人画的著名理论。他仿照中国禅宗建立了“南宗北宗”的绘画理论，把“职业画家与文人画家”“艺术家与工匠”“高雅与庸俗”“自然与匠气”等二元概念对立起来，重构了唐宋以来到明代的整个绘画史。“二元”对立绘画理论的提出，深刻地影响到明清以来乃至今天的中国艺术与美学观念。② 柯格律在其著作《长物：早期现代中国的物质文化与社会状况》一书中说：“对于工匠的社会角色及制造的产品怀有不信任，甚至厌恶，这在传统的中国政治经济中根深蒂固。”③ 事实上，这一观念也同样影响到视觉领域，特别是绘画创作，董其昌正是此观念的奉行者之一。

关于业余（文人）画家和职业（匠人）画家的产生，高居翰在《图说中国绘画史》中有精当的论述：

> 南宋时期，中国绘画的第二个阶段，由苏东坡与其同好奠立基础的文化肇始，两种重要的绘画运动长时间在此时期对立而并进

① 松江画派指晚明在上海地区出现的一批强调文化修养和笔墨表现力的文人山水画派，以董其昌为其中代表人物。

② 在本书中，笔者没有接受和沿用董其昌建立的文人画“二元”对立观念，而是把一些“职业”画家的作品也纳入到文人绘画的范畴。笔者在本书前面例举的画作中便贯彻了这一理念，特此说明。

③ ［英］柯格律著，高昕丹等译：《长物：早期现代中国的物质文化与社会状况》，上海：生活·读书·新知三联书店，2019 年，第 127 页。

图 y-2-5：绵竹木版年画（局部） 家神案子 清
（采自冯骥才主编《中国木版年画集成·绵竹卷》）

着，标志了士大夫——业余画家不断而稳定的兴起，和职业画家的衰落……文人画传统则分裂成无数派别，从 17 世纪开始，它本身也产生了正统派与独创主义者之间，模仿和创新之间的对立情况。中国绘画的多元性也就得以持续下来。①

可以认为，这种对立的观念同时也非常直接地影响到文人山水观音绘画的创作。本书例举的宋代贾师古《大士像》（传）、宋代《白描大士》（传）、民国画家傅心畬《水月观音》、明代陈洪绶《莲池应化》、明代邵弥《莲华大士》等案例，就是明显的例子。

另一方面，刻工匠作雕印的复制图像可以用木版观音年画来说明。这些

① ［美］高居翰著，李渝译：《图说中国绘画史》，上海：生活·读书·新知三联书店，2014 年，第 188 页。

印刷品的图像价值与文人画家原创的山水观音图像价值不可同日而语。民间木版年画其粉本大多来源于民间画工。从前页这幅清代绵竹木版年画《家神案子》（局部）（图 y-2-5）图像观察，可以发现民间画工与文人画家风格之迥异。在这幅图像中，偶像式观音居于山水图像正中，善财童子在左前方，龙女立于身后，左右分列道家神祇。在技法方面，用笔粗糙，矫揉造作。从画面笔法考察，作者是在刻意模仿文人画风格。然而，画面明显缺乏文人画作的清雅之风。

总之，在本书中，我们可以明显地感受到文人山水画观音与民间木版年画山水观音风格迥然相异。从《神家案子》与前面 4 幅图像的比较中可以清楚地看出图像之间的格调之别。

（三）图像消费的区隔化

宋元以来特别是明清时期图像消费的区隔化是一道独特的景观。在笔者看来，这一时期的图像消费主要集中在两种类型：一类是文人绘画；另一类是复制性版画图像。文人绘画主要以明清时期江南地区的画家为中心展开创作与收藏。这些城市包括扬州、镇江、金陵（南京）、苏州、松江（上海）等。其中以金陵画派（龚贤、樊圻、蔡泽等）、吴门画派（沈周、文徵明、唐寅、仇英、张宏等）、松江画派（顾正谊、孙克弘、董其昌等）三个绘画团体为中心成为文人绘画最主要的创作生产地。这些画派的作品往往被认为具有“雅”的气质，其藏家遍及全国范围，形成相对“封闭性”的原创图像消费。而复制性图像，主要是指雕版印刷书籍中的插图、图谱，以及民间木版年画等，往往被认为带有“俗”的特质。以上这两类图像消费在明清时期呈现出明显的区隔化特征。

总的来说，图像消费的目的旨在满足藏家或消费者的“观看”之欲。柯格律认为，因为观众视点并非是既定一成不变的东西，他是制度环境与社会力量的产物，构成的布尔迪厄所谓的“（文化）习性”。只有从观察者的经验出发，把思考和理解的概念历史化，而并非通过对一种超越历史的（“纯粹的”）观点的构建而将这些概念非历史化，我们才能充分地理解该理解过程本身。① 也就是说，观看是建立在布尔迪厄所谓的“文化习性”之上的。而观看的经验本身取决于个人的文化经验。这意味着宋元明清时期接受过教育的精英阶层与普通庶民有着文化与阶层区别。柯格律继续对明代时期的“观看之道”进行了研究，他认为，“关于观看的主体、地点和时间这些问题，必须要和观看的对象放在一起考虑……在明代，你所能看到的东西取决于你的身份，你认识的人还有你在一年中的什么时间来看一幅作品……在彼处，能进入画作所在场所（即使有着社会身份或性别的限制）就意味着能看到画作。”② 事实上，在明代特别是文人画家作为特殊的权贵阶层，他们之间的交游已经形成了相对封闭的社交圈子。他们的绘画创作与收藏基本是在交游圈内进行，以匹配他们的阶层特性。

“观看之道”对身份的圈化可由明代画家李士达《西园雅集图》（局部）（图 y-2-6）这个例子予以说明。雅集是文人聚会的主要方式。雅集的内容除了品茗、吟诗，还涉及观画与鉴赏文物等。在《西园雅集图》中，画家把雅集的地方设置在一座园林之中。园林中除了种植竹子、芭蕉、松柏、苔藓，还有堆积的山石 ③。画作以文人伏案作画为中心，周围五人正在环视观看画家现场创作，目光均聚焦在纸笔之上。图画右下角有三位女子（一仆二美人），她们被安置在不起眼的角落，成为男性文人行使“观看权力”的反衬。

从上面的论述可以看出，雅集行为实际上呈现了一个“封闭”的图像消费（观看）闭环，男性官僚文人成为观看的主角，图中美人、仆人只是作为

① ［英］柯格律著，黄晓娟译：《明代的图像与视觉性》，北京：北京大学出版社，2016 年，第 128 页。

② ［英］柯格律著，黄晓娟译：《明代的图像与视觉性》，北京：北京大学出版社，2016 年，第 129 页。

③ 其中竹子、松柏通常是文人品格的象征。如文中所述，都市园林是微缩的山水宇宙，以满足文人不用出离都市就能实现对自然山水悠游的雅兴。

图 y-2-6：西园雅集图（局部）纸本 明代中期 李士达 苏州美术馆藏

配角或衬托存在。

明代文人之所以强调图像消费的区隔化，主要是基于自身阶层与身份受到来自社会其他阶层消费行为“威胁”的缘故。柯氏在《长物：早期现代中国的物质文化与社会状况》书中对此进行了描述：

> 底层人物对特定文化消费类型的亦步亦趋，进入到了以往因文化和经济的屏障而受限制的领域，这种情形令当时的士绅评论家颇感烦忧。17 世纪安徽桐城经济相对不太发达，以农业生产为主，白蒂（Hilary Beattie）曾经对其地方志作过仔细研究：“自崇祯年间，

奢靡无度，社会阶层界限混乱。”①

引文明确指出明代时期底层民众消费对士绅阶层身份的威胁，以及士绅阶层对自身阶层被同化的担忧。石守谦也关注到了这一现象，他认为，“一旦将雅俗之辩转换成‘精英文化——大众文化’的思考架构，这两个阶层之间的关系，便不只局限在这两者间之区分，而且包括了更复杂的互动。在长期维持着相当高度的社会流动性的中国社会中，阶层间的互动，尤其值得注意。这正是因为阶层间经常产生含糊混淆的窘状，所以才有区分的需要。他们之间的互动，是基于区别的需求上所进行的复杂拉锯。”②

因此，精英阶层在图像消费上为了与底层民众的趣味进行区分，他们刻意在图像形式与风格上拉开距离。我们可以设想，挂在士大夫文人书房中的山水观音图像必定与底层庶民百姓家庭张贴的山水观音木版年画在风格和形式方面呈现巨大的视觉差异。例如石守谦在《雅俗的焦虑——文徵明、钟馗与大众文化》一文中，重点讨论了文人画钟馗图像与民间张贴的钟馗图像之间的风格区分，③以诠释此种视觉差异现象。

同时，笔者也观察到，在绵竹民间木版年画当中，庶民百姓购买的廉价、粗糙的“填水脚”④年画与购买精致的《游春图》年画之间存在消费区隔差异。⑤

总之，宋元以来特别是明清时期之所以呈现图像消费的区隔化现象，是

① ［英］柯格律著，高昕丹等译：《长物：早期现代中国的物质文化与社会状况》，上海：生活·读书·新知三联书店，2019 年，第 136 页。

② 石守谦著：《从风格到画意：反思中国美术史》，上海：生活·读书·新知三联书店，2015 年，第 262 页。

③ 石守谦著：《从风格到画意：反思中国美术史》，上海：生活·读书·新知三联书店，2015 年，第 261-290 页。

④ “填水脚”年画是指除夕之时，技艺精湛的老艺人在为作坊老板做完终年活后，趁收拾画案片刻工夫，利用剩余纸头和洗颜料碗的清水色急忙填绘出几幅门神，再赶往夜市出售，这就是所谓“填水脚”年画的来历。“填水脚”年画简练朴实、粗犷泼辣、挥洒自如、奔放流畅是其艺术特色。参见冯骥才主编：《中国木版年画集成·绵竹卷》，北京：中华书局，2009 年，第 22 页。

⑤ 参见拙文《明清社会图像消费的区隔化：以绵竹木版年画为例》，载《美术大观》2019 年第 12 期，第 137 页。

基于文人士绅阶层对“雅俗”造成的焦虑，也是他们对自身优越阶层身份的被动防御。图像消费的区隔化只是这一时期社会消费的一个表征，对文人山水观音绘画“高雅”品味的强调，正是对这一表征的回应。

三、尾声

关于本书“山水与观音——补怛洛迦山图像之变”的题旨，还可以从两个方面来进行解读：

一方面，“山水与观音”作为本书的核心主题，我们需要深刻地理解和领悟山水与观音在中国古代图像史上的互动呈现。山水（附属背景）的演变导致观音身份、内涵的变化，从而形成二维线性化的山水观音图像流变史。

另一方面，副标题“补怛洛迦山图像之变”是建立在核心主题“山水与观音”基础之上的，其内涵与外延均不出“山水与观音”概念范畴。面对浩如烟海的文献、图像史料，就不至于束手无策。因此，讨论“补怛洛迦山图像之变”就只需要从特定的“山水与观音”相关文献与图像入手。“漂移的补怛洛迦山”在东亚的化现，就是建立在“山水与观音”文化与图像概念基础之上的。

通过对以上两个方面的解读，可以形象直观地把握“山水与观音——补怛洛迦山图像之变”的题旨和内涵。

（一）山水与观音的互动

美国学者高居翰指出：“人物画活跃的儒家社会里，山水画的兴起则受到道家观点和思想的激发。寻觅自然之美，‘与自然合一’，最早流行在南北朝时期一批道家诗人和画家之间……这样就使原始自然带给早期道家的负面诱惑——从人类社会中脱身出来——添加了一层正面价值。早期画家曾经把山水用作人物画的附属背景存在。”[1]不可否认，中国山水画的特质与道家思想关系紧密。同时也毋庸置疑，中国山水画在南北朝时期一直是以人物画的附庸存在，直到唐宋时期才独立出来，成为一门画科。因此，中国古代绘画中人物与山水背景的关系，类似于现代绘画术语中“底与图”的关系，观音与山水的互动关系就成了图与底的联动关系。

山水是中国固有的文化符号之一。当外来的印度神祇观音被纳入到中国文化机制之中，特别是当观音与中国山水文化进行融汇之时，二者随着历史的演进、空间的挪移而产生互动性的演化。这种互动性的图像演化正是山水观音图像的演变史。在山水观音图像演变的历史中，山水与观音二者成为有机的统一体。研究者和观众一旦把观音从山水背景中抽离出来，山水与观音都将失去整体的图像“意义”。巫鸿在《中国绘画中的女性空间》一书中说：

> 这些女性形象都不是孤立的“人物”，而是与其他视觉元素——包括男性角色、山水与建筑环境、叙事情节和象征性结构等——共存和互动，共同构成整体的视觉表达。如果把女性人物作为单独的“仕女”或“美人”切割出来进行评介和欣赏的话，那么这些形象必定会失去原有的功能，而整体作品也会因此丧失其完整的意义。[2]

上面的论述，同样适合山水观音图像中山水与观音之间的关系。也就是说，观音实际是“与其他视觉元素——包括女（男）性角色、山水与建筑环境、叙事情节和象征性结构等——共存和互动，共同构成整体的视觉表达”。而事实的确如此。在山水观音图像演变的过程中，从“人物”的角度来看，观音经历了“男性偶像神祇”“女性偶像神祇”“神人”“美人”等一系列视觉身份形象的塑造。这种形象的塑造除了符合观音具有“三十三化身”（包括五十三现）的神圣特质，更多的是回应了中国佛教逐渐世俗化的历史事实；

---

① ［美］高居翰著，李渝译：《图说中国绘画史》，上海：生活·读书·新知三联书店，2014年，第21页。

② ［美］巫鸿著：《中国绘画中的女性空间》，上海：生活·读书·新知三联书店，2019年，第17页。

另一方面，从“背景”的角度来考察，山水的样式经历了舆图山水、桃源山水、园林山水等演变历程。事实上，中国山水的意象呈现出多样化模式。笔者经过梳理发现，根据不同的观看角度与概念，中国山水的文化样式可以包括“净土山水”“灵异山水”“桃源山水”“仙境山水”“隐居山水”“田园山水”“园林山水”“雅集山水”“遗民山水”“风俗山水”……[①] 关于这些山水分类，笔者主要是从中国特定的文化“场域”进行归纳。根据中国文化的丰富特质，上面罗列的山水模式还可以不停地归纳下去，而且这些文化图像样式的内涵都是对中国文化特定时空场域的回应。基于上面的山水模式，外来神祇观音一旦与这些山水背景样式融合，观音的内涵也随之进行“应变”（化现）。这种“应变”的历史直观地演绎了山水与观音图像的互动关系。

依照上面的分类模式，我们可以发现不同模式的山水观音图像有着不同的内涵特质：“净土山水观音”体现菩萨特质；“灵异山水观音”体现祛邪特质；“仙境山水观音”体现神仙特质；“隐居山水观音”体现隐士特质；“田园山水观音”体现自由特质；“园林山水观音”体现都市高士特质；“雅集山水观音”体现文人特质；“遗民山水观音”体现孤孑遗世的特质；“风俗山水观音”体现社会世俗化特质……不同的观音特质呈现观音不同的化身。通过以上对观音特质的解读，从山水与观音的互动关系可以观察到观音经历了从神到人的演变过程，同时体现了中国山水文化的复杂性与中国佛教逐渐世俗化的特质。

如果山水观音图像的演变仅仅是考察山水与观音之间的互动关系，而忽略了观众的互动存在，也是不“完整”的。如果观者考察一幅山水观音图像，需要认识到“（观音道场）空间是一个空间整体——是以山水、花草、建筑、

---

① 中国台湾学者石守谦在《移动的桃花源：东亚世界中的山水画》中，对桃花源图像的山水进行分类时显得比较含混，尽管他在文中提到了四种模式，但具体是什么没有凸显出来。其大致分为仙境山水、人世化山水、田园山水、隐居山水。同时他又提出了实地化山水的概念。参见石守谦著：《移动的桃花源：东亚世界中的山水画》，上海：生活·读书·新知三联书店，2015 年，第 32-50 页。

氛围、气候、色彩、趣味、光线、声音和精心选择的居住者及其活动所营造出来的世界……再一次思考（山水观音）画像艺术（pictorial art）的核心因素，这些因素包括画面的构成、意义的产生、历史的对话，以及作品与观者间的互动”。[①]因此，山水与观音的互动史，也是供养人、赞助人、画家、收藏家、观众等人物角色的演变史。如果缺位了这些角色的参与，山水与观音图像的内涵将是不完整且支离破碎的。在本书的研究中，笔者正是对山水与观音互动融合的关系进行了整体把握和细致考察。

（二）漂移的补怛洛迦山

补怛洛迦山为什么能实现由西往东的“漂移”，这是本书讨论的最后一个议题。补怛洛迦山观音道场除了出现在古印度、中国、朝鲜半岛，日本亦有相类似的道场。值得一提的是，中国西藏的布达拉山[②]亦是中古时期著名的观音道场。正如美术史家石守谦说的那样，“中国浙江普陀山的观音圣境文化意向并不是一个独立现象，而是东亚区域各国在观音信仰深入人心的脉络中，各自建构其滨海观音根本道场共相的一个部分。韩国的落山、日本熊野地方的补陀落等处都有与浙江普陀山相通，且可能富有影响的圣境意向之发展。”[③]我们可以发现，补怛洛迦山之所以实现了在东亚的“漂移”，在石守谦看来，其中一个关键点是东亚各处的补怛洛迦山作为“海滨观音道场”地形共相的构建。因此，对“海滨观音道场”地形共相的研究，对于呈现补怛洛迦山在东亚的“漂移”具有重要的意义。

---

① ［美］巫鸿著：《中国绘画中的女性空间》，上海：生活·读书·新知三联书店，2019 年，第 17、19 页。

② 布达拉，补怛洛迦的音译。布达拉山（红山）即西藏布达拉宫所在地。需要指出的是，布达拉山与古印度补怛洛迦山、普陀洛迦山相较具有相对的异质性，不具备“海滨观音道场”的地形特质。

③ 石守谦著：《移动的桃花源：东亚世界中的山水画》，上海：生活·读书·新知三联书店，2015 年，第 12 页。同时参见廖肇亨：《圣境与生死流转——日本五山汉诗中普陀山文化意象的嬗变》，收入石守谦、廖肇亨主编：《东亚文化意向之形塑》，台北：允晨文化实业股份有限公司，2011 年，第 191-224 页。

研究观音圣地补怛洛迦山的形成，需要了解中国古代圣山形成的文化机制。林伟成在《建筑神山：中国五台山的佛教建筑》一书中说：

> 在中国古代山崇拜文化中一个根深蒂固的观点是，所有圣山都可能是威力强大的。有两个因素影响了圣山的形成：一方面是它们的内在因素。山凭借其非凡的地形（神秘的体量和高度或不寻常的地貌特质，诸如洞穴、峡谷等）激发了人们精神的联想。山不仅暗示着坚固性和耐力，还暗示了神秘的内在宝藏、能量与力量。同时，圣山被云雾和散发的氤氲包围，好像它们在呼吸一样，因此圣山被认为是孕育万物和缔造生命之源。另一方面，山脉上还有壮观的岩层，并藏有奇特的动物、植物……圣山的外在因素包括它能显示异象，能呈现奇迹，具有文化遗迹，诸如图像、文字或标记该地点的碑石……①

也就是说，圣山的形成前提是需要其本身具有独特的地貌特质，然后是文化的累积（文化遗迹——图像、文字或碑石等）。在本书研究中，古印度补怛洛迦山与中国的补怛（普陀）洛迦山道场具有“相似”的共性：同处海滨，地貌险要，到达非常困难，而且均有洞穴或峡谷等圣境景观。另外一个重要的相似点是，印度、中国、朝鲜半岛、日本各处的观音道场均处在古代海上贸易的要冲位置，都是海上交通的终点或中转站。观音作为“海上救助”的神祇，她的存在建立在天然的独特地理景观基础之上。初唐以来，在中国古代海上丝绸之路开通伊始，普陀山的重要地理位置就已显现出来。②关于古印度补怛洛迦山与中国普陀洛迦山观音圣地的形成因素，在本书中均有充

---

① Wei-Cheng LIN, *BUILDING A SACRED MOUNTAIN: The Buddhist Architecture of China's Mount Wutai*, University of Washington Press, 2013, pp.16-17.

② 王连胜：《普陀山观音道场之形成与观音文化东传》，载《浙江海洋学院学报（人文科学版）》2004 年第 3 期，第 50-51 页。

分的论述，此处不再赘述。

因此，观音圣地补怛洛迦山以其独特的海滨地貌，以及海上贸易重要的地理位置，借助观音神祇“海上救难”的宗教特质，在经过了一千多年的观音信仰演变进程中，完成了从古印度东南观音道场向东亚各国的“漂移”。甚至可以说，随着观音信仰在全世界的广泛传播，补怛洛迦山或将漂移到世界的每个角落，驻进每个人的心里，成为观音信众心中的补怛洛迦之山。

参考文献

一、论文

1. 李利安：《论古代印度的补怛洛迦山信仰》，载《人文杂志》2019 年第 9 期。

2. 李利安：《印度观音信仰的最初形态》，载《世界宗教研究》2006 年第 3 期。

3. 李利安:《中国观音文化基本结构解析》,载《哲学研究》2000 年第 4 期。

4. 李利安：《从中国民间观音信仰看中国道教文化与印度佛教文化的对话》，载《人文杂志》2004 年第 1 期。

5. 李利安：《古代印度观音信仰的演变及其向中国的传播》，西北大学博士论文，2003 年。

6. 周秋良：《民间送子观音信仰的形成及其习俗》，载《中南大学学报》（社会科学版）2012 年第 5 期。

7. 王连胜：《普陀山高丽道头遗址重现》，载《浙江海洋学院学报》（人文科学版）2003 年第 2 期。

8. 王连胜：《普陀山观音道场之形成与观音文化东传》，载《浙江海洋学院学报》（人文科学版）2004 年第 3 期。

9. 张雪芬：《安岳卧佛院北岩宋代善财童子五十三参浮雕图像辨识》，载《成都考古研究》2016 年第 00 期。

10. 史忠平：《敦煌水月观音图的艺术》，载《敦煌研究》2005 年第 5 期。

11. 王惠民：《敦煌写本〈水月观音经〉研究》，载《敦煌研究》1992 年第 3 期。

12. 郑怡楠：《俄藏黑城出土西夏水月观音图像研究》，载《敦煌学辑刊》2011 年第 2 期。

13. 马莉：《黑水城 X·2438 号唐卡水月观音图研究》，载《新疆艺术学院学报》2015 年第 3 期。

14. 李静杰等：《明代佛寺壁画善财童子五十三参图像考察——以成都与张家口的实例为中心》，载《故宫学刊》2012 年第 1 期。

15. 殷博：《莫高窟第 85 窟善财童子五十三参初探》，载《敦煌研究》2014 年第 2 期。

16. 董华锋：《瞿昙寺善财童子五十三参壁画及汉藏文化交流相关问题补论》，载《藏学学刊》2015 年第 12 期。

17. 孟翠翠：《水月观音图像的创作依据》，载《南京艺术学院学报》2011 年第 4 期。

18. 刘玉权：《本所藏图解本西夏文〈观音经〉版画初探》，载《敦煌研究》1985 年第 3 期。

19. 罗庆华：《敦煌艺术中的〈观音普门品变〉和〈观音经变〉》，载《敦煌研究》1987 年第 3 期。

20. 张总：《观世音〈高王经〉并应化像碑——美国哥伦比亚大学藏沙可乐捐观音经像碑》，载《世界宗教文化》2010 年第 3 期。

21. 陈柄应：《图解本西夏文〈观音经〉译释》，载《敦煌研究》1985 年第 3 期。

22.[美]于君方：《南海观音：现身南海度化善财、龙女》（释自衎译），载《香光庄严》2000 年第总 61 期。

23. 贝逸文：《论普陀山南海观音之形成》，载《浙江海洋学院学报》（人文科学版）2003 年第 3 期。

24. 周秋良：《论民间信仰中送子观音与白衣观音之关系》，载《中南大学学报》（社会科学版）2014 年第 4 期。

25. 齐庆媛：《江南式白衣观音造型分析》，载《故宫博物院院刊》2014 年第 4 期。

26. 林冠夫：《红孩儿·善财童子·齐天大圣庙——读〈西游记〉札记之二》，载《华侨大学学报》（哲社版）1999 年第 3 期。

27. [韩] 尹敏璨：《高丽水月观音图的探索》，载《南京艺术学院学报》2014 年第 4 期。

28. 王学丽：《敦煌榆林窟第 29 窟北壁西侧〈水月观音〉临摹研究》，载《美术学报》2014 年第 3 期。

29. 邱彦华：《从月光女神到善财童子》，载《大众理财》2008 年第 3 期。

30. 李翎：《水月观音与藏传佛教观音像之关系》，载《美术》2002 年第 11 期。

31. 程国赋等：《〈南海观音菩萨出身修行传〉作者探考》，载《明清小说研究》2010 年第 3 期。

32. 邢康：《尊白衣观音为家神——谈辽朝初期的宗教信仰》，载《内蒙古民族师院》1989 年第 3 期。

33. 刘玉权：《榆林窟第 29 窟水月观音图部分内容新析》，载《敦煌研究》2009 年第 2 期。

34. 王振芬：《耶律德光引进白衣观音辨析》，载《辽金历史与考古国际学术研讨会论文集》（下），2012 年。

35. 孙鸣春：《西夏水月观音图像考论》，载《史学争鸣》2015 年第 6 期。

36. 高国藩：《西夏水月观音画像与敦煌文书观音崇拜及其传承》，载《西夏研究》2016 年第 3 期。

37. 郭文：《水月观音与水月观音造像》，载《中国地名》2013 年第 12 期。

38. 黄淑钦：《水月观音的演变》，载《雕塑》2011 年第 5 期。

39. 安红坤：《水月观音：佛教艺术中的“东方维纳斯”》，载《中国民族报》2016 年第 11 期。

40. 张雅静：《清宫旧藏“水月观音”论考》，载《故宫博物院院刊》2017 年第 5 期。

41. 蒋榴：《浅析唐朝观音造像的中国化特点——以水月观音为例》，载《大众文艺》2010 年第 2 期。

42. 李静：《文人画家笔下的观音像》，苏州大学硕士论文，2013 年。

43. 张世吉：《从徐渭“观音图”看晚明文人画宗教主题的个性化表现》，载《书画世界》，2019 年第 11 期。

44. 李琪慧：《〈禹贡〉在理解“治水”与经学意义重塑》，载《原道》第 37 辑。

45. 尹荣方：《大禹治水祭仪真相——以〈山海经〉“日月出入之山”与《禹贡》“二十八山”为视角》，载《中原文化研究》2018 年第 1 期。

46. 张艺嫣：《中国古代城市舆图的美学思想及其现代启示——以明代袁河流域地区舆图为例》，北京交通大学硕士论文，2018 年。

47. 张法：《佛塔：从印度到南亚的形式和意义变迁》，载《浙江学刊》（双月刊）1998 年第 5 期。

48. [日]下野玲子撰、牛源等译：《敦煌莫高窟第 217 窟南壁经变新释》，载《敦煌研究》2011 年第 2 期。

49. 施萍婷、范泉：《关于莫高窟第 217 窟南壁壁画的思考》，载《敦煌研究》2011 年第 2 期。

50. 张书彬：《神圣引导与视觉朝圣：敦煌莫高窟 61 窟〈五台山图〉的时空逻辑》，载《新美术》2016 年第 12 期。

51. 宿白：《敦煌莫高窟中的〈五台山图〉》，载《文物参考资料》1951 年第 5 期。

52. [日]吉村怜著，[日]小泽亨子译：《南朝法华经普门品变相——论刘宋元嘉二年铭石刻画像的内容》，载《东南文化》2001 年第 3 期。

53. 罗华庆：《敦煌艺术中的〈观音普门品变〉和〈观音经变〉》，载《敦煌研究》1987 年第 3 期。

54. 沙武田：《〈观世音菩萨普门品〉与〈观音经变〉图像》，载《法音》2011 年第 3 期。

55. 张总：《观世音〈高王经〉并应化像碑——美国哥伦比亚大学藏沙可乐捐观音经像碑》，载《世界宗教文化》2010 第 3 期。

56.[新加坡]郭淑云:《敦煌"百鸟名"〈全相莺哥行孝义传〉与〈鹦哥宝卷〉的互文本性初探》，载《敦煌研究》2002 年第 5 期。

57. 周秋良：《论岭南文化影响下的观音得道故事——以粤剧〈观音得道〉为例》，载《学术论坛》2011 年第 9 期。

58. 蒋家华:《明清社会图像消费的区隔化: 以绵竹木版年画为例》，载《美术大观》2019 年第 12 期。

59.[日]宫治昭著，贺小萍译：《弥勒菩萨与观音菩萨——图像的创立与演变》，载《敦煌研究》2014 年第 3 期。

60. 李翎：《藏传佛教持莲花观音像考》，载《藏学学刊》2010 年第 1 辑。

61.[韩]尹敏璨:《中韩水月观音图像比较研究》，南京艺术学院博士论文，2013 年。

62. 肖东发：《佛教传播与雕版印刷术的发明——中国古代出版印刷史专论之一》，载《编辑之友》1990 年第 1 期。

63. 商承祚：《战国楚帛书述略》，载《文物》1964 年 9 期。

64. 肖东发：《汉文大藏经的刻印及雕版印刷术的发展——中国古代出版印刷史专论之二（下）》，载《编辑之友》1990 年第 3 期。

65. 郝颜飞：《刻绘双绝〈三十二观音〉雕版》，载《文物鉴定与鉴赏》2013 年第 3 期。

66. 刘尚恒：《〈虬川黄氏宗谱〉与虬村黄姓刻工》，载《江淮论坛》

1995 年第 5 期。

67. 徐小蛮：《徽派名作〈程氏墨苑〉中的佛教版画》，载《江淮论坛》1994 年第 1 期。

68. 蒋元卿：《徽州黄姓刻工考略》，载《江淮论坛》1980 年第 4 期。

69. 陈菊霞:《敦煌壁画中的翟姓供养人》,载《形象史学研究》2016 年 2 期。

70. 宋后楣:《从闽浙传统到浙派》,载《故宫博物院季刊》1989 年第 3 期。

二、专（编）著、译著、文集

1.[美] 吴欣主编:《山水之境: 中国文化中的风景园林》, 上海: 生活·读书·新知三联书店，2015 年。

2. 李翎著:《鬼子母研究: 经典、图像与历史》, 上海: 上海书店出版社，2018 年。

3.[日] 宫崎法子著，傅彦瑶译：《中国绘画的深意：图说山水花鸟画一千年》，长沙：湖南文艺出版社，2019 年。

4.[英] 柯格律著，孔涛译：《蕴秀之域：中国明代园林文化》，郑州：河南大学出版社，2019 年。

5.[英] 柯格律著, 黄小峰译:《大明: 明代中国的视觉文化与物质文化》, 上海：生活·读书·新知三联书店，2019 年。

6.[德] 雷德侯著, 张总等译:《万物: 中国艺术中的模件化生产》, 上海: 生活·读书·新知三联书店，2012 年。

7.[美] 班宗华著, 白谦慎编、刘晞仪译:《行到水穷处: 班宗华画史论集》, 上海：生活·读书·新知三联书店，2018 年。

8. 颜娟英主编：《美术与考古》（上、下册），北京：中国大百科全书出版社，2005 年。

9. 王伯敏著：《中国绘画通史》（上、下册），上海：生活·读书·新知三联书店，2018 年。

10. 高木森著：《宋人丘壑：宋代绘画思想史》，杭州：浙江人民出版社，2019 年。

11. 王惠民著：《敦煌佛教图像研究》，杭州：浙江大学出版社，2016 年。

12. 戴晓云著：《佛教水陆画研究》，北京：中国社会科学出版社，2009 年。

13. 蒋家华著：《中国佛教瑞像崇拜研究：古代造像艺术的宗教性阐释》，济南：齐鲁书社，2016 年。

14. 蒋家华著：《中国佛教美术的世俗化：基于造像、仪轨与人物的考察》，宁波：宁波出版社，2019 年。

15.[美]孟久丽著，何前译：《道德镜鉴：中国叙述性图画与儒家意识形态》，上海：生活·读书·新知三联书店，2014 年。

16.[英]柯格律著，黄晓娟译：《藩屏：明代中国的皇家艺术与权力》，郑州：河南大学出版社，2016 年。

17.[英]柯格律著，黄晓娟译：《明代的图像与视觉性》，北京：北京大学出版社，2016 年。

18.[英]柯格律著，高昕丹等译：《长物：早期现代中国的物质文化与社会状况》，上海：生活·读书·新知三联书店，2019 年。

19.[英]柯格律著，刘宇珍等译：《雅债：文徵明的社交性艺术》，上海：生活·读书·新知三联书店，2019 年。

20.[英]柯格律著，刘颖译：《中国艺术》，上海：上海人民出版社，2013 年。

21. 石守谦著：《移动的桃花源：东亚世界中的山水画》，上海：生活·读书·新知三联书店，2015 年。

22. 石守谦著：《从风格到画意：反思中国美术史》，上海：生活·读书·新知三联书店，2015 年。

23. 石守谦著：《风格与世变：中国绘画十论》，北京：北京大学出版社，2018 年。

24.[美]高居翰著，李渝译：《图说中国绘画史》，上海：生活·读书·新知三联书店，2014年。

25.[美]高居翰著，李佩桦等译：《气势撼人：十七世纪中国绘画中的自然与风格》，上海：生活·读书·新知三联书店，2009年。

26.[美]高居翰著，宋伟航等译：《隔江山色：元代绘画》，上海：生活·读书·新知三联书店，2009年。

27.[美]高居翰著，杨贤宗等译：《画家生涯：传统中国画家的生活与工作》，上海：生活·读书·新知三联书店，2009年。

28.[美]高居翰著，夏春梅等译：《江岸送别：明代初期与中国绘画》，上海：生活·读书·新知三联书店，2009年。

29.[美]高居翰著，王嘉骥译：《山外山：晚明绘画》，上海：生活·读书·新知三联书店，2009年。

30.[美]高居翰著，洪再新等译：《诗之旅：中国与日本的诗意绘画》，上海：生活·读书·新知三联书店，2009年。

31.[美]于君方著，陈怀宇等译：《观音——菩萨中国化的演变》，北京：商务印书馆，2012年。

32.陈传席著：《中国绘画美学史》(上、下册)，北京：人民美术出版社，2002年。

33.[美]巫鸿著，施杰译：《黄泉下的美术：宏观中国古代墓葬》，上海：生活·读书·新知三联书店，2010年。

34.[美]巫鸿著，文丹译：《重屏：中国绘画中的媒材与再现》，上海：生活·读书·新知三联书店，2009年。

35.[美]巫鸿著，梅枚等译：《时空中的美术：巫鸿中国美术史文编二集》，上海：生活·读书·新知三联书店，2009年。

36.[美]巫鸿著，柳扬等译：《武梁祠：中国古代画像艺术的思想性》，上海：生活·读书·新知三联书店，2006年。

37.[美]巫鸿著，郑岩等译：《礼仪中的美术：巫鸿中国古代美术史文编》，上海：生活·读书·新知三联书店，2005年。

38.[美]巫鸿著，肖铁译：《废墟的故事：中国美术和视觉文化中的“在场”与“缺席”》，上海：上海人民出版社，2012年。

39.[美]巫鸿著，李清泉等译：《中国古代艺术与建筑中的“纪念碑性”》，上海：上海人民出版社，2009年。

40.[美]巫鸿、郑岩主编：《古代墓葬美术研究》第一辑，北京：文物出版社，2011年。

41.[美]巫鸿著：《美术史十议》，上海：生活·读书·新知三联书店，2008年。

42.[日]吉村怜著，卞立强译：《天人诞生图研究》（《东亚佛教美术史论文集》），上海：上海古籍出版社，2009年。

43.[美]杨晓能著，唐际根等译：《另一种古史：青铜器纹饰、图形文字与图像铭文的解读》，上海：生活·读书·新知三联书店，2008年。

44.[日]肥田路美著，颜娟英等译：《云翔瑞像：初唐佛教美术研究》，台北：台湾大学出版中心，2018年。

45.谢继胜等著：《江南藏传佛教艺术：杭州飞来峰石刻造像研究》，北京：中国藏学出版社，2014年。

46.朴城君著：《大邦之间：妙香国的观世音图像志》，广州：暨南大学出版社，2017年。

47.黎方银著：《大足石刻艺术》，重庆：重庆出版社，2001年。

48.汪小洋编：《中国佛教美术本土化研究》，上海：上海大学出版社，2010年。

49.汪小洋编：《中国宗教美术史料辑要》，上海：上海大学出版社，2011年。

50.汪小洋编：《汉墓绘画宗教思想研究》，上海：上海大学出版社，2010年。

51.汪小洋、姚义斌著：《美术考古与宗教美术》，上海：上海大学出版社，

2008 年。

52. 汪小洋编：《中国墓室绘画研究》，上海：上海大学出版社，2010 年。

53. 于小冬著：《藏传佛教绘画史：藏族绘画风格史研究》，南京：江苏美术出版社，2006 年。

54. 郭相颖编：《大足石刻研究文集 2》，重庆：重庆出版社，1997 年。

55. 姚崇新著：《巴蜀佛教石窟造像初步研究：以川北地区为中心》，北京：中华书局，2011 年。

56. 常青著：《金石之躯寓慈悲（著录篇）》，北京：文物出版社，2016 年。

57. 常青著：《金石之躯寓慈悲（研究篇）》，北京：文物出版社，2016 年。

58. 李玉珉著：《佛陀形影》，台北“故宫博物院”，2014 年。

59. 刘长久著：《中国西南石窟艺术》，成都：四川人民出版社，1998 年。

60. 广元市千佛崖石窟艺术博物馆编：《广元千佛崖》，成都：四川美术出版社，2016 年。

61. 魏道儒著：《中国华严宗通史》，南京：凤凰出版社，2008 年。

62. 俞剑华编著：《中国画论类编》，北京：人民美术出版社，1986 年。

63. 孙英刚、何平著：《犍陀罗文明史》，上海：生活·读书·新知三联书店，2018 年。

64. 冯骥才编：《中国木版年画集成》（22 卷），北京：中华书局，2006 年等。

65. 刘宁等编：《辽金历史与考古国际学术研讨会论文集》，沈阳：辽宁教育出版社，2012 年。

66.[美] 杨庆堃著，范丽珠等译：《中国社会中的宗教：宗教的现代社会功能及其历史因素之研究》，上海：上海人民出版社，2006 年。

67.[法] 米歇尔·福柯著，莫伟民译：《词与物：人文科学考古学》，上海：生活·读书·新知三联书店，2002 年。

68.[美] 巫鸿著：《中国绘画中的女性空间》，上海：生活·读书·新知三联书店，2019 年。

69. 段文杰主编：《中国敦煌壁画全集》，天津：天津人民美术出版社，2010 年。

70. 周心慧编：《中国古代佛教版画集》（全三册），北京：学苑出版社，1998 年。

71. 中国古代书画鉴定组编：《中国古代书画图目》，北京：文物出版社，1997 年。

72. [美]米歇尔著，陈永国译：《图像学：视觉艺术的意义与解释》，北京：北京大学出版社，2012 年。

73. 李零著：《我们的中国·茫茫禹迹》，北京：生活、读书、新知三联书店，2016 年。

74. 马昌仪著：《古本山海经图说》，济南：山东画报出版社，2001 年。

75. 丁锡根编著：《中国历代小说序跋集》，北京：人民文学出版社，1996 年。

76. 卿希泰主编：《中国道教史》第一卷，成都：四川人民出版社，1996 年。

77. 汉宝德著：《物象与心境：中国的园林》，上海：生活·读书·新知三联书店，2014 年。

78. 马德：《敦煌〈五台山图〉的道路交通简论》，载《敦煌学与中国史研究论集：纪念孙修身先生逝世一周年》，兰州：甘肃人民出版社，2001 年。

79. [德]吴黎熙著，李雪涛译：《佛像解说》，北京：社会科学文献出版社，2010 年。

80. 长广敏雄著：《南朝佛教刻画》，《六朝时代美术研究》，东京：美术出版社，1969 年。

81. 张同标著：《中印佛教造像源流与传播》，南京：东南大学出版社，2012 年。

82. 蒋家华著：《中国佛教瑞像崇拜研究：古代造像艺术的宗教性阐释》，济南：齐鲁书社，2016 年。

83. 刘群编：《中国民间诸神》，石家庄：河北人民出版社，1986 年。

84. 肖东发、于文编著：《中外出版史》，北京：中国人民大学出版社，2010 年。

85.[法]谢和耐、苏远鸣等著，耿昇译：《法国学者敦煌学论文选萃》，北京：中华书局，1993 年。

86. 中国美术全集编辑委员会编：《中国美术分类全集·中国版画全集》第 1 卷“佛教版画”，北京：紫禁城出版社，2008 年。

87. 翁连溪、李洪波主编：《中国佛教版画全集补编》（全 26 册），北京：紫禁城出版社，2017 年。

88. [英]贡布里希著，范景中译：《艺术的故事》，北京：生活·读书·新知三联书店，1999 年。

89.[英]弗雷泽著，徐育新等译：《金枝》，北京：大众文艺出版社，1998 年。

90. 高信成著：《中国图书发行史》，上海：复旦大学出版社，2005 年。

91. 周芜著：《徽派版画史论集》，合肥：安徽人民出版社，1983 年。

92. 郑振铎著：《中国古代木刻画史略》，上海：上海书店，2006 年。

93. 段书安编：《中国古代书画图目索引》，北京：文物出版社，2001 年。

三、古籍

1.（西汉）刘安撰、赵宗乙译注：《淮南子译注》（上、下），哈尔滨：黑龙江人民出版社，2002 年。

2.（唐）张彦远著，俞剑华注释：《历代名画记》，上海：上海美术出版社，1964 年。

3.（北宋）黄休复纂、罗世平等校：《益州名画录》，太原：山西教育出版社，2018 年。

4. 北京市文物局编：《明清水陆画》，北京：北京摄影美术出版社，2004 年。

5. 山西崇善寺、北京佛教文化研究所编：《释迦世尊应化事迹善财童子五十三参图》，内部资料，2006 年。

6.（明）丁云鹏绘：《慈容五十三现》，杭州：浙江人民美术出版社，2016 年。

7.（明）顾起元著，孔一校点：《客座赘语》，上海：上海古籍出版社，2012 年。

8.（明）文震亨著，陈植校注：《长物志校注》，南京：江苏科学技术出版社，1984 年。

9.（明）高濂著：《遵生八笺》，成都：巴蜀书社，1992 年。

10.（明）曹昭撰：《新增格古要论》（上、下），北京：中国书店，1987 年。

11.（明）计成撰：《园冶》，南京：广陵书社，2015 年。

12. 陈传席编：《六朝画家史料》，北京：文物出版社，1990 年。

13. 陈高华编：《隋唐画家史料》，北京：文物出版社，1987 年。

14.（清）赵墉：《顾绣五十三参图册》，北京故宫博物院藏品。

15.（东汉）许慎著，（清）冯桂芬撰：《说文解字段注考证》，《续修四库全书·经部·小学类》，上海：上海古籍出版社。

16.（东周）左丘明撰：《左传》，长沙：岳麓书社，1998 年。

17.（东晋）葛洪撰：《抱朴子》（内外篇）。

18.（清）郝懿行撰：《山海经笺疏叙》，嘉庆九年（1804）。

19.（东汉）郑玄著，贾公彦注：《周礼注疏》，上海：海古籍出版社，2010 年。

20.（梁）萧统著：《文选》，上海：中华书局，1997 年。

21.（清）曹寅、彭定求等编：《御定全唐诗》（1706）。

22.（战国）列子等著，（晋）张湛注、陈明校：《列子》，上海：上海古籍出版社，2019 年。

23.（东晋）王羲之撰：《兰亭集序》。

24.（明）郑元勋撰：《影园自记》，陈植、张公弛选注：《中国历代名园记选注》，合肥：安徽科学技术出版社，1983 年。

25.《类聚》卷十八、《诗纪》第六十九。

26.（明）谢肇淛撰：《五杂俎》卷 3。

27.（明）袁宏道撰：《袁中郎全集》，香港：广智书局（出版日期不详）。

28.（清）归庄撰：《归庄集》卷 6，出自《记太仓顾氏记》，上海：上海古籍出版社，2010 年。

29. 段平编：《河西宝卷选》，兰州：兰州大学出版社，1992 年。

30. 濮文起主编：《民间宝卷》卷 10，出自周燮藩主编《中国宗教历史文献集成》，合肥：黄山书社，2005 年。

31. 王连胜主编：《普陀洛迦山志》，上海：上海古籍出版社，1999 年。

32.（北宋）李昉、扈蒙、徐铉等撰：《太平广记》卷 213。

33.（唐）朱景玄撰：《唐代名画录》。

34.（元）王实甫著，张燕瑾校注：《西厢记（插图版）》，北京：人民文学出版社，2005 年。

35.（明）抱瓮老人著：《古今传奇》卷 23，出自黄浩编：《中国历代文化丛书》，北京：华龄出版社，2004 年。

36. 李淼、刘群主编:《大藏经万佛图典》,太原: 山西古籍出版社,1995 年。

37.（春秋）左丘明撰：《左传・僖公四年》。

38.（西汉）司马迁著：《史记・秦始皇本纪》。

39.（南宋）郭彖撰：《睽车志》。

40.（北宋）魏泰撰：《东轩笔录》卷三。

41.（明）吴承恩著：《西游记》“第六回”，北京：人民文学出版社，2000 年。

42. 台湾《明清善本小说丛刊初编》影印明刊本、北京大学图书馆藏嘉庆十年（1805）大经堂刊本。

43.（元）冯福京等编：《昌国州图志》卷1。

44.（元）吾衍撰：《闲居录》。

45.（东汉）王充撰：《论衡·订鬼》。

46.（东汉）班固撰：《汉书·景十三王传》。

47.（清）李光庭撰：《乡言解颐》。

48.（唐）谷神子：《博异志·王昌龄》。

49.（明）吴承恩：《西游记》“第四八回”。

50.（明）顾鼎臣、顾祖训撰：《明状元图考》（全5册），明万历三十五年（1607），（明）吴承恩、黄文德刻崇祯增修本。

四、藏内文献

1.（姚秦）鸠摩罗什译：《法华经》第10卷，《大正藏》第9册。

2.（西晋）竺法护译：《正法华经》卷10，《大正藏》第9册。

3.（北齐）高欢撰（传）：《佛说高王观世音经》，《大正藏》第85册。

4.（东晋）佛驮跋陀罗译：《大方广佛华严经》卷51，《大正藏》第9册。

5.（唐）般若译：《大方广佛华严经》卷16，《大正藏》第10册。

6.（唐）玄奘述、辩机撰：《大唐西域记》卷10，《大正藏》第51册。

7.（明）周应宾撰：《重修普陀山志》卷2，《中国佛寺史志汇刊》第9册。

8. 王亨彦撰：《普陀洛迦新志》卷2，《中国佛寺史志汇刊》第10册。

9. 方广锠整理：《佛说水月观音经》卷1，《藏外佛教文献》第1册。

10.（明）性冲说、慧广编集：《无幻禅师语录》卷1，《嘉兴大藏经》第25册。

11.（明）明雪说、寂蕴编：《入就瑞白禅师语录》卷11，《大藏经补编》第26册。

12.（清）如玺说、兴林等编：《方融玺禅师语录》卷3，《大藏经补编》

第249册。

13.（西晋）竺法护译：《普曜经》卷3《坐树下观犁品第八》，《大正藏》第3册。

14.（唐）善无畏撰：《无畏三藏禅要》卷1，《大正藏》第18册。

15.（北宋）赵佶等撰：《佛教绘画史料》卷2《宣和画谱第二》，《大藏经补编》第18册。

16.（东晋）难提译：《请观世音菩萨消伏毒害陀罗尼咒经》卷1，《大正藏》第20册。

17.（唐）菩提流志译：《如意轮陀罗尼经·如意轮陀罗尼经》卷1，《大正藏》第20册。

18.（唐）宝思惟译：《观世音菩萨如意摩尼轮陀罗尼念诵法》卷1，《大正藏》第20册。

19.（唐）不空译：《观自在如意轮菩萨瑜伽》，《大正藏》第20册。

20.（唐）善无畏撰：《无畏三藏禅要》，《大正藏》第18册。

21.（唐）般若译：《大乘本生心地观经》卷8，《大正藏》第3册。

22.（元）盛熙明述：《补陀洛迦山传》卷1，《大正藏》第51册。

23.（南宋）释云岫撰、士惨编：《云外云岫禅师语录》，《卍续藏经》第72册。

24.（明）通炯编辑：《憨山老人梦游集》卷33，《卍续藏经》第72册。

25.（明）徐长孺编：《东坡禅喜集》卷9，《碛砂大藏经》第3册。

26.（唐）智通译：《千眼千臂观世音菩萨陀罗尼神咒经》卷2，《大正藏》第20册。

五、外文文献

1.Wei-Cheng LIN, *Building A Sacred Mountain: The Buddhist*

Architecture of China's Mount Wutai, University of Washington Press, 2013.

2. [美]高居翰，"Types of Artist–Patron Transactions in Chinese Painting" in *Artists and Patrons: Some Social and Economic Aspects of Chinese Painting*, ed. Chu–tsing Li(Lawrence, 1989)。

3.[美]余定国，"Traditional Chinese Cartography"。

六、辞典

1. 丁福保编:《佛学大辞典》,北京:中国书店出版社,2011年7月第一版。

2. 黄心川主编：《南亚大辞典》，成都：四川人民出版社，1998年。

图片索引

序一（1 幅图）

附图：水月观音 张大千临榆林窟二窟西壁北侧的西夏壁画 新都宝光寺藏 1945 年

绪言（3 幅图）

图 x-1-1：元 卫九鼎 洛神图 图轴，90.8x31.8 厘米，台北“故宫博物院”藏

图 x-1-2：白描大士 宋（传） 佚名 台北“故宫博物院”藏

图 x-1-3：莲池应化 明 陈洪绶 台北“故宫博物院”藏

第一章 舆图山水（47 幅图）

图 1-0-1：九色鹿本生之一 敦煌第二五七窟 西壁 北魏（386-534）

图 1-1-1a：西周 青铜 遂公盨 北京保利艺术博物馆藏

图 1-1-1b：西周 青铜 遂公盨铭文拓片

图 1-1-2：东汉许慎著，清冯桂芬撰《说文解字段注考证》

图 1-1-3：古舆图版画插图 禹贡九州山川之图

图 1-1-4：两足绿釉走兽博山炉 哈佛大学博物馆藏 东汉 笔者摄

图 1–1–5a：青铜奁 公元前 1 世纪左右 华盛顿弗瑞尔美术馆藏

图 1–1–5b：青铜奁浮雕线描图案 公元前 1 世纪左右 华盛顿弗瑞尔美术馆藏

图 1–1–6： 马王堆 3 号墓出土的地理图 公元前 2 世纪

图 1–1–7a：明 陕西舆图（局部）

图 1–1–7b：明 陕西舆图（局部放大）

图 1–1–8：北宋 王希孟 千里江山图（局部）北京故宫博物院藏

图 1–1–9：大明一统舆图

图 1–1–10：山东出土东汉后期石刻中的灵芝状昆仑山

图 1–1–11：长沙马王堆 1 号墓漆棺上“山”状的昆仑仙山

图 1–1–12：博山炉 河北满城 1 号出土 东汉

图 1–2–1a：采桑

图 1–2–1b：射猎

图 1–2–1c：舟车水战

图 1–2–1：战国 宴乐渔猎攻战铜壶纹拓片 北京故宫博物院藏

图 1–2–2：汉 坞壁图（局部）山与飞鸟

图 1–2–3：弋射（摹本） 四川成都画像砖 汉

图 1–2–4：采莲 四川德阳画像砖 汉

图 1–2–5：长沙马王堆 1 号西汉墓漆棺上的仙山图像

图 1–2–6：印度桑奇大塔 公元前 3 世纪 笔者绘

图 1–2–7：塔刹

图 1–2–8：五台山白塔 笔者绘

图 1–2–9：五台山楼阁式佛塔 笔者绘

图 1–2–10：曼荼罗供养图 宝鸡金顶寺制

图 1–2–11：缅甸仰光大金塔 大金塔四周有 68 座小塔 公元前 585 始建 笔者绘

图 1–2–12a：盛唐 敦煌第 217 窟南壁 法华经变图
图 1–2–12b：盛唐 敦煌第 217 窟南壁 法华经变图分区
图 1–2–12c：世尊与（须弥）山（局部）
图 1–2–12d：佛塔 / 山 / 世尊（局部）
图 1–2–12e：信徒求法途中（局部）
图 1–2–13：五代 敦煌 61 窟 五台山图 13.45x3.42m
图 1–2–14：五代 敦煌 61 窟 五台山线描图 赵声良提供
图 1–2–15：五代 敦煌 61 窟 五台山图中轴区域图像（局部）
图 1–2–16a/b/c：五代 敦煌 61 窟 五台山图中的佛塔样式
图 1–2–17a：藏式佛塔之一
图 1–2–17b：14 世纪毗卢遮那如来 须弥山佛塔形结跏趺坐姿
图 1–3–1a：成都万佛寺《普门品变》石碑图像拓印 南朝元嘉二年（425）
图 1–3–1b：成都万佛寺元嘉二年《普门品变》石碑图像场景标注
图 1–3–2a：无纪年《普门品变》石碑图像 大约 6 世纪下半叶
图 1–3–2b：无纪年《普门品变》石碑图像场景标注
图 1–3–3a：唐前期 敦煌石窟第 45 窟《观音经变》
图 1–3–3b：唐前期 敦煌石窟第 45 窟《观音经变》图像结构与榜题标记

第二章 图像之变（45 幅图）

图 2–1–1：明 仇英 桃花源图（局部）
图 2–1–2：画渊明归去来辞 佚名 元
图 2–1–3：（传）宋 贾师古 大士像 台北“故宫博物院”藏
图 2–1–4：明 邵弥 莲华大士 台北“故宫博物院”藏
图 2–1–5：佚名 善财童子拜观音 明
图 2–1–6：苏州园林一角 笔者绘

图 2-1-7：明 计成《园冶》卷 1 窗结构图式 崇祯手抄本 日本国会图书馆藏

图 2-1-8a：宋人摹本 东晋 顾恺之 洛神赋图卷（局部）

图 2-1-8b：宋人摹绘 东晋 顾恺之 洛神赋图卷中的洛神形象（局部）

图 2-1-9：北朝晚期画像中的美女形象

图 2-1-10：杜秋娘图 周朗 元 北京故宫博物院藏

图 2-1-11：（传）宋人 白描大士 台北“故宫博物院”藏

图 2-1-12：明 丁云鹏 观音图 1582 年（局部）

图 2-1-13：明 丁云鹏 慈容第十九现

图 2-1-14：唐 周昉 挥扇仕女图（局部）

图 2-1-15：明 丁云鹏 慈容第十五现

图 2-1-16：明 丁云鹏 慈容第十七现

图 2-2-1：木刻《高王观世音经》经首插图（西夏） 图片来自《中国古代佛教版画集》

图 2-2-2：妙法莲华经观世音菩萨普门品 经折装 元（1260-1368）刊本

图 2-2-3：说唱词话《全相莺哥行孝义传》封面 明代成化（1465-1487）刊本

图 2-2-4：明 丁云鹏 五相观音图（局部）

图 2-2-5：海洞潮音 清人 选自无量寿佛会庆图册第八幅 台北“故宫博物院”藏

图 2-3-1：补怛洛迦山在唐代印度的地理位置

图 2-3-2：山西崇善寺绢本 善财童子第二十八参变相 明代

图 2-3-3：新都龙藏寺中殿场面六 善财童子第二十八参 明代

图 2-3-4：日本龙谷博物馆藏 佛传图 树下思惟像 2-3 世纪

图 2-3-5：美国佛利尔 太子思惟菩萨像（背面） 北齐（550-577）

图 2-3-6：日本松岗美术馆藏 半跏思惟观音菩萨像 3-4 世纪

图 2-3-7：美国大都会博物馆藏 斯瓦特出土观音菩萨半跏思惟像 7 世纪

图 2-3-8：印度巴特那博物馆藏 哈斯拉克（加雅）出土 半跏观音像 10 世纪

图 2-3-9：敦煌壁画 如意轮观音 盛唐

图 2-3-10：大藏经万佛图典鉴 如意轮观音

图 2-3-11：大英博物馆藏 海外藏敦煌文书 如意轮观音 唐大顺三年（892）

图 2-3-12：美国佛利尔博物馆藏北宋赵宏造 石板水月观音像 绍圣二年（1095）

图 2-3-13：黑水城遗址出土 木刻《普门品》卷首页 水月观音像（局部）西夏

图 2-3-14：宋 佚名 如意轮观音图（局部）

图 2-3-15：民国 傅心畬 水月观音（局部）

图 2-3-16：法国吉美博物馆藏 17775 号绢画 水月观音菩萨 五代

图 2-3-17：法国吉美博物馆藏纸本 水月观音图像 五代

图 2-3-18：唐代印度补怛洛迦山与中国普陀洛迦山的相对位置图

图 2-3-19：木雕补怛洛迦观音 阿姆斯特丹博物馆藏 12 世纪

图 2-3-20：明 丁云鹏 南海观音（局部）

图 2-3-21：清 滑县木版年画 南海观音

图 2-3-22：南海观音全相 版画 清

图 2-3-23：全相观音图 版画 清（俞满红临绘）

第三章 折叠偶像（22 幅图）

图 3-1-1：捺印一佛二菩萨梵文经咒 敦煌 中国国家图书馆藏 南齐

图 3–1–2：佛说随求即得大自在陀罗尼神咒经 纸本单页 西安陕西文物研究中心藏 35x35cm 约 9 世纪

图 3–1–3：《金刚般若波罗蜜经》插图 英国伦敦国家图书馆 23.7x28.5cm（原经卷长 487.7cm） 唐咸通九年（868）

图 3–1–4：捺印水月观音 英国国家图书馆等藏 每尊 7.9x4.8cm 晚唐（827–907）

图 3–1–5：《观世音菩萨三十二相大悲心忏》雕版方绍祚序并许承尧记影印

图 3–1–6：《观音三十二相》图谱 明丁云鹏绘 程大约辑刻 虬川黄氏雕刻

图 3–1–7: 观音图谱《慈容五十三现》之“慈容五十一现” 明 丁云鹏绘(传)刻工不明

图 3–1–8：版画善财童子五十三参图赞 第二十八参补怛洛迦山观音

图 3–1–9：《三才图会》插图 方丈山图 明代

图 3–1–10：销释白衣观音菩萨送婴儿下生宝卷 插图（笔者修图） 清刻本

图 3–1–11：洛阳桥宝卷观音封面插图 上海惜阴书局

图 3–1–12：香山宝卷观音插图 重刻观世音菩萨本行经简集 2 卷 释普明辑 民国二十年重刻

图 3–2–1：内蒙古阿拉善岩画 原始时期

图 3–2–2：河北内丘木版神马 南海大士 民国

图 3–2–3：河北内丘木版神马 救苦救难观世音菩萨 近现代

图 3–2–4：纸马 白衣送子观音 清

图 3–2–5：绛州木板年画纸马（送子）观音菩萨（局部） 清早期

图 3–2–6：绛州木版年画 白衣观音 清

图 3–2–7：民间木版年画 南海大士 河北武强 近现代

图 3-2-8：朱仙镇木版年画 吉星高照 线稿图

图 3-2-9：朱仙镇木版年画 天地全神 线稿图

图 3-2-10：梁平木版年画纸马 招财童子 近现代

余论（8 幅图）

图 y-1-1：吐蕃镇魔图 唐卡 西藏博物馆藏 起源于公元 7 世纪

图 y-1-2：莫高窟第 220 窟甬道北壁《新样文殊变》 供养人为翟奉达及家人 925 年

图 y-2-1：五百罗汉图轴 应身观音 周季常 南宋 美国波士顿博物馆藏

图 y-2-2：送子观音图 仇英 明 上海博物馆藏

图 y-2-3：善财童子拜观音图（局部） 仇英 明

图 y-2-4：童子拜观音 明 丁云鹏

图 y-2-5：绵竹木版年画（局部） 家神案子 清

图 y-2-6：西园雅集图（局部）纸本 李士达 明代中期 苏州美术馆藏

后记（3 幅图）

图 1：波士顿博物馆藏 观音 金代 1200 木质

图 2：大都会博物馆藏 明洪武十八年 彩绘木雕水月观音菩萨像（柳木胎）

图 3：纳尔逊博物馆藏 明代 十七世纪 白釉观音

表格索引

第一章　舆图山水

表 1-3-1：敦煌石窟《普门品变》与《观音经变》的分布

第二章　图像之变

表 2-2-1: 观音道场地形形貌分析
表 2-3-1：水月观音图像仪轨的文本来源
表 2-3-2：古中印观音道场相似性比较

第三章　折叠偶像

表 3-1-1:《中国版画全集·佛教版画》收录的历代观音图像

后　记

世相皆缘起，岁月常匆匆。待到果熟时，转头已成空。

今年距我2014年博士毕业已经九年了。我的第一本专著《中国佛教瑞像崇拜研究：古代造像艺术的宗教性阐释》（以下简称《中国佛教瑞像崇拜研究》）于2016年1月出版，该书是研究佛教灵异偶像的著作。当下这本《山水与观音：补怛洛迦山图像之变》（以下简称《山水与观音》）可以看作是《中国佛教瑞像崇拜研究》的姊妹篇。如果说《中国佛教瑞像崇拜研究》是以雕塑像作为图像载体进行的宗教艺术史探索，那么《山水与观音》则是以绘画为对象开展的观音图像史的学术研究。

2016年，我在美国堪萨斯州华盛本大学艺术系访学。访学期间，我参观了美国多座博物馆，包括堪萨斯城纳尔逊艺术博物馆、波士顿美术博物馆、哈佛大学博物馆、大都会艺术博物馆、旧金山亚洲艺术博物馆等。这些博物馆中有很多精美的佛教造像，我拍摄到9尊观音造像和1躯善财童子（善财童子第二十八参观音经变）造像。[①] 这9尊观音造像全部都是雕塑作品。这些观音佛像呈现出辽、金、元、明各时期观音信仰神圣与世俗迥然分化的造型风格。在具体表现上，这些造像分别有着古印度菩萨装和中国汉装服饰或

---

① 这10尊造像包括：纳尔逊博物馆藏辽或金代彩绘木雕南海观音、纳尔逊博物馆藏元代青白釉观音菩萨坐像、纳尔逊博物馆藏明代白釉观音、波士顿美术博物馆藏金代木雕观音、波士顿美术博物馆藏明代白瓷观音、大都会博物馆藏杨木胎彩绘木雕狮吼观音菩萨像、大都会博物馆藏明洪武十八年柳木胎彩绘木雕水月观音菩萨像、大都会博物馆藏元至正十九年柳木胎彩绘木雕观音菩萨像、大都会博物馆藏辽代柳木胎彩绘木雕水月观音菩萨像、大都会博物馆藏明代椴木胎彩绘木雕善财童子像。

综合化的样式（图 1、图 2、图 3）。

图 1：木雕观音 波士顿美术博物馆藏 金代（12 世纪）（笔者摄）

图 2：彩绘木雕水月观音菩萨像（柳木胎）大都会博物馆藏 明洪武十八年（1385）（笔者摄）

图 3：白瓷观音 波士顿美术博物馆藏 明代（17 世纪早期）（笔者摄）

波士顿美术博物馆藏金代木质水月观音的神秘典雅与慈悲的微笑（图 1），白瓷观音微微侧身颔首，圣洁而沉静（图 3）……瞻仰这些观音造像，我驻足观赏流连忘返，心灵受到震撼。我惊讶于“古典”与“现代”的时空“共存”。一刹那间，我似乎听到观音在向我发出感召——要把她那慈悲的微笑、圣洁而沉静之美传递给更多的娑婆众生。于是我暗自发愿，要撰写一部关于观音图像研究的著作，要把观音的菩萨道精神传递下去，让更多的人领受这份慈悲。

尽管其时观音研究已经成为一门显学，相关学术成果已经汗牛充栋，但我仍然坚信能另辟蹊径生出一株别样的莲花。波士顿美术博物馆那一刹那的心灵感召，成为我发心创作本书的原始动力。

正所谓“世相皆缘起”，与观音的神会之缘，埋下了我发心研究山水观音图像的种子。我知道，种子虽播，然需深耕力垦，勤雨浇灌，慧种才能发芽成实，“待到果熟时”。

回国后，我开始加紧展开对观音图像的资料收集与研究工作。

在这期间，我刻意收集古代观音方面的绘画资料。在观音绘画资料收集过程中，我发现了很多宋元以来文人、职业画家绘制的观音图像作品。我发现这些作品有个共同点，即相较于敦煌石窟壁画中的观音图像显得更加世俗化。

研究基础方面，除了在《中国佛教瑞像崇拜研究》一书中我已经作了观音瑞像的个案研究之外，我还曾撰写过两篇同一题材的学术论文：《论元魏孙敬德造观音像显灵母体文本故事的演变》（刊载于《中国观音在线》2017年10月）和《从孙敬德造观音瑞像显灵到妙善公主传说》[①]。以上这些成果成为我研究观音图像的重要基础。

2018年3月，我申报的课题《因陀罗网之美：华严宗佛教造像研究》（简称《因陀罗网之美》）获得广东省哲学社会科学“十三五”规划项目立项。《因陀罗网之美》项目的开展，成为我研究观音图像的一个重要契机。在《因陀罗网之美》项目研究过程中，我发现“华严宗佛教造像”是个非常宽泛的题目，有必要进行聚焦才能让研究深入下去。于是我选择了《华严经·入法界品》“善财童子五十三参”中“善财童子第二十八参补怛洛迦山观音”来进行研究。正是基于这样一个微小的切入点，使得《山水与观音》的研究得以顺利展开。

到2019年底，离我撰写观音图像著作的发愿已经过去三年多时间。在这三年期间，我除了阅读自身熟悉的佛教文献之外，还系统阅读了中外学者撰述的中国古代绘画史方面的经典著作。这些知识囊括了敦煌山水壁画、古代山水绘画、园林绘画、文人山水绘画等等。与此同时，我还阅读了一些古代画论、史料笔记以及大量与此相关的学术论文。在图册资料方面，我翻阅了《中国版画全集》（第1卷《佛教版画》）《中国佛教版画全集补编》（全26册）

① 收录于拙著《中国佛教美术的世俗化：基于造像、仪轨与人物的考察》（下编），宁波：宁波出版社，2019年，第97-125页。

《中国古代佛教版画集》《慈容五十三现》(外一种)《善财童子五十三参图》《顾绣五十三参图册》《中国古代书画图目》等等。事实上,以上资料只是《山水与观音》写作准备中的冰山一角,更多的资料无形地储存于我近十年的阅读积累之中。通过这三年的系统阅读和资料整理,加上自身既有的知识储备,我才终于有信心开始《山水与观音》的写作。所需要的只是在等一个开笔的契机。

2020年是个异常特殊的年份,新冠疫情蔓延。从元月底寒假伊始,我居围在家,正好有机会系统地整理浩繁的写作资料,最终确定了写作题目《山水与观音——补怛洛迦山图像之变》,并进行了全书的结构设计和逻辑推演。

疫情初始期间,正值寒假,新冠的悚惧带来的怖畏情绪笼罩了周遭环境的每一处空间。这样的写作环境让我忐忑不安。我期盼能得到观音的护佑和加持,以免受到这百年不遇疫情的侵染,这成为《山水与观音》写作的艰巨考验。但一想到观音的慈悲精神和感召,我就充满坚定的信念。正如《大唐西域记》所载:"秣剌耶山东有布呾洛迦山,山径危险,岩谷敧倾。山顶有池,其水澄镜,流出大河,周流绕山二十匝入南海。池侧有石天宫,观自在菩萨往来游舍。其有愿见菩萨者,不顾身命,厉水登山,忘其艰险,能达之者盖亦寡矣。"玄奘访谒的"布呾洛迦山"(即补怛洛迦山)"山径危险,岩谷敧倾",正是观音道场所在,然而"有愿见(观音)菩萨者,不顾身命,厉水登山,忘其艰险,能达之者盖亦寡矣"。事实上,我想,我写作《山水与观音》不正是在登临"山径危险,岩谷敧倾"的"布呾洛迦山"么!我不就是通过写作来回应观音菩萨的感召么!我虽然没有达到"不顾身命"的境界,但至少做到了"厉水登山,忘其艰险"来进行写作。尽管如此,我也难以预料能否完成写作目标(得见菩萨真容)。于我而言,写作《山水与观音》的预期目标不亚于"能达之者盖亦寡矣"的难度。

好在写作过程非常顺利。经过五个月余的历程,初稿终于成型。之后我又用了一个月时间进行修改调整，于7月15日完成二稿。至此以后，稿件便搁置下来，等待合适的出版时机。

时间来到了2022年6月，在书稿搁置整整两年之后，四川大学段玉明教授帮我联系了四川峨眉山佛学院“普贤文库·佛教中国化研究系列”丛书资助，计划在宗教文化出版社出版。于是我正式启动《山水与观音》书稿的校改工作。由于平时工作事务繁忙，书稿的修改也时断时续。2023年3月，宗教文化出版社赛勤先生告知《山水与观音》出版的重大选题备案已经批复下来。于是我才开始紧锣密鼓地进行全面而细致的校改工作。经过两个月的时间，我对全篇书稿进行了细致的校勘和梳理，于2023年5月4日完成终稿，并交付给了宗教文化出版社。

从2016年波士顿美术博物馆发心写作到2023年5月4日书稿付梓，前后整整七年时间。此时的心境正如唐白居易《画水月菩萨赞》所云：“净绿水上，虚白光中，一睹其像，万缘皆空。”《山水与观音》写作终于告一段落。七年多来，从《山水与观音》酝酿到写作完成，我的精神亦得到了升华。正如开篇四句话所言，成为我《山水与观音》写作的真实写照：

与观音刹那的相遇，
有着累世之缘。
七年匆匆时光，
开出《山水与观音》之花，
直到成熟。
在观音的感召下，
砥砺前行，
再造新有。

回顾我的学术生涯，《山水与观音》是我从事学术研究十二年来的重要见证。

我自小生于畎亩之间，从记事起，凡年岁之末，家里往往会张贴观音年画。一年一度的除夕夜，火烛洞明，桌上摆满丰盛的供品，三支缭绕的青烟蜿蜒氤氲于观音慈悲微笑之间。父亲在念念叨叨的祭祀声中，必然少不了“观世音菩萨阿弥陀佛”。现在父亲正值鲐背之寿，他从九岁伊始主事家庭祭祀，至今已整整延续了八十一年。我们全家则一直喜乐安康，祥和美满。我终于领悟到“家家阿弥陀，户户观世音”的古语之蕴了。

由于受父亲和乡里祭祀观音风俗的熏染，自小我就对观音充满无限的神秘情感。小学、初中、中师读书期间听到的民间故事、接触并阅读到的明清小说中，总有观音的身影。

在大学期间接触到《心经》，当我读到首句“观自在菩萨行深般若波罗蜜多时，照见五蕴皆空”之刹那，周围世界马上就清净下来，这就是小时候种下的观音慈悲种子。

读博期间，我开始对佛学进行系统的研究，其中自然少不了观音。经过深入研读经典文献，我对观音的了解也更加深入和全面。从佛教经典、笔记寺志到明清小说，从敦煌壁画、文人图像到木版年画，观音渐渐走下神殿，深入人间，化渡亿万娑婆众生。

因此，我撰写的这本《山水与观音》，必然是沐浴了观音的大悲大智，以及无数的累世果报。

此书能顺利出版，首先感谢我研究生期间的博士生导师、四川大学道教与宗教文化研究所教授段玉明先生。先生除了不辞辛苦为本书撰写序言，还为本书的出版劳心费力。此外，在我2014年博士毕业以来，先生还一直关注着我的学术研究进展。每每研究过程中遇到疑惑，往往电话向先生求教，通话时长超一小时是常有的事。先生渊博的学识一直是我学术道路上的灯塔，指引我不断前行。

感谢我的大学专业老师、美国堪萨斯州华盛本大学艺术系汪业强教授，他在四川美术学院期间教授我水彩画，是我绘画艺术创作的引路人。1999 年他转辗于加拿大、美国学习工作，最终定居美国，并执教于美国华盛本大学，再次成为我在访学华盛本大学期间的导师。从认识至今，我们已有着二十五年的师生情谊。在美国访学期间，汪师除了在学业和生活上给予我无微不至的关照，还多次驱车带我前去堪萨斯州纳尔逊艺术博物馆。正是在纳尔逊艺术博物馆，我看到了多尊流落海外的观音菩萨造像。对于《山水与观音》的成书，汪师是个重要的助缘。

感谢四川峨眉山佛学院为本书资助出版。我深知，信众的供养、大德与观音的慈悲转化为《山水与观音》得以出版的万千福报，我唯以对此书赋予赤忱尽心的写作才能报众菩萨的恩德万一。

感谢好友蔡丽华女士，她是汉语言文学专业的高材生，汉语言文字方面的专家。她在繁忙的工作之余，为本书进行了细致的校改工作，付出了大量的劳动与心力。她的出色校对为本书增色不少。她还为本书提出了许多建设性的修稿建议，这些建议已体现在本书之中。同时，基于她对书稿的深入理解，还为本书作了生动的序。

感谢为本书撰写提供图片资料的所有专家学者。由于多种原因无法与个别学者进行联系，但我都在书中详细地注明了资料的出处。

感谢四川大学道教与宗教文化研究所吴华教授，他曾为本书的出版进行了多方的咨询。

感谢宗教文化出版社赛勤先生，他为本书的出版做了许多工作。

感恩家人的支持，没有他们的鼓励，本书难以完成写作并顺利付梓。

感恩生活中的一切！

最后，由于笔者学识有限，书中如有不当之处，请各位方家批评指正！

深圳职业技术大学 蒋家华
2023 年 5 月 4 日终稿完成于深圳鹤洲村寓所